アニメのワンシーンのように。

Like a scene from an Anime.　Akine Coco 写真作品集

アニメのワンシーンのように。

Like a scene from an Anime.　Akine Coco 写真作品集

アニメのワンシーンのように。

Like a scene from an Anime.　Akine Coco 写真作品集

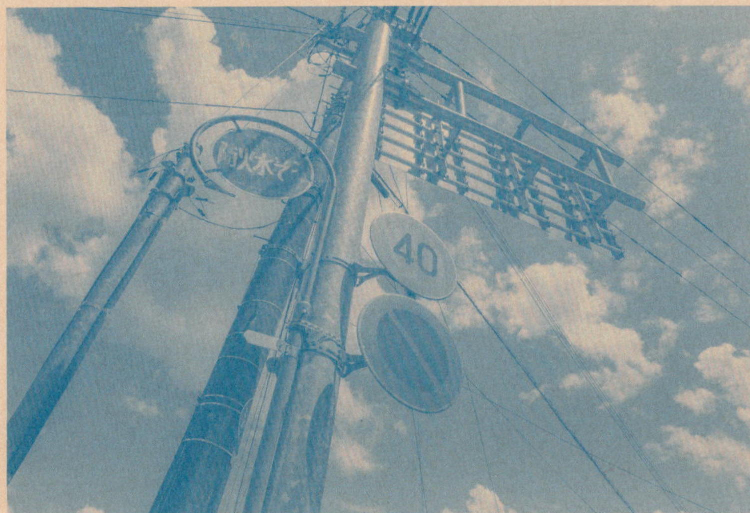

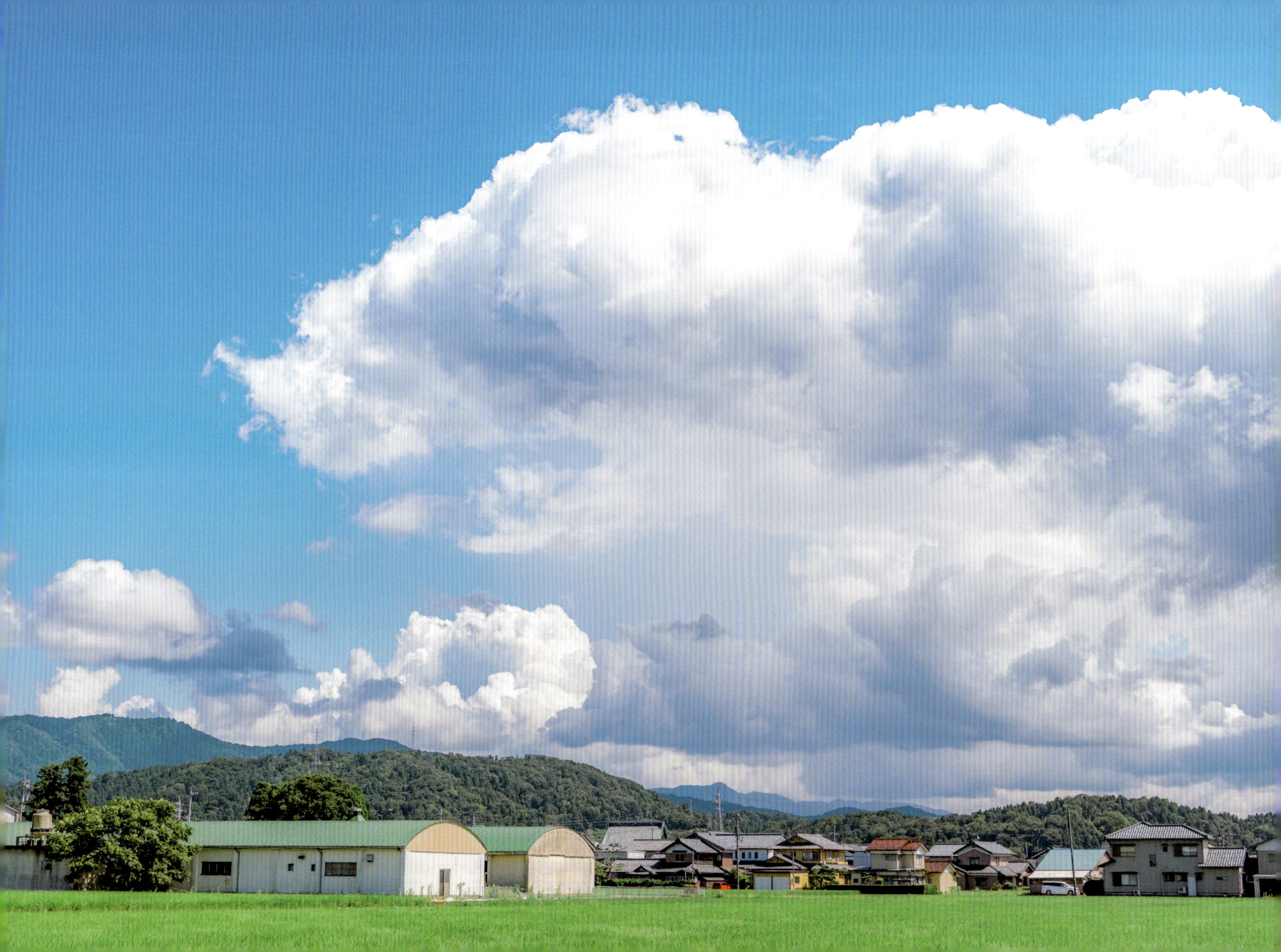

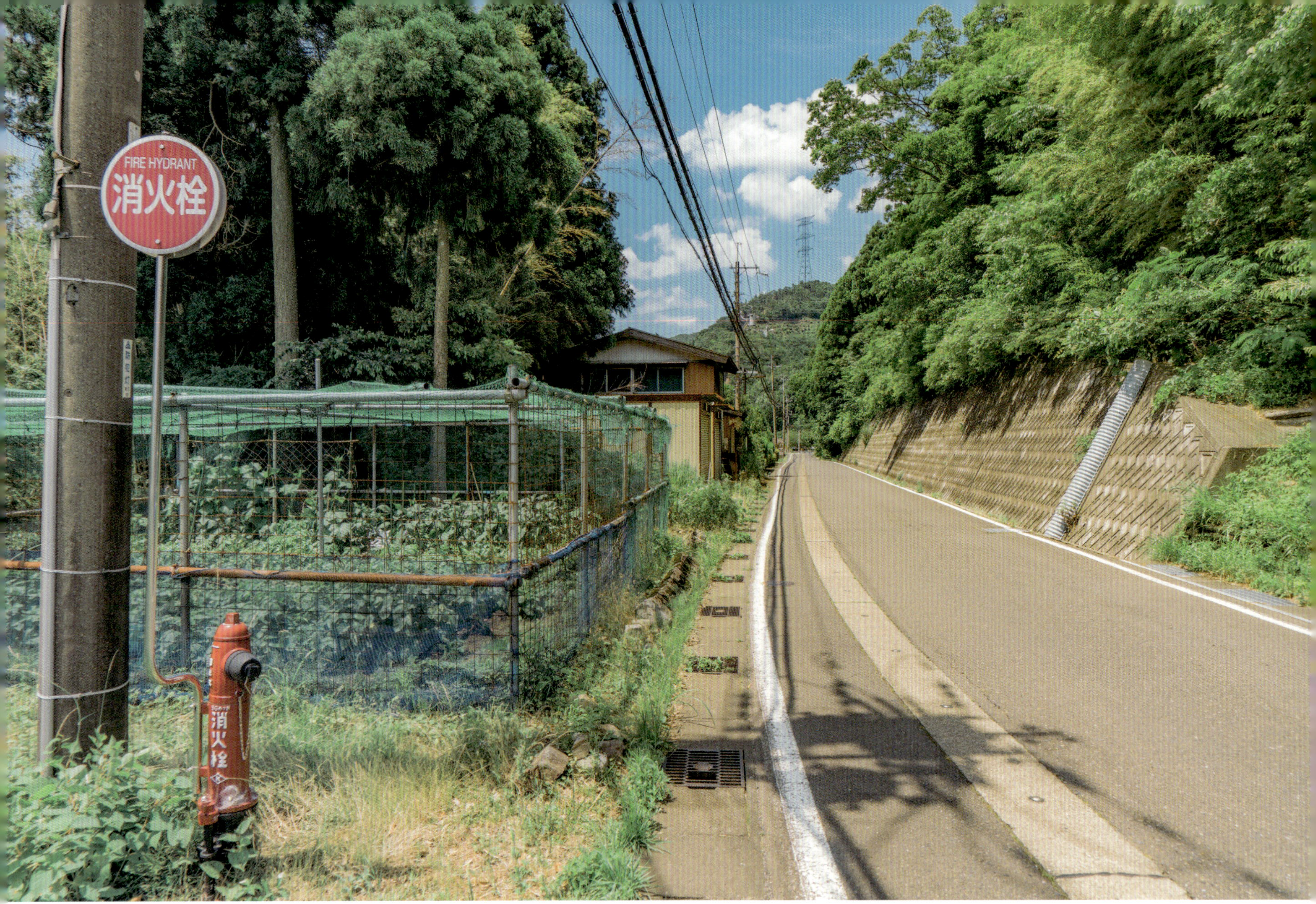
FIRE HYDRANT
消火栓
消火栓

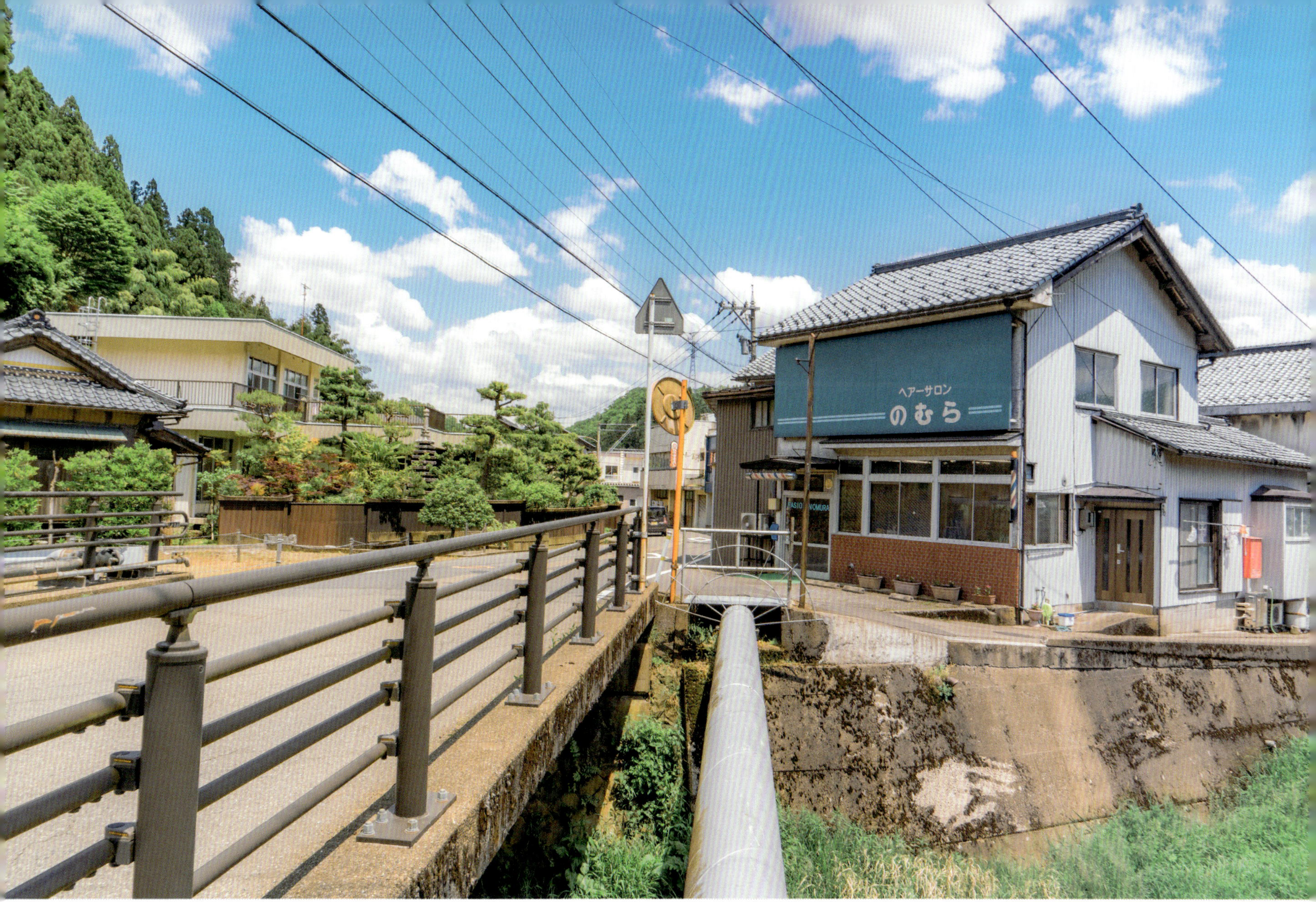
ヘアーサロン
のむら

大人になって気がついたんだ。

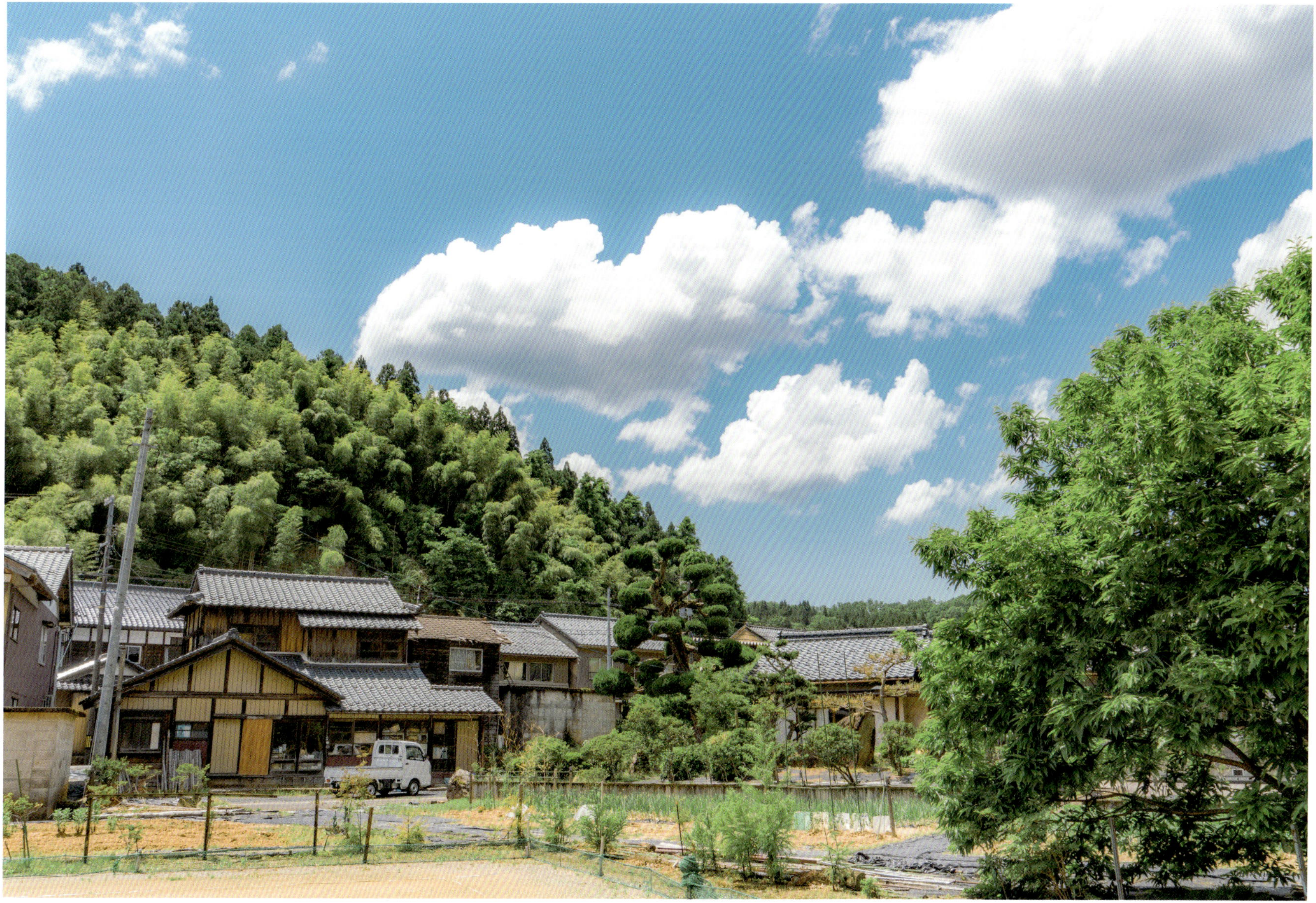

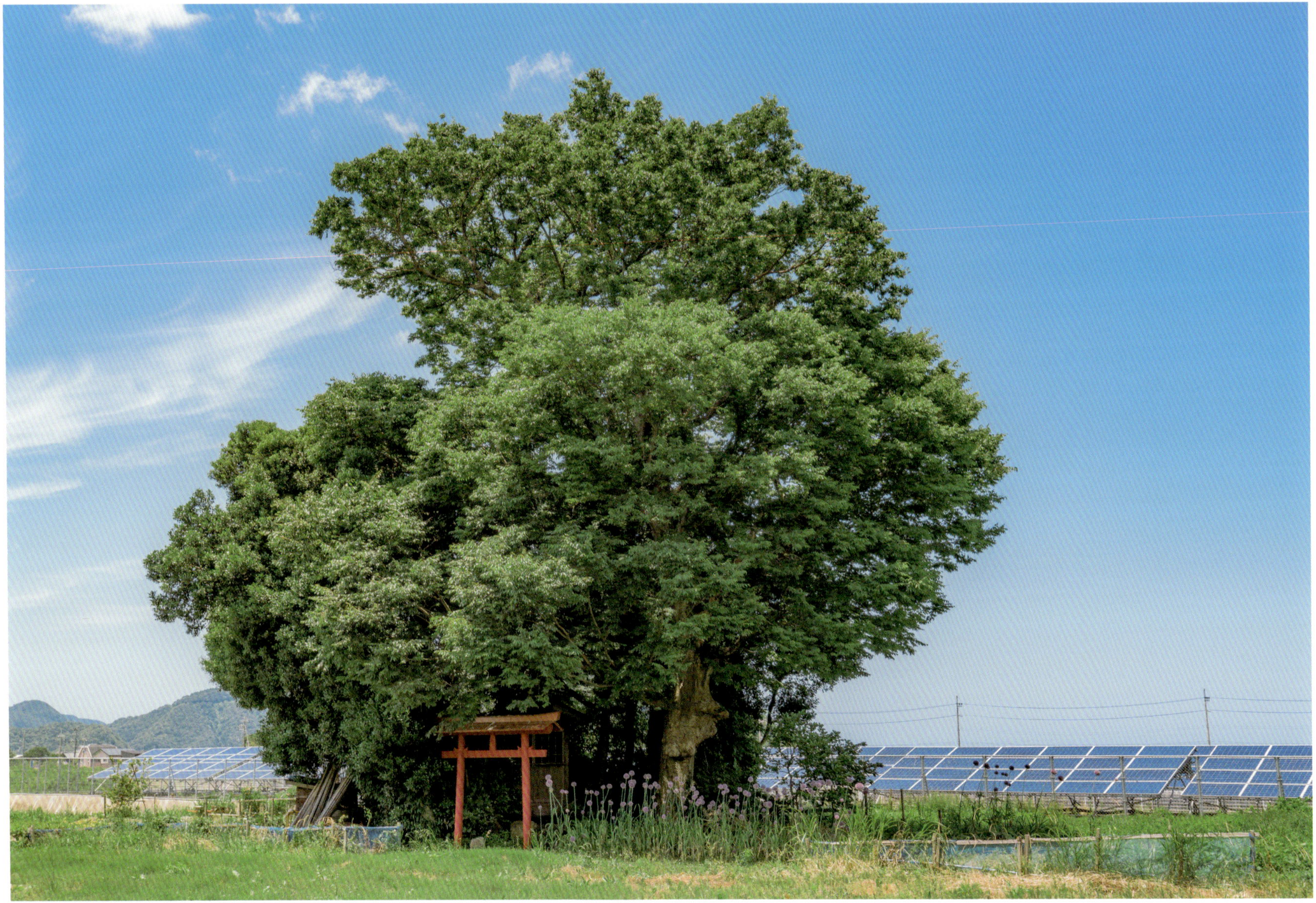

あの頃、当たり前のように見ていた世界。

そこはまるで

アニメのワンシーンのような、

そんな世界だった。

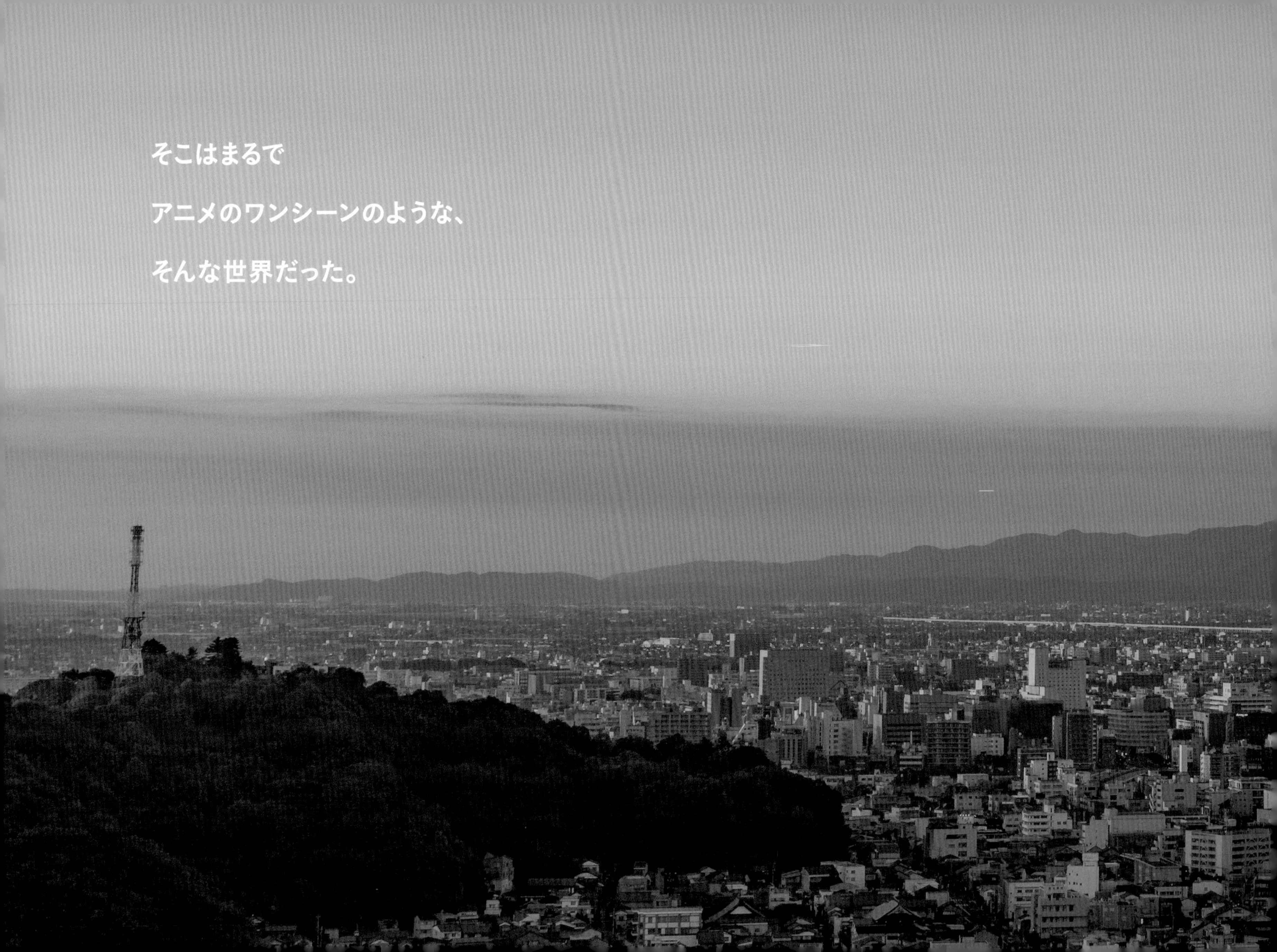

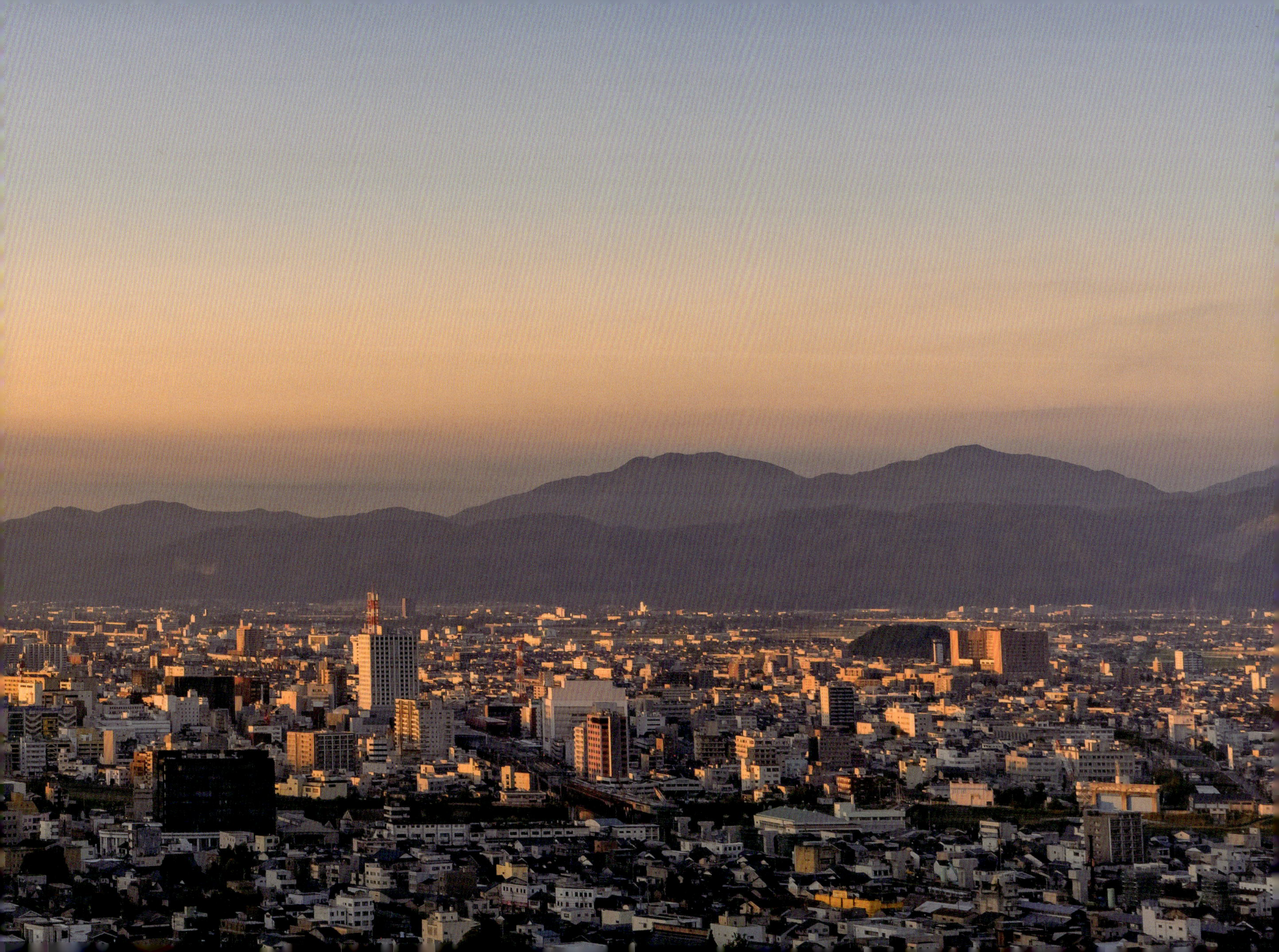

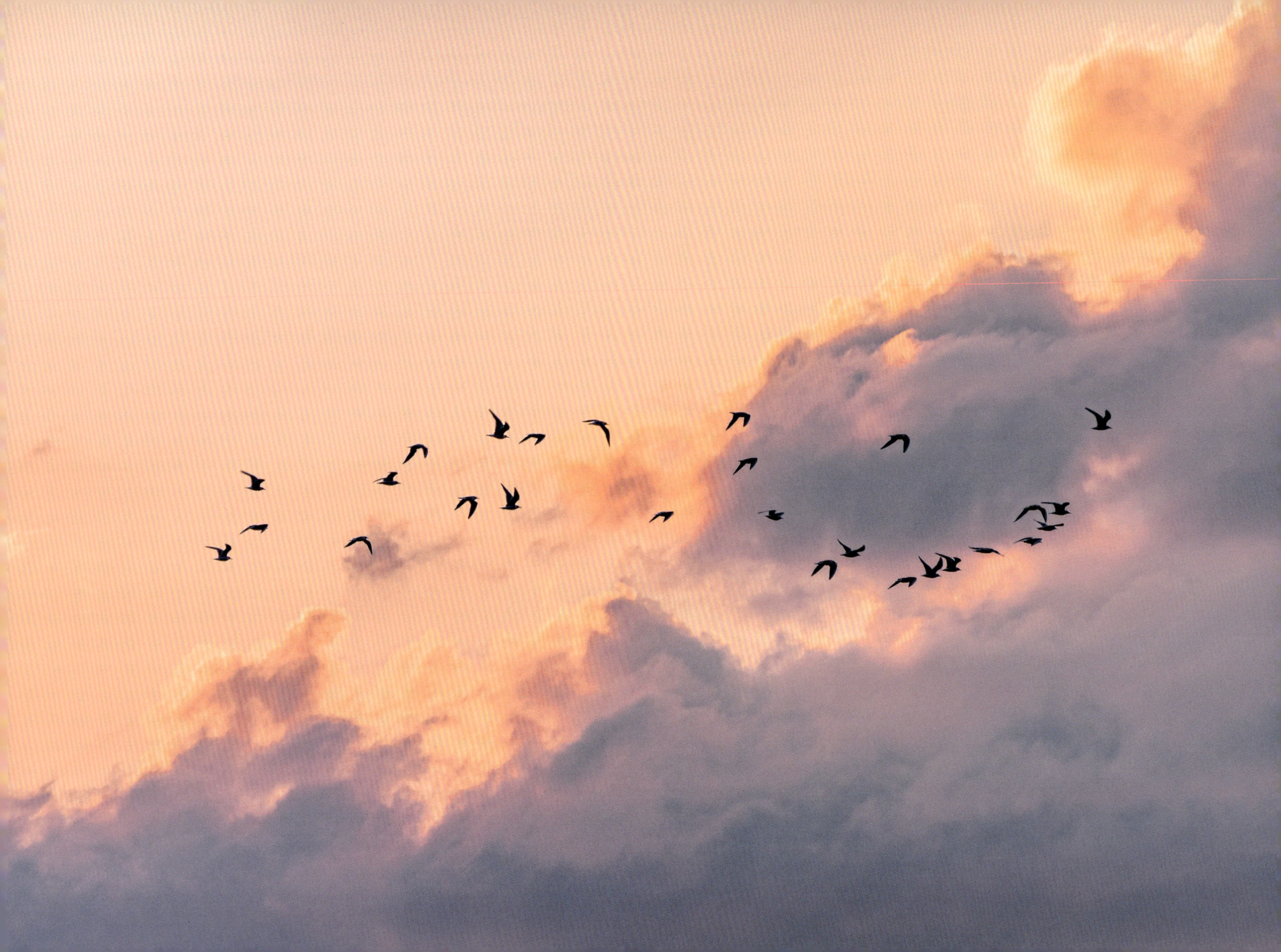

Contents

Chapter 1　夏の記憶を巡る

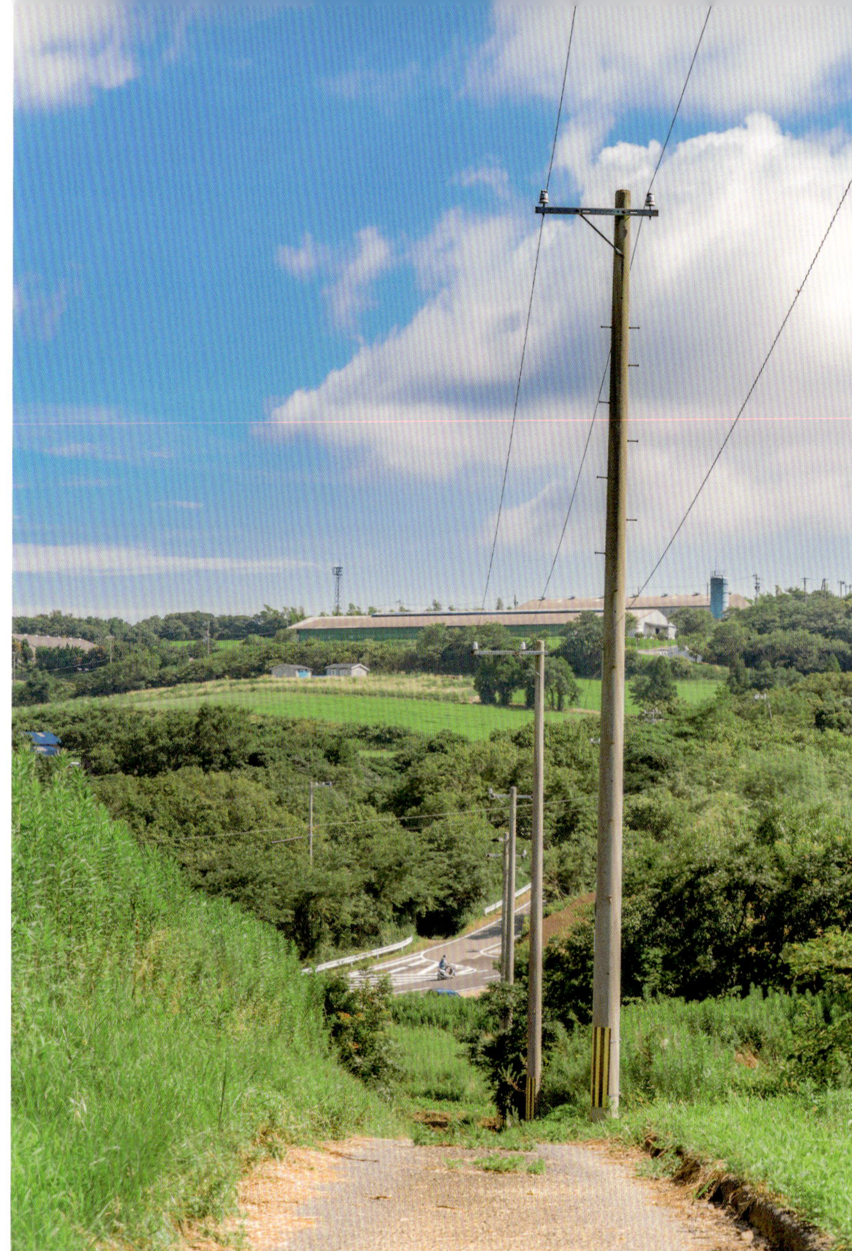

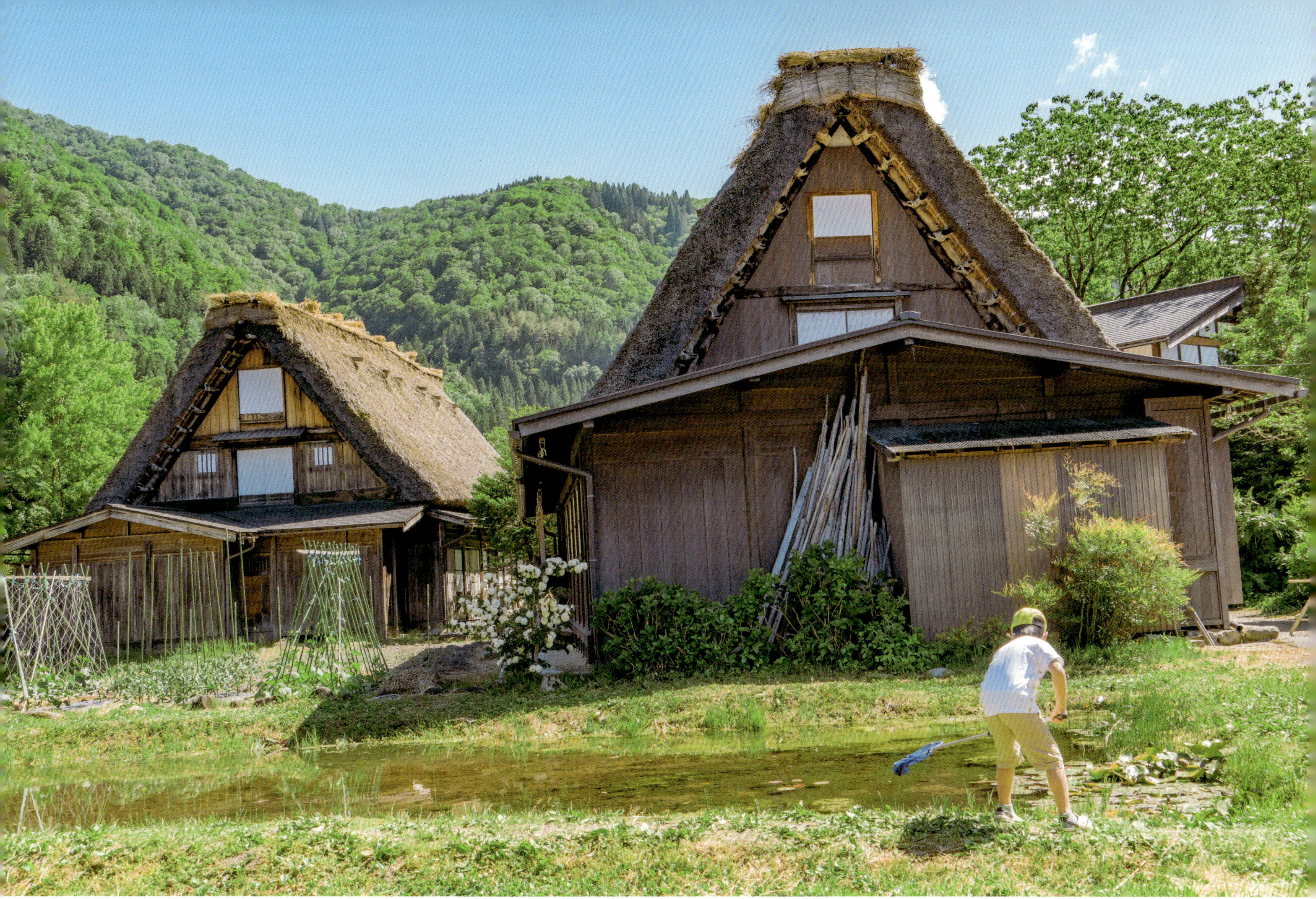

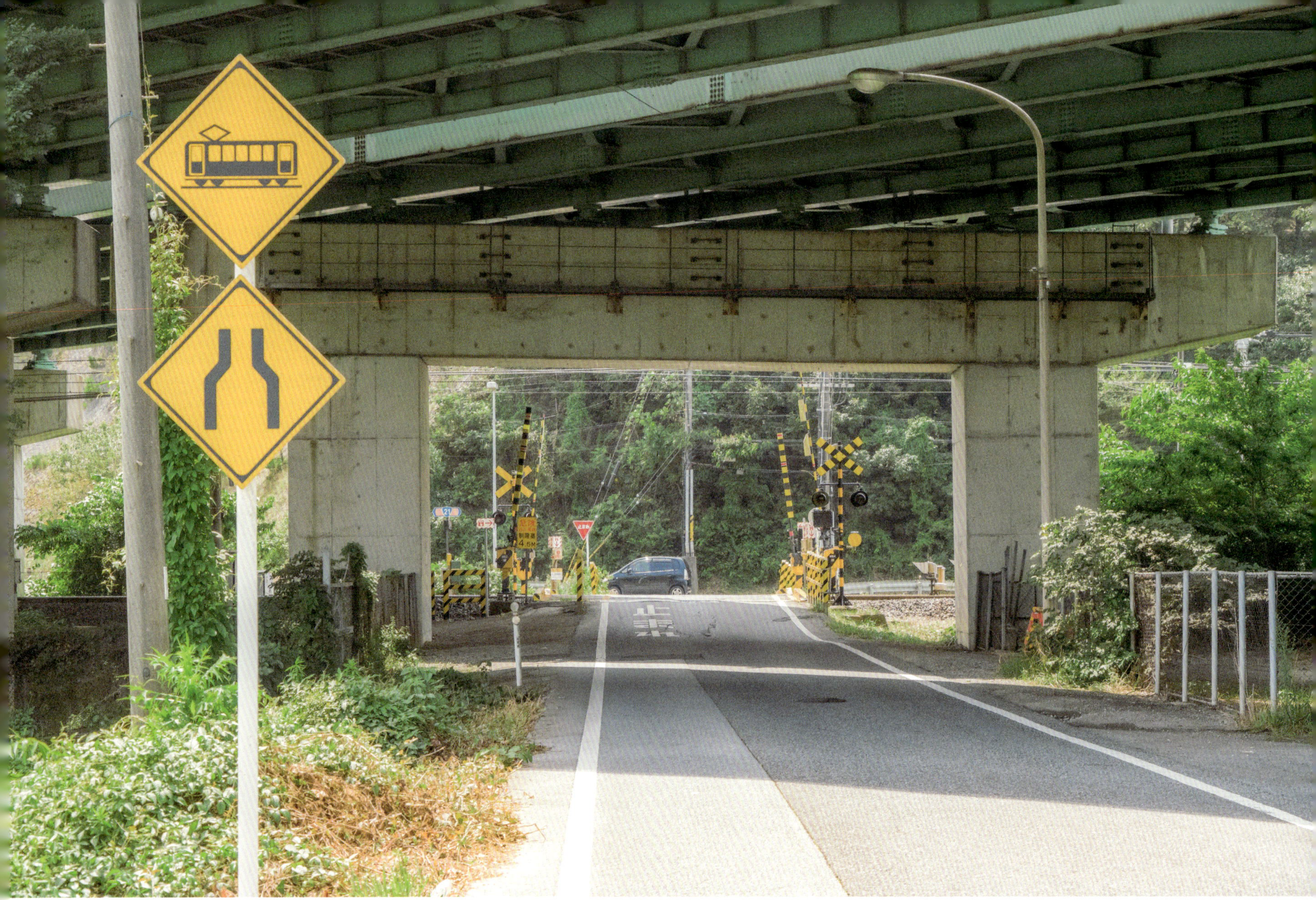

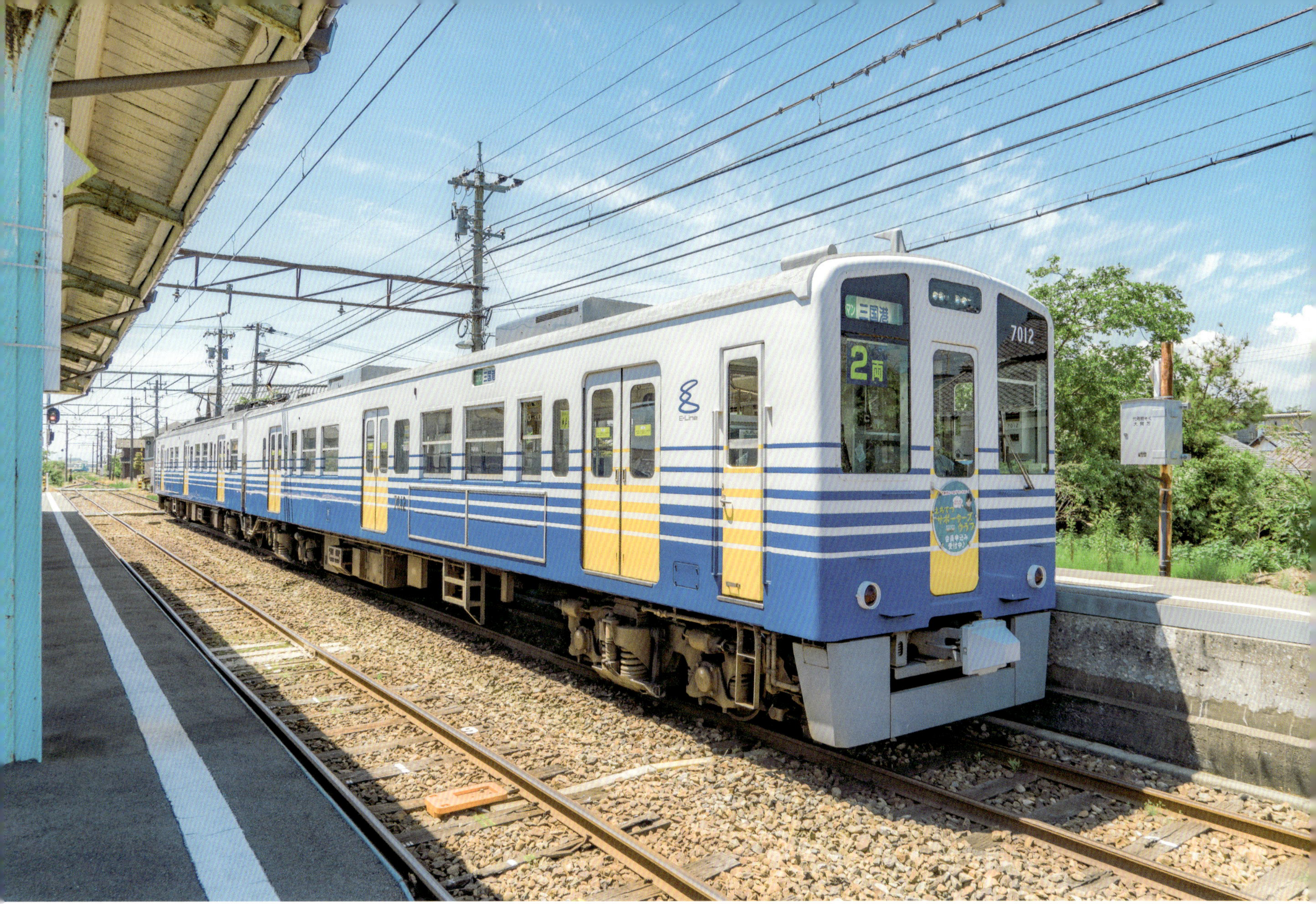
三国港
2両
7012

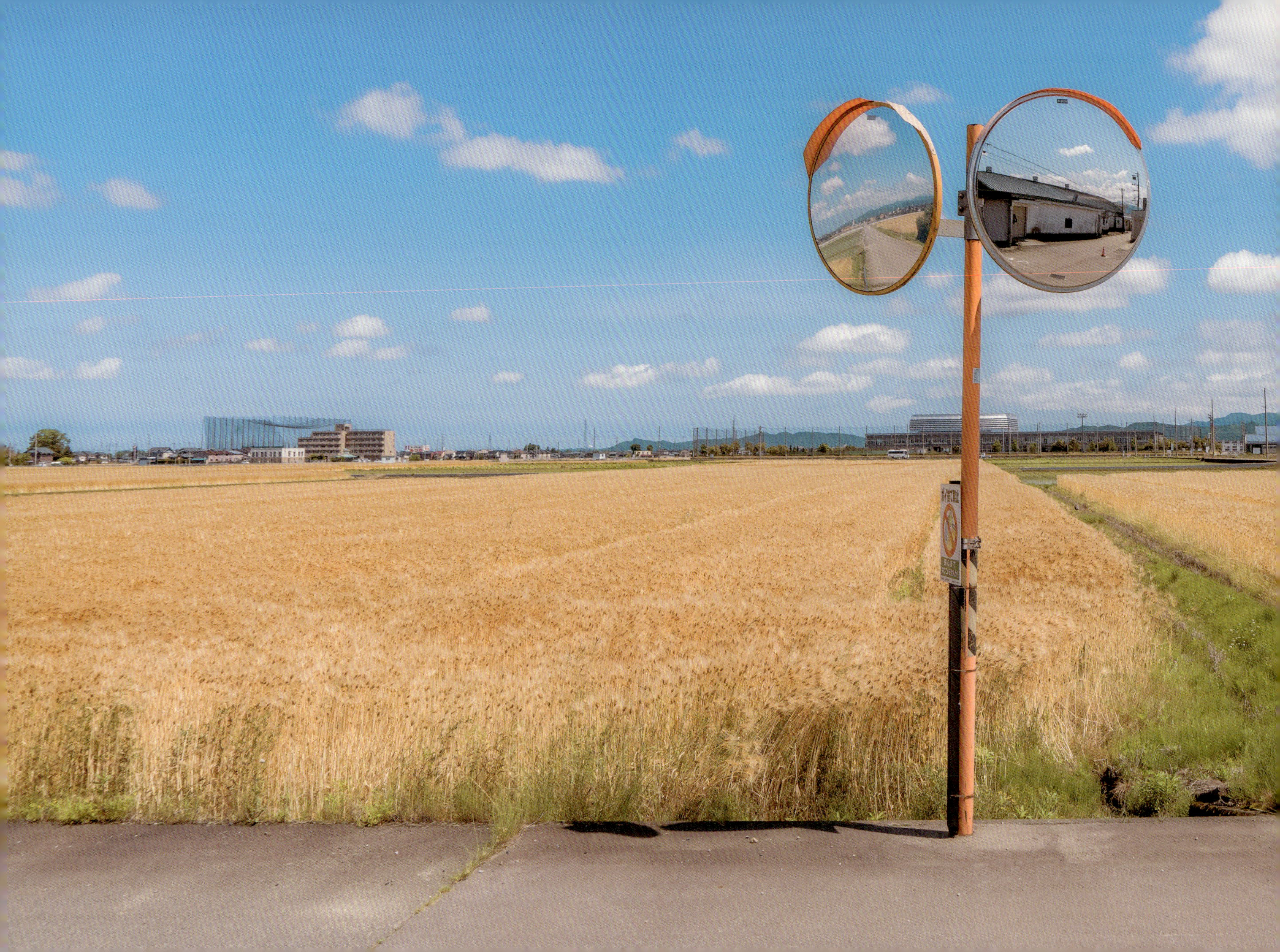

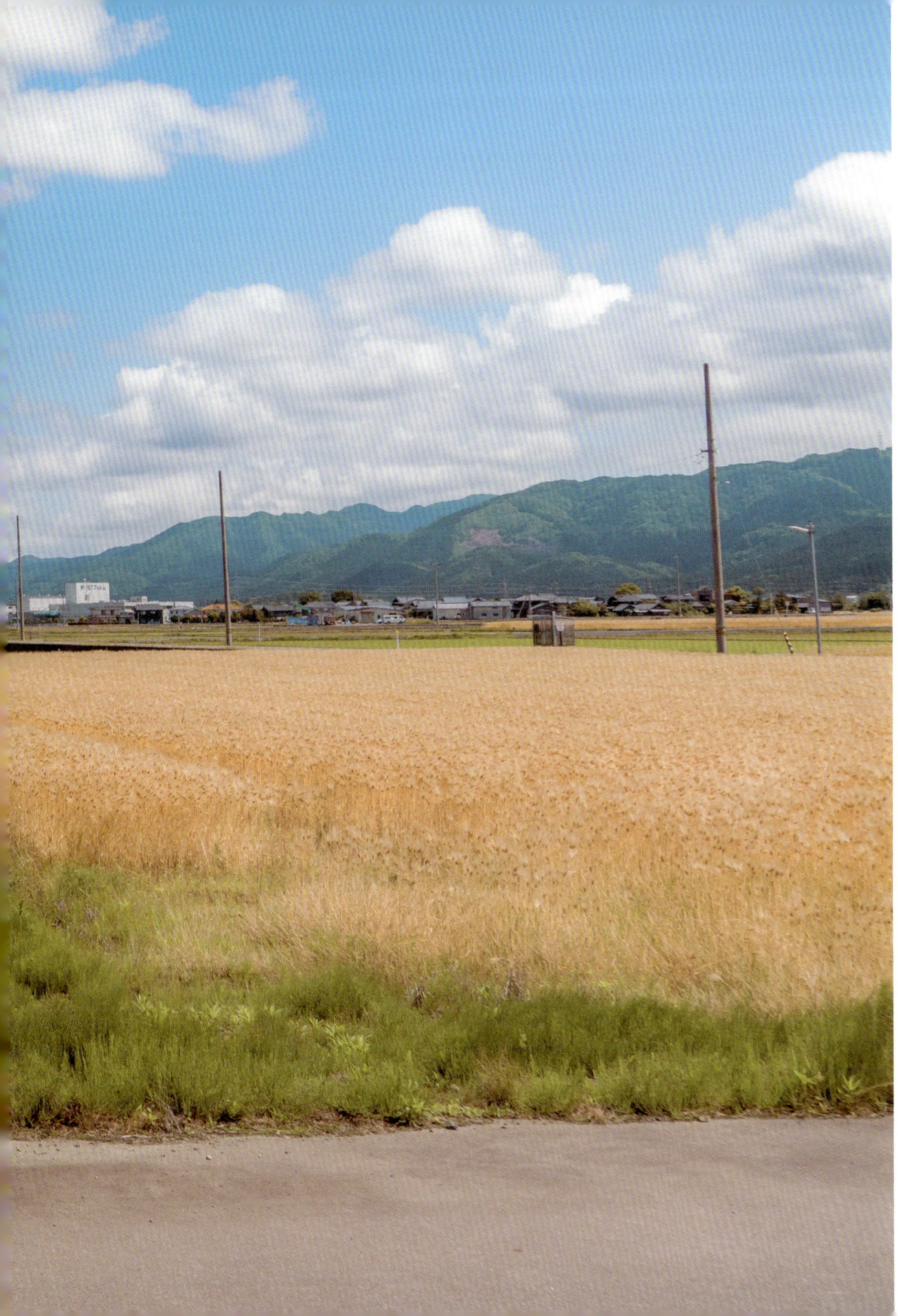

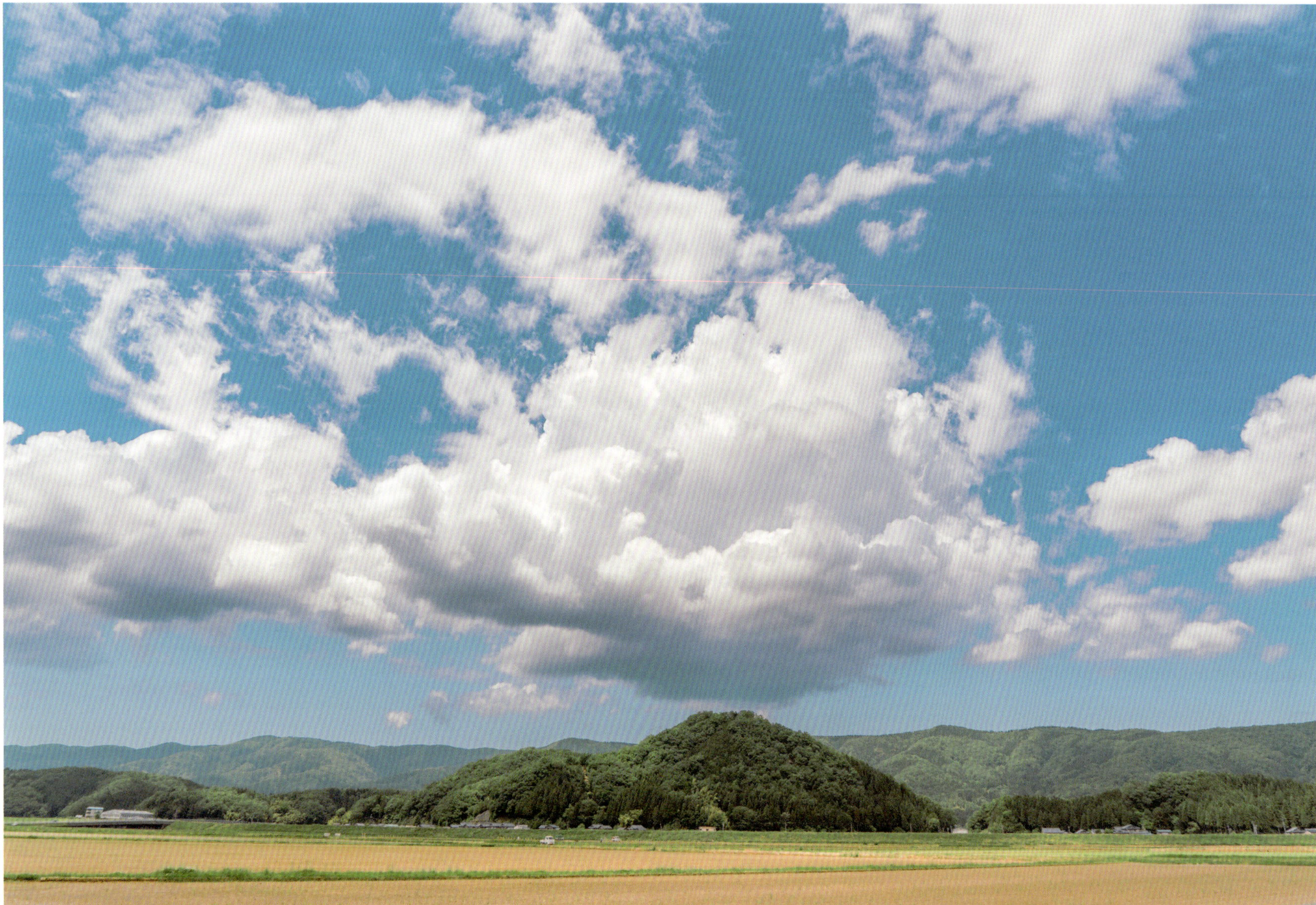

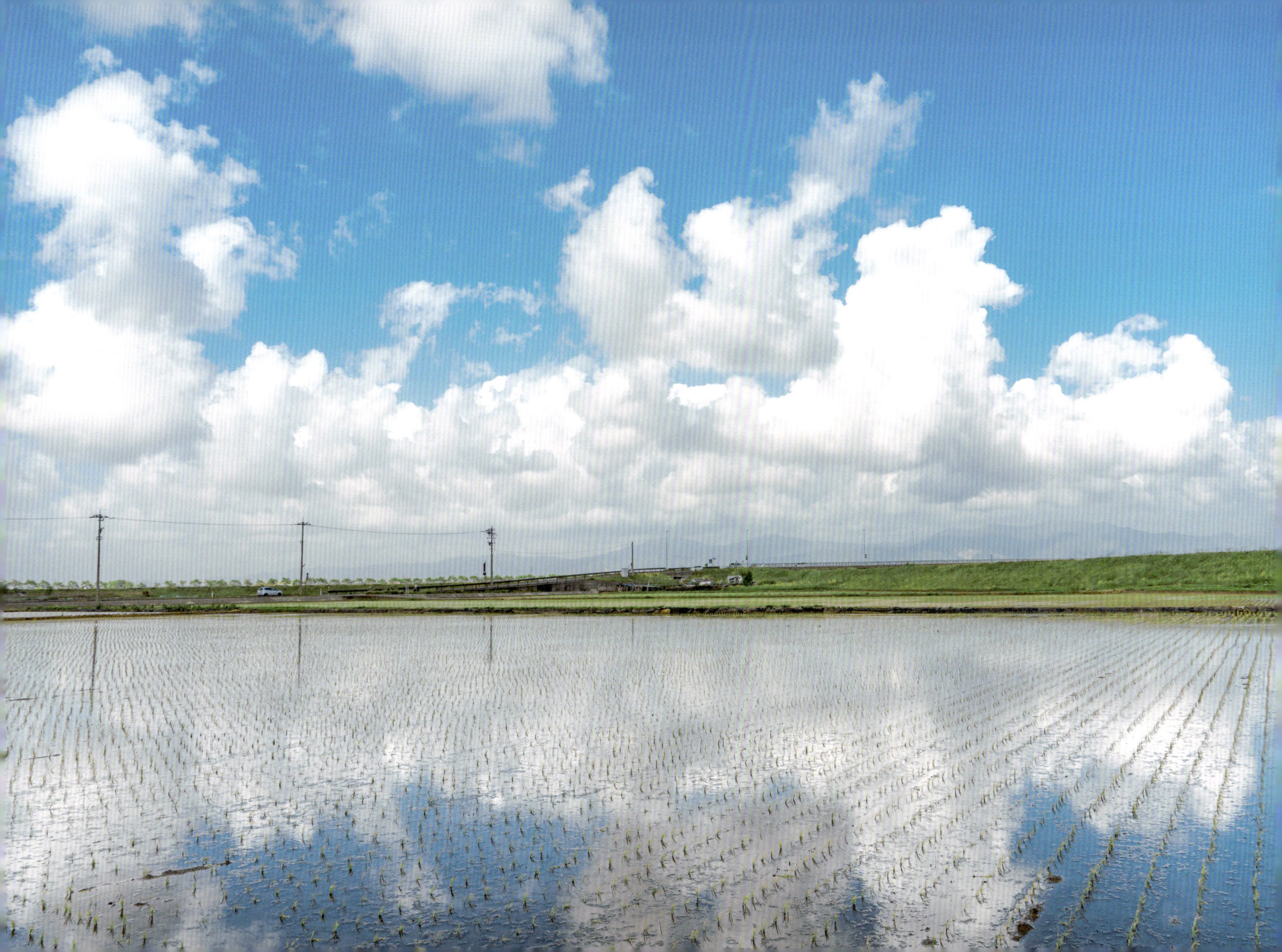

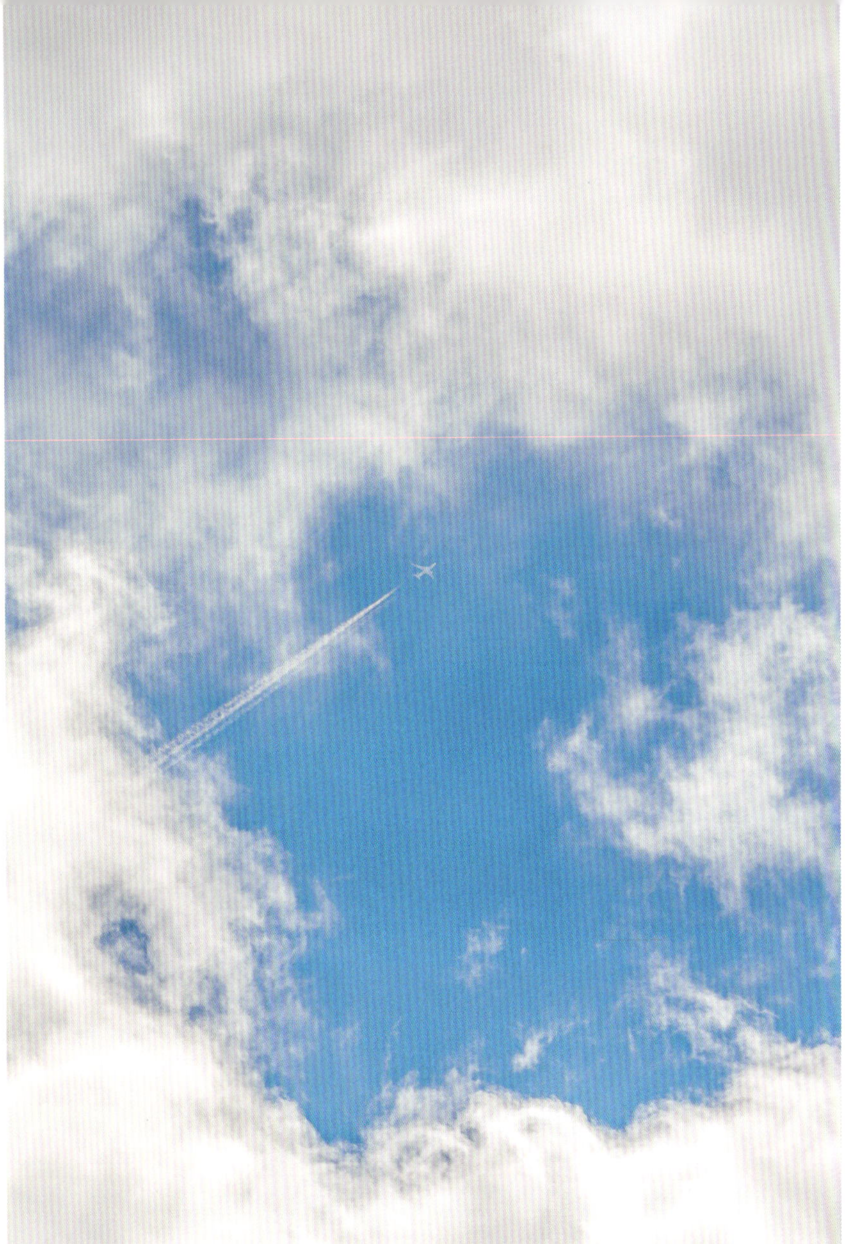

また、あの夏が来る。

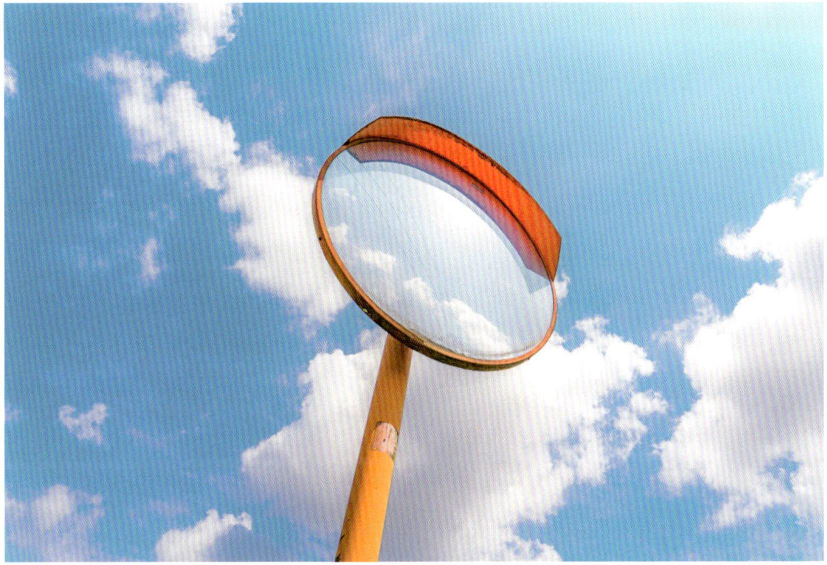

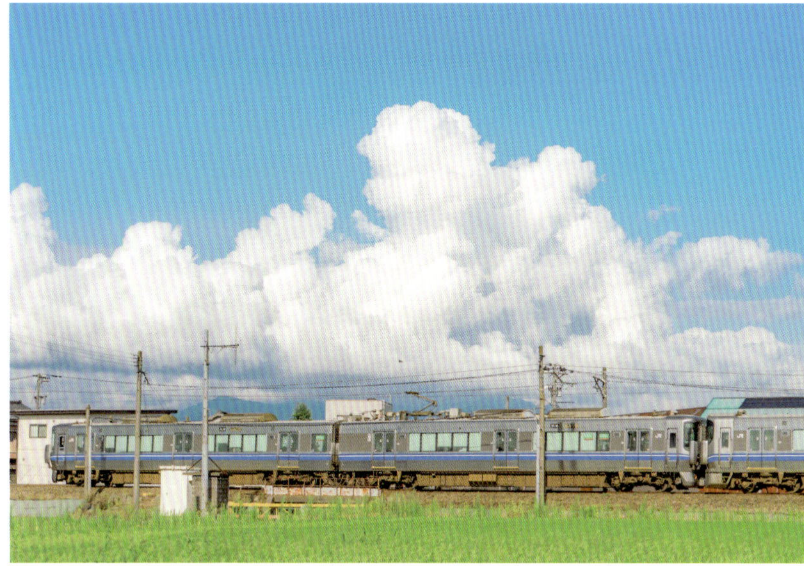

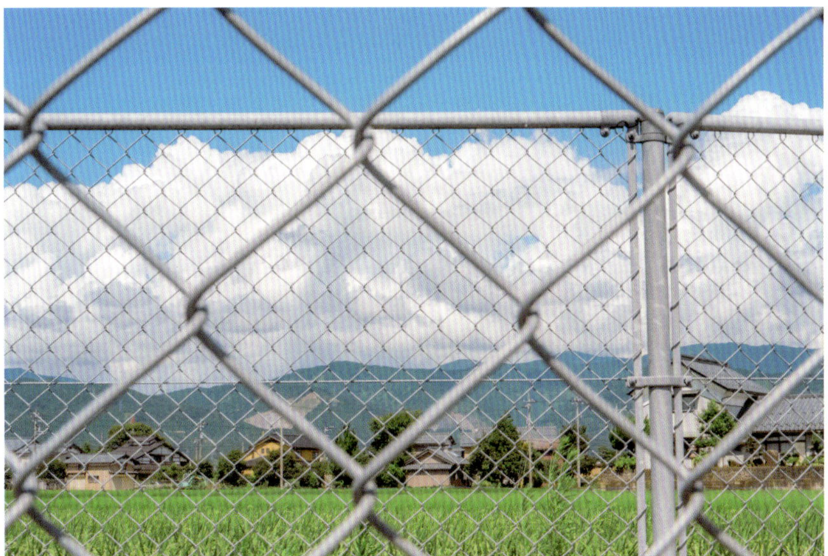

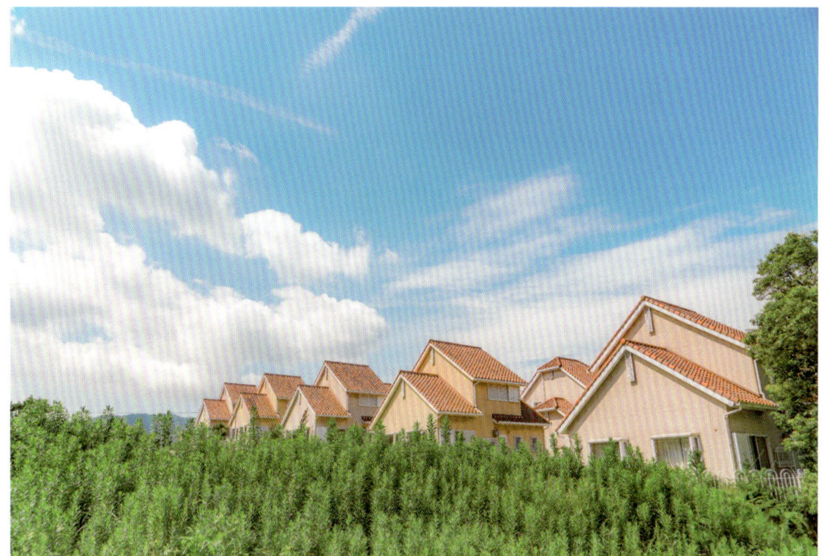

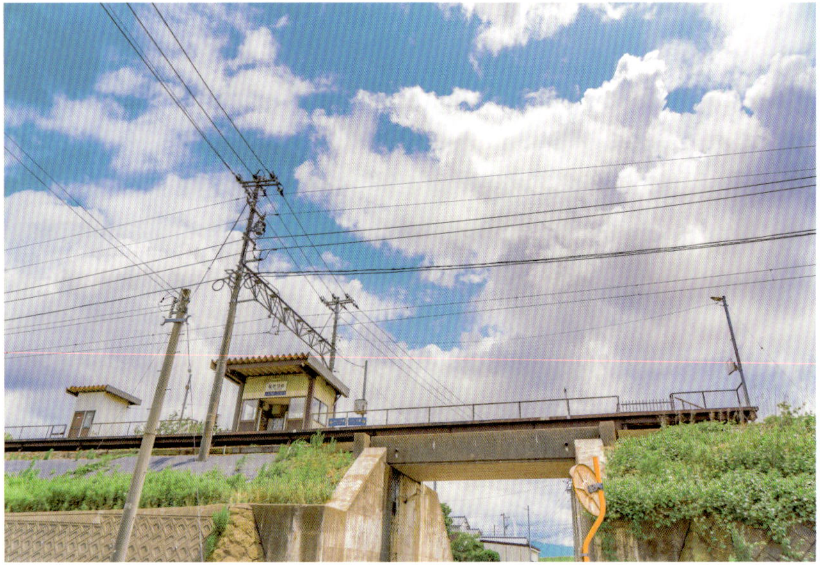

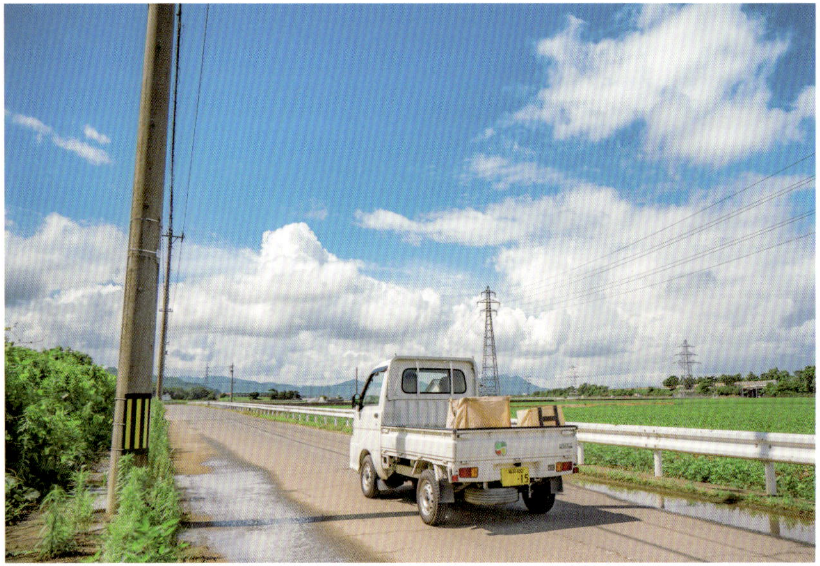

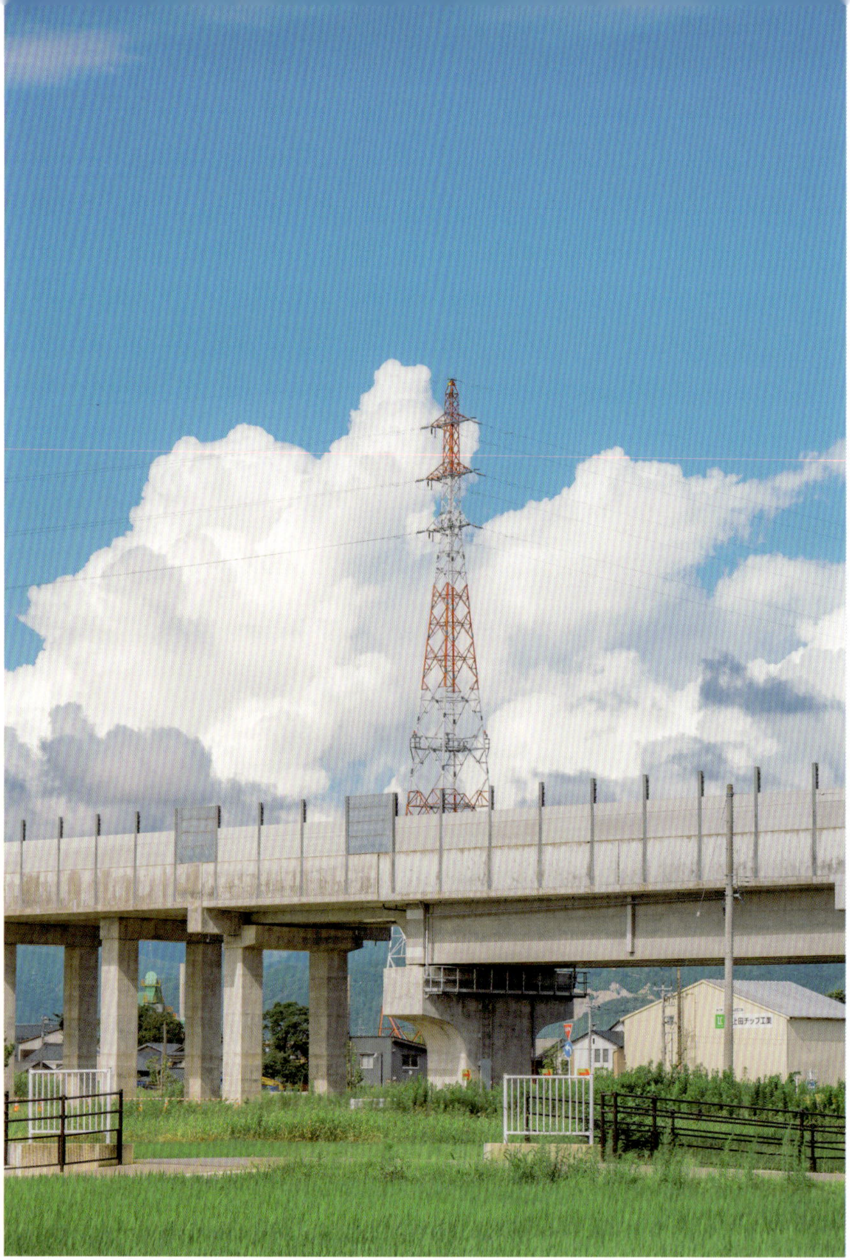

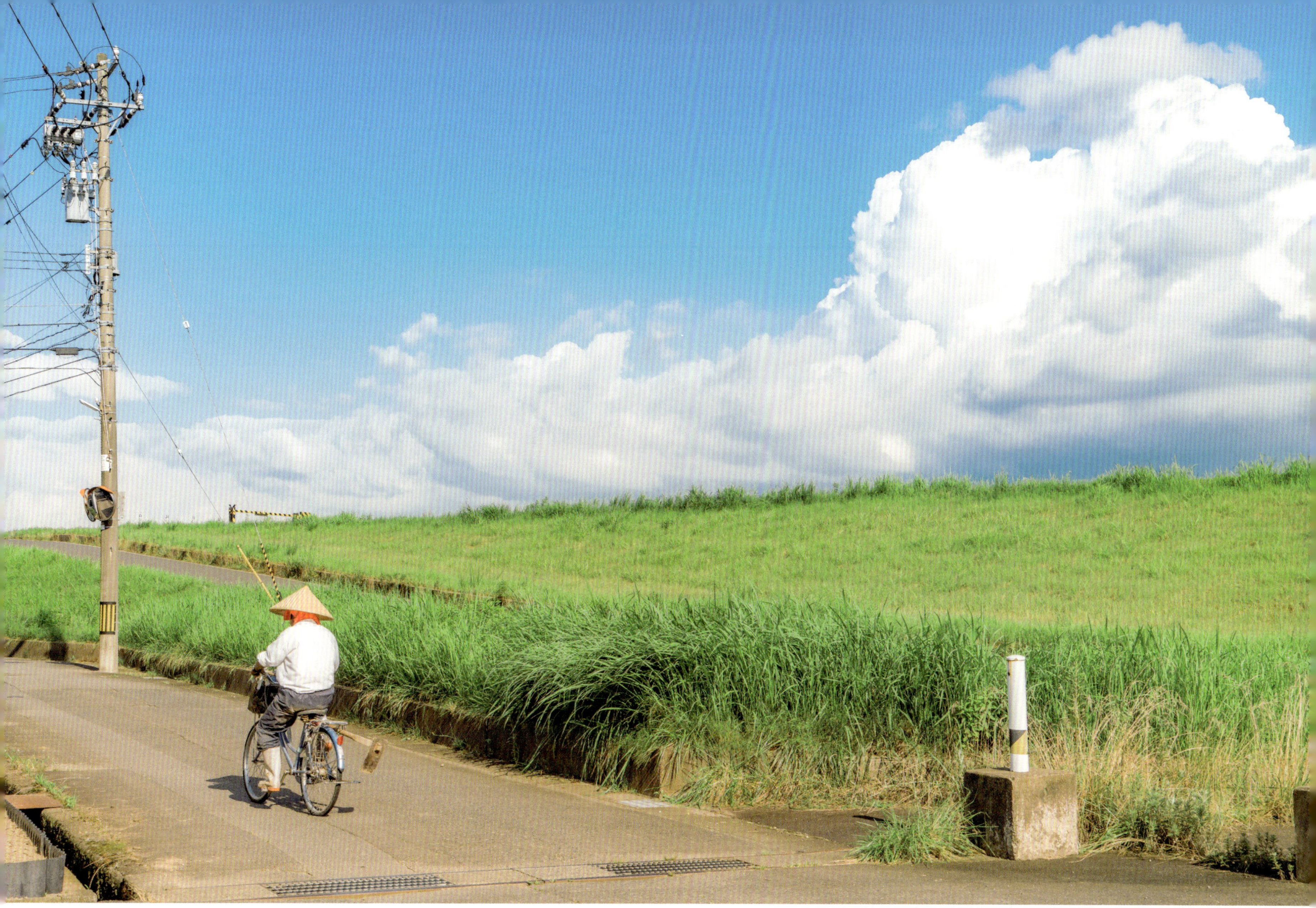

僕らを冒険へと誘う季節。

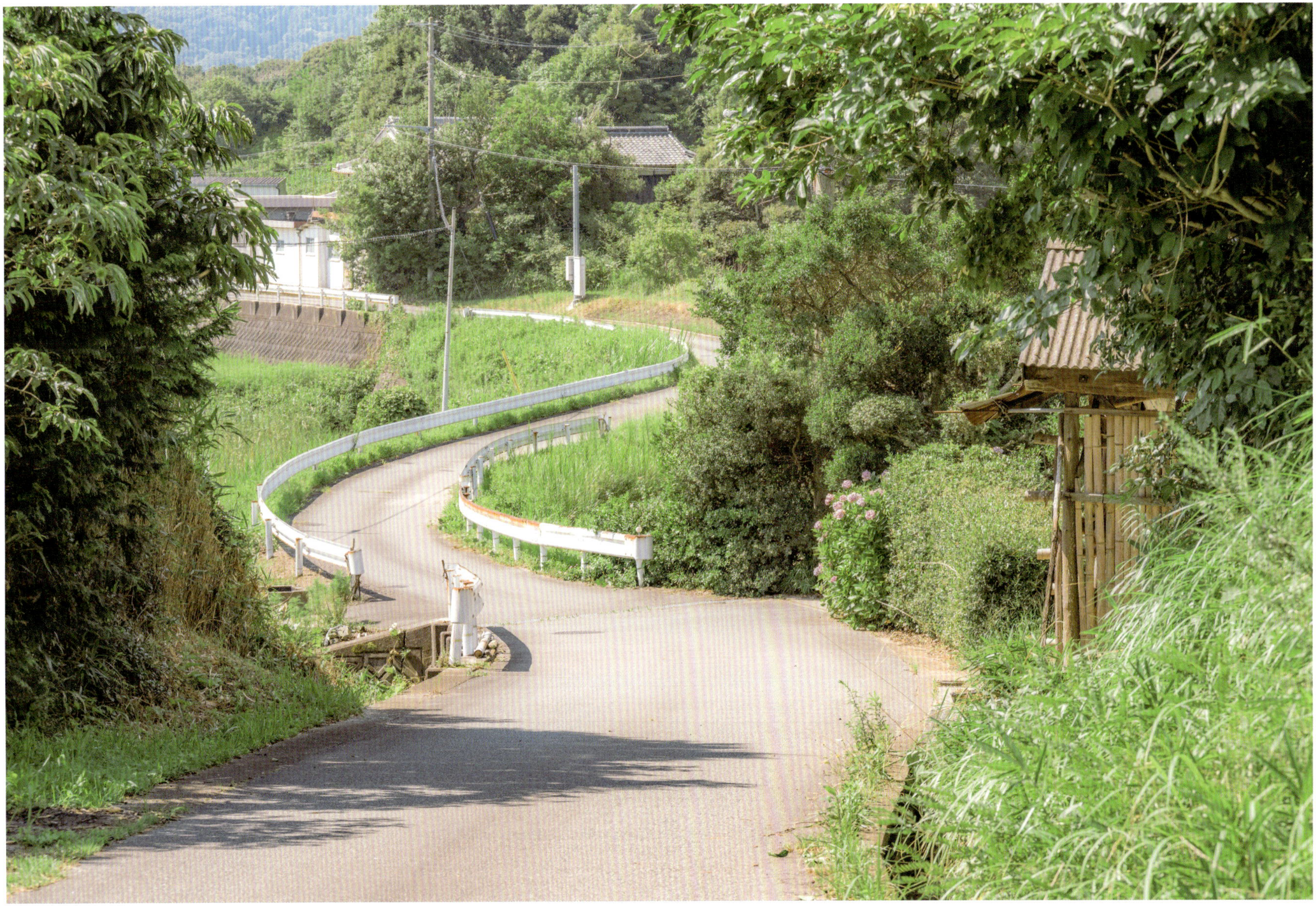

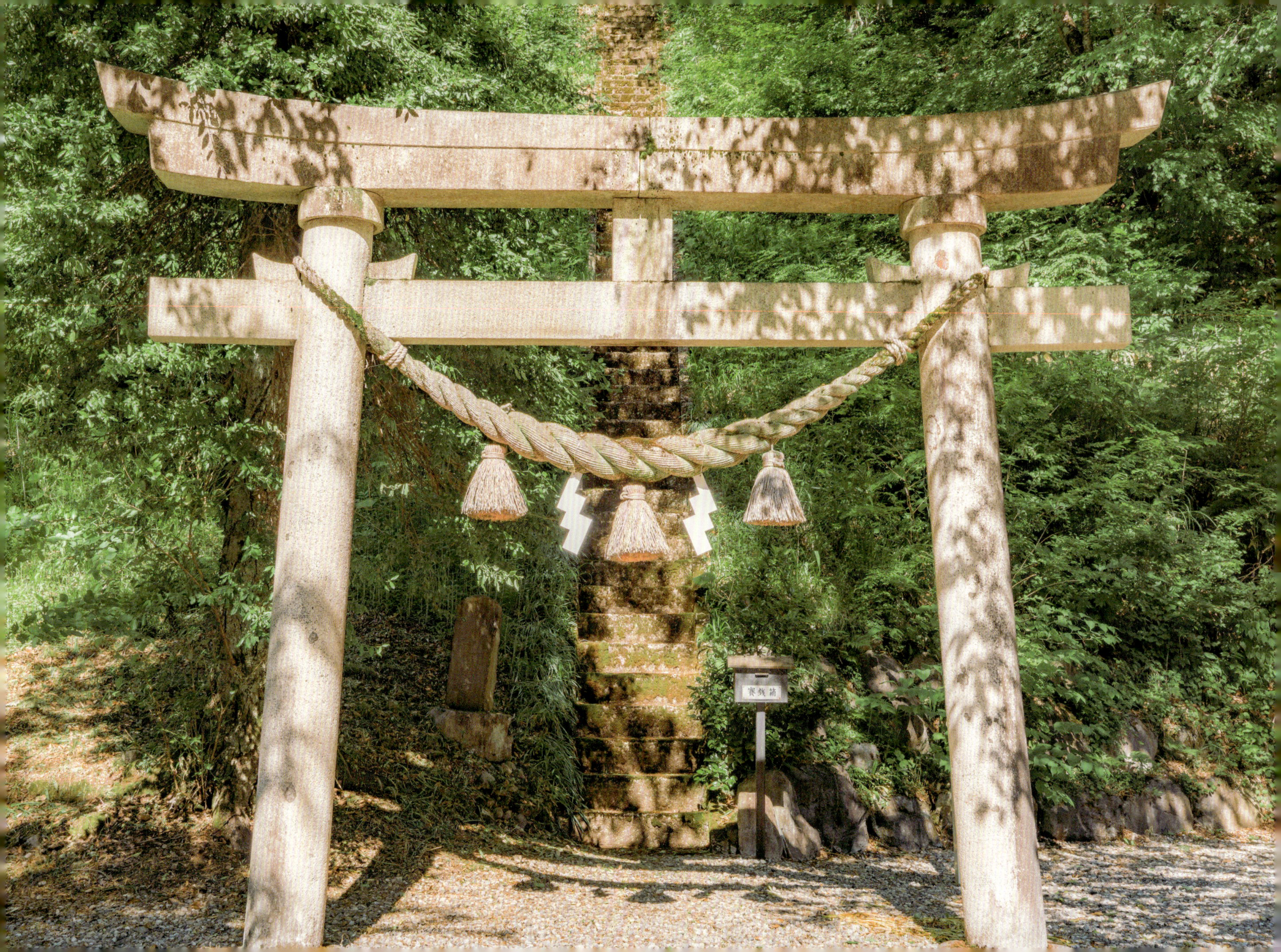
賽銭箱

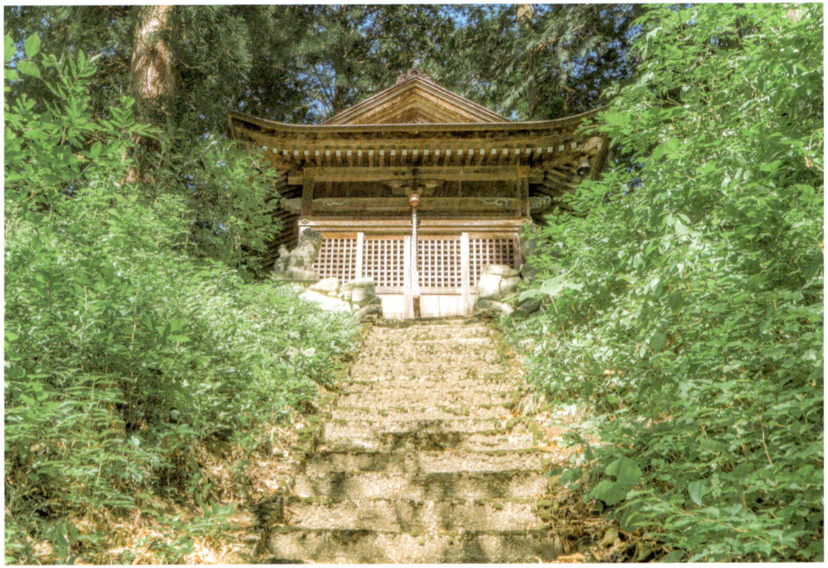

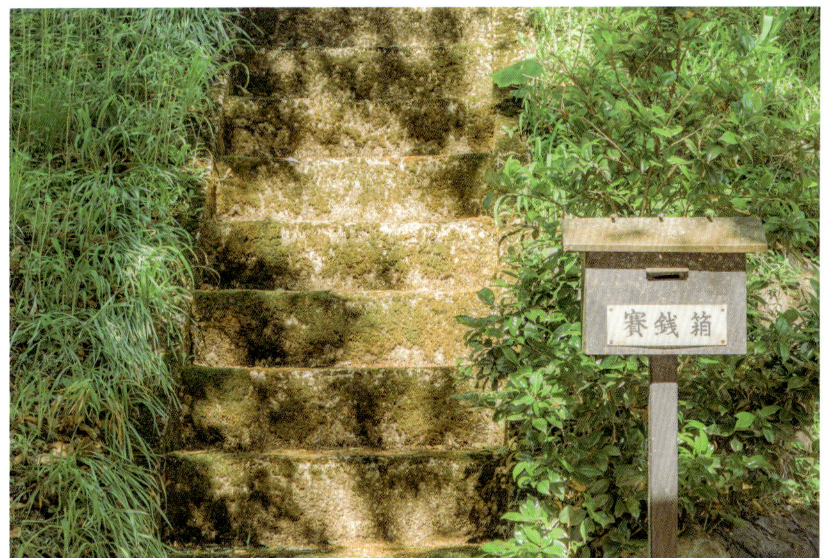
賽銭箱

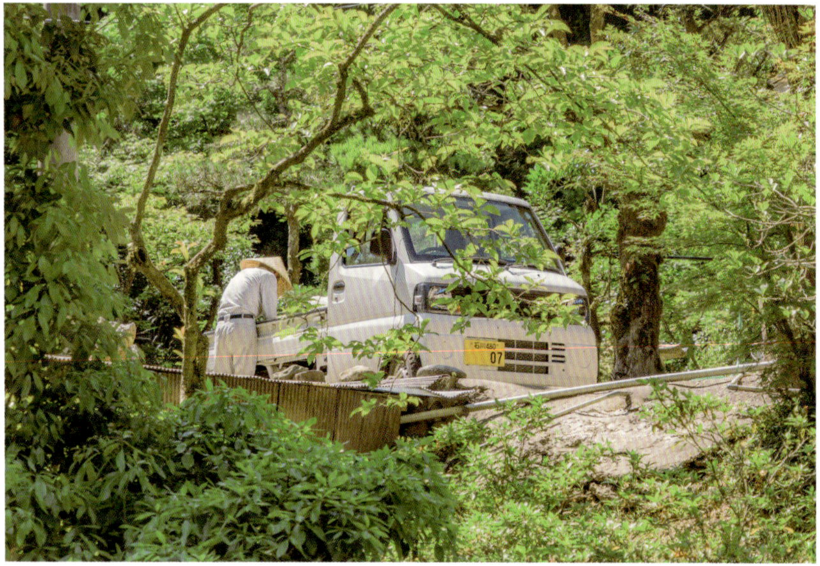
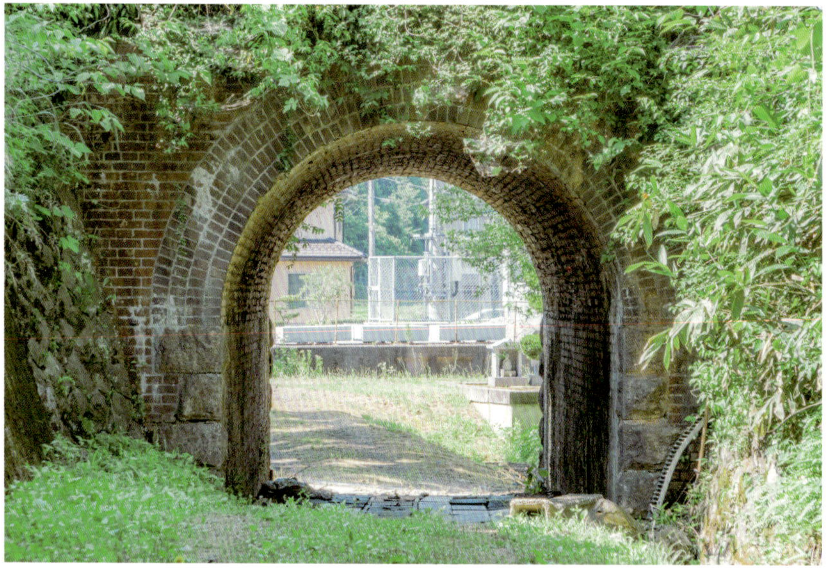
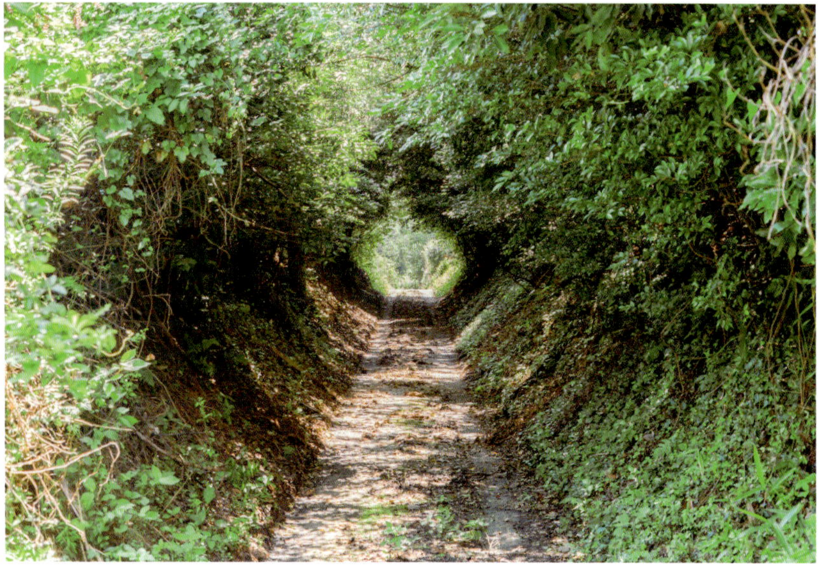
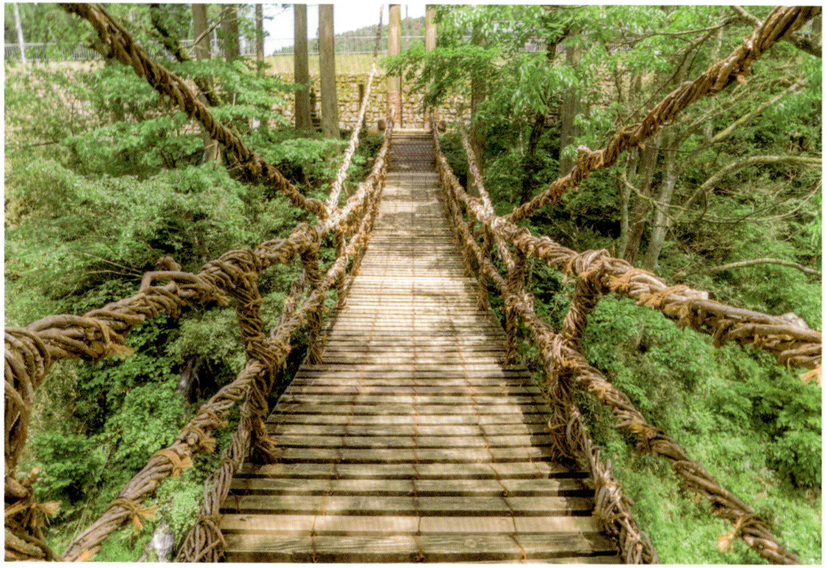

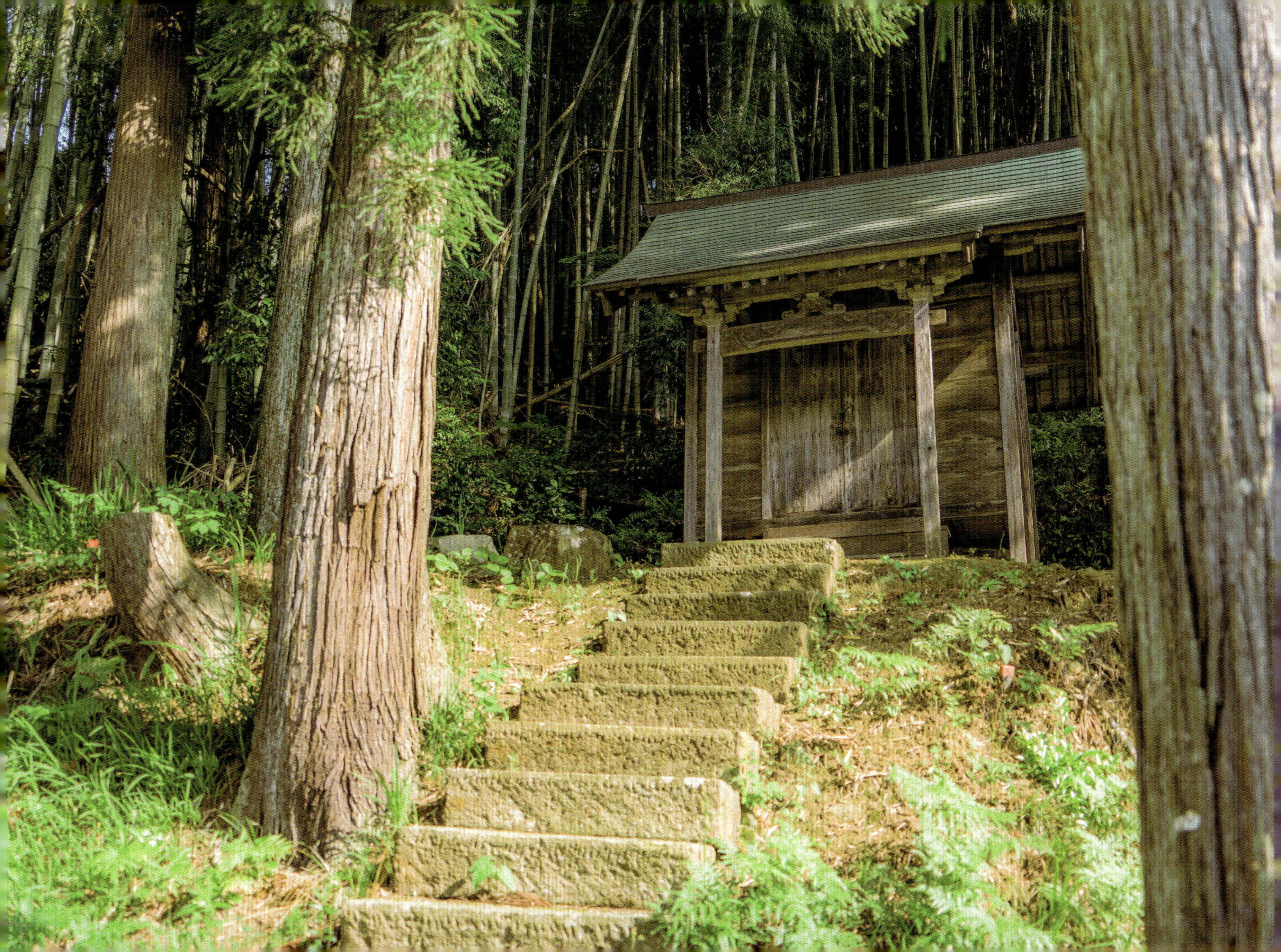

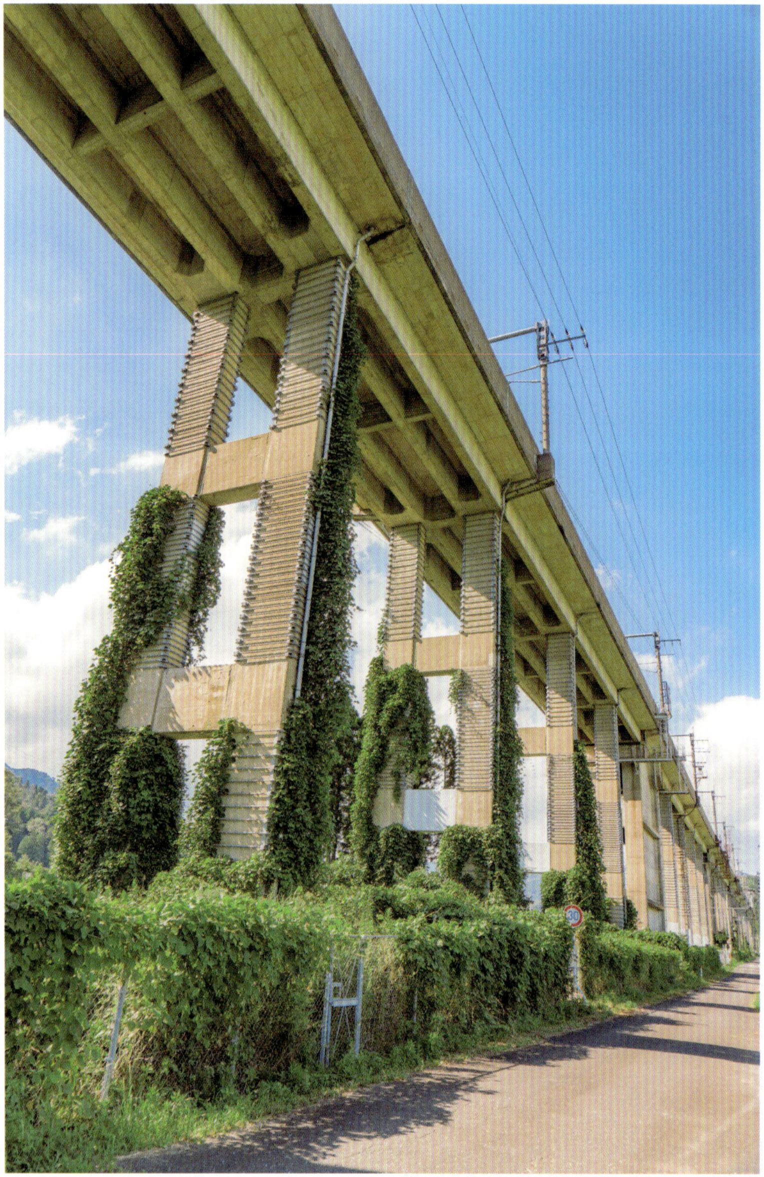

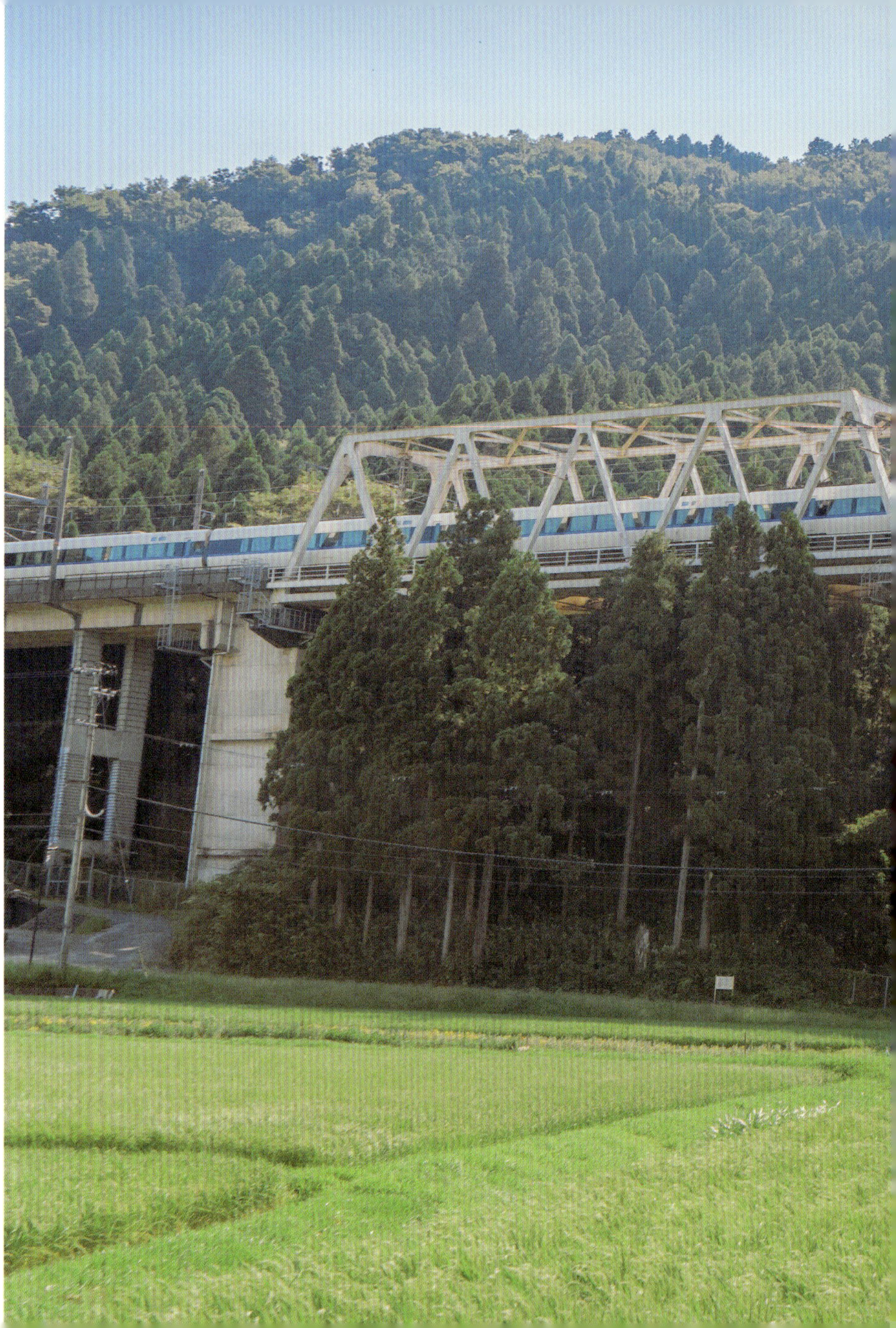

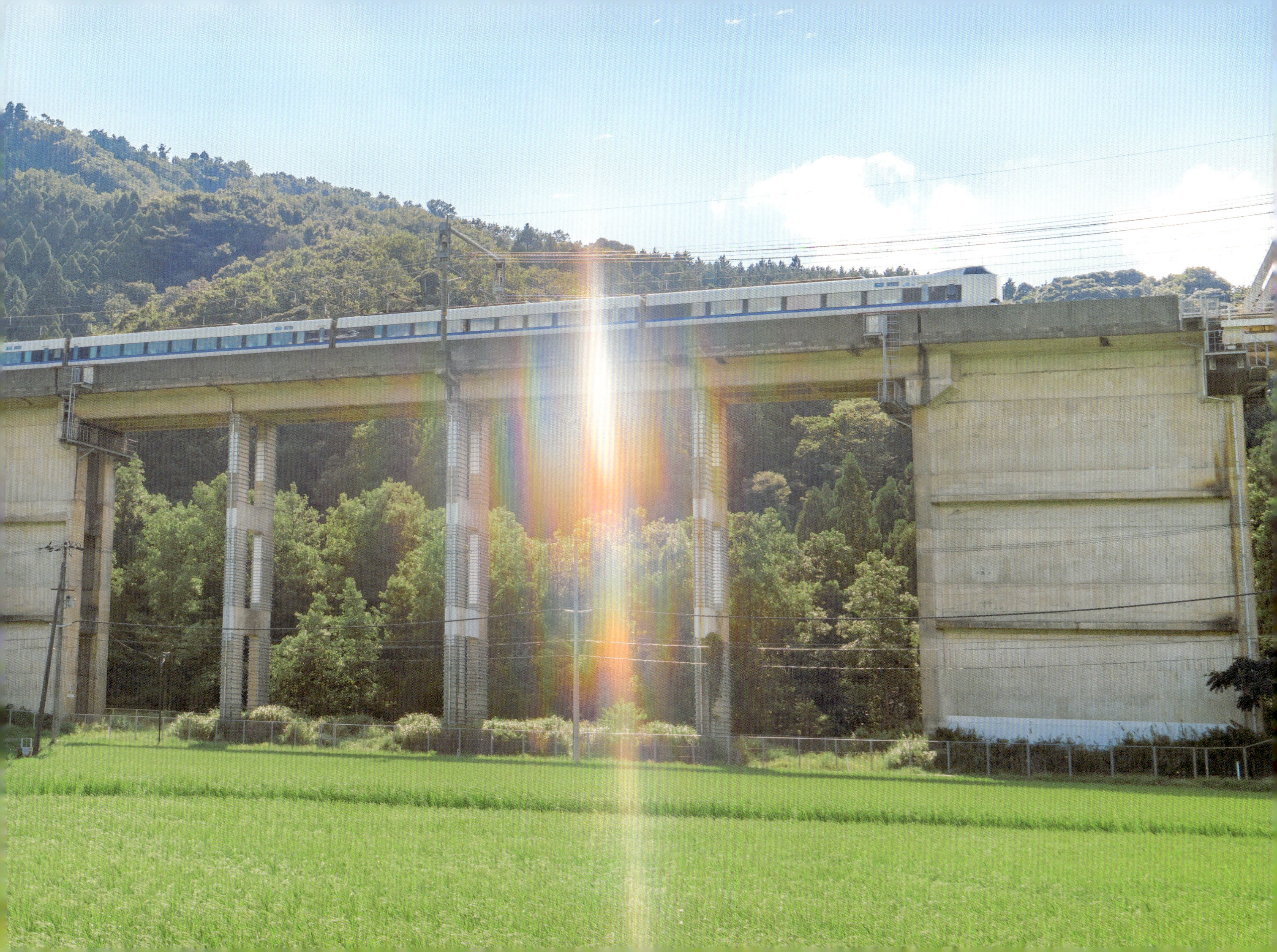

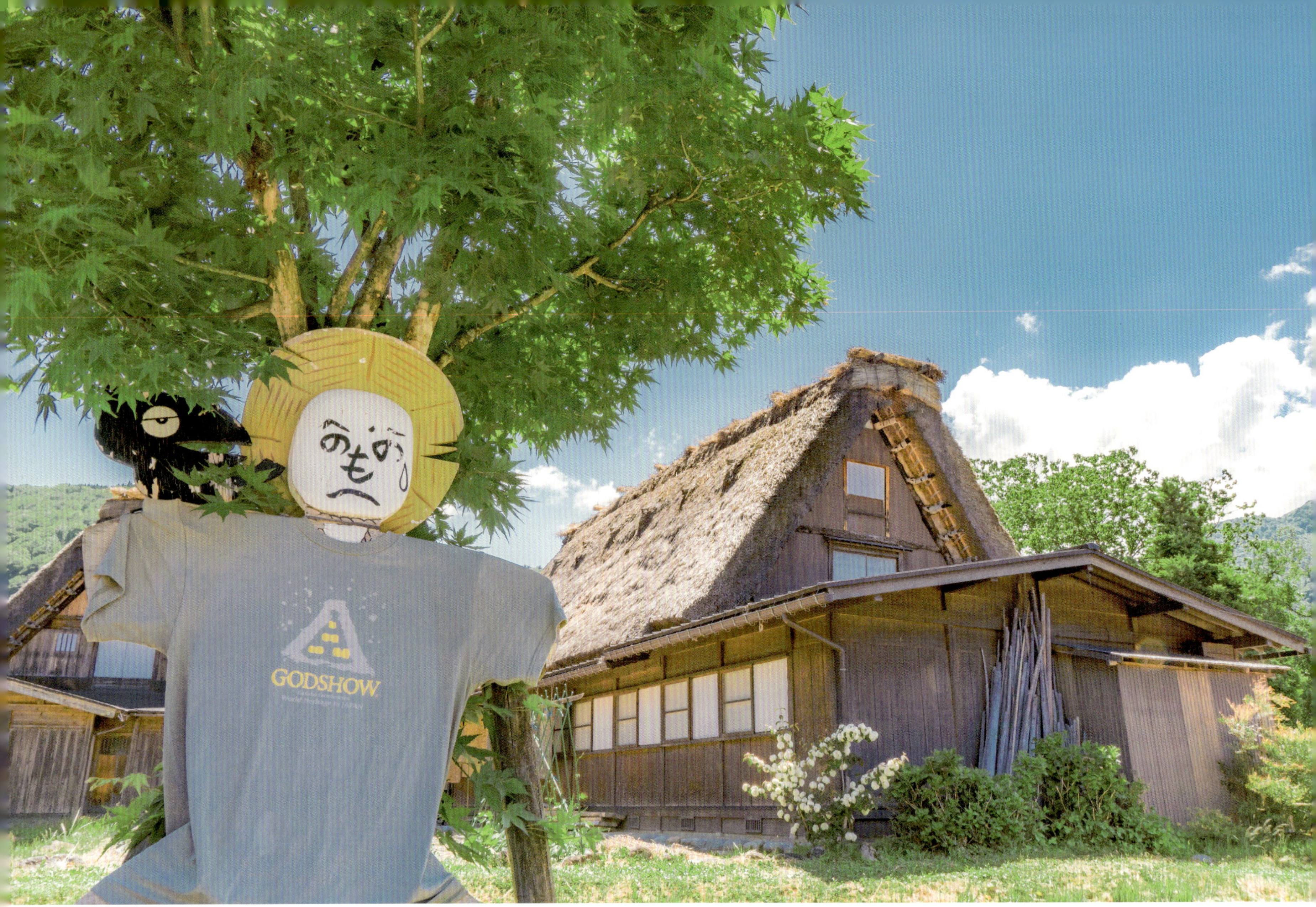
GODSHOW

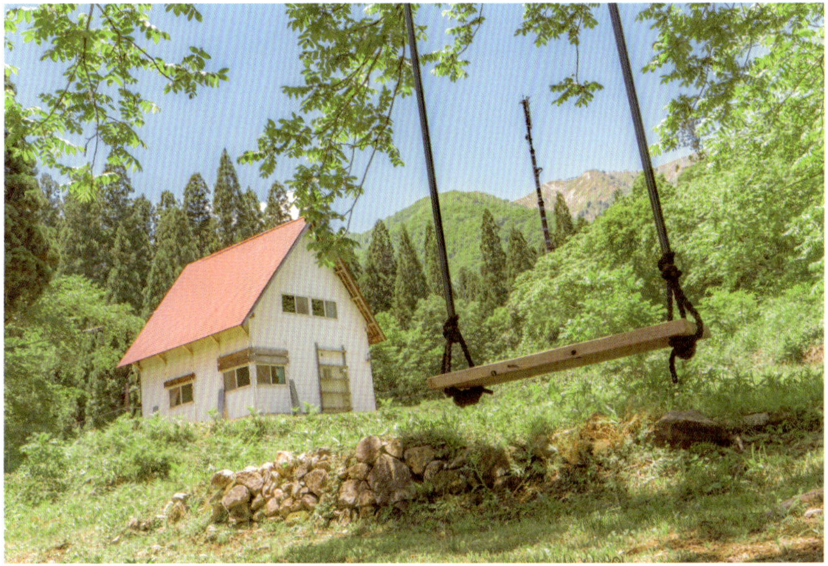

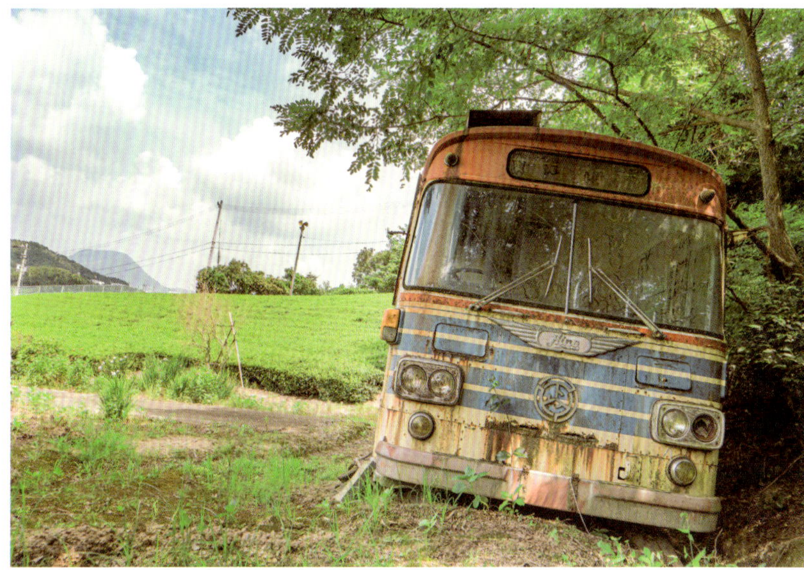

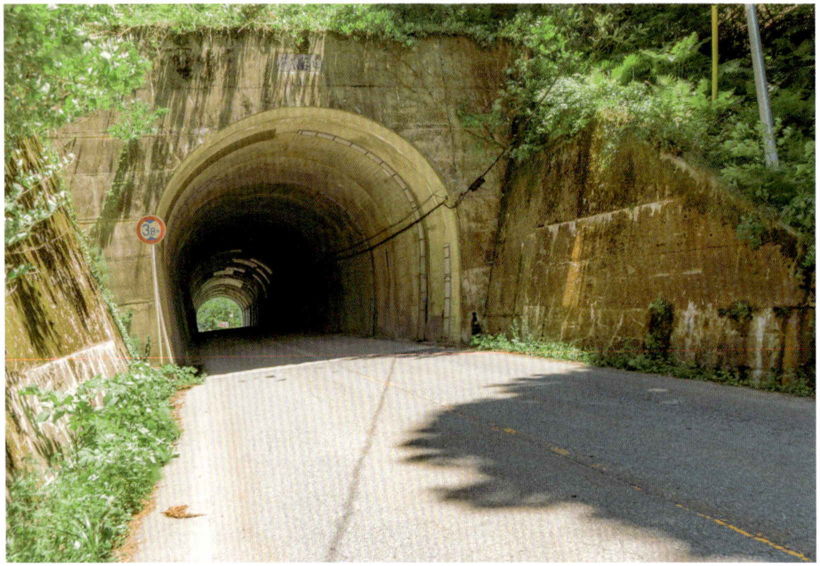

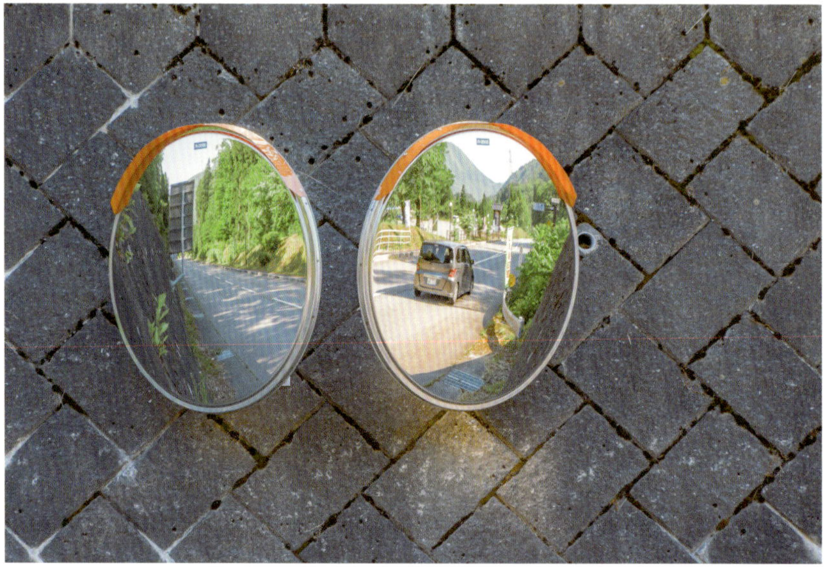

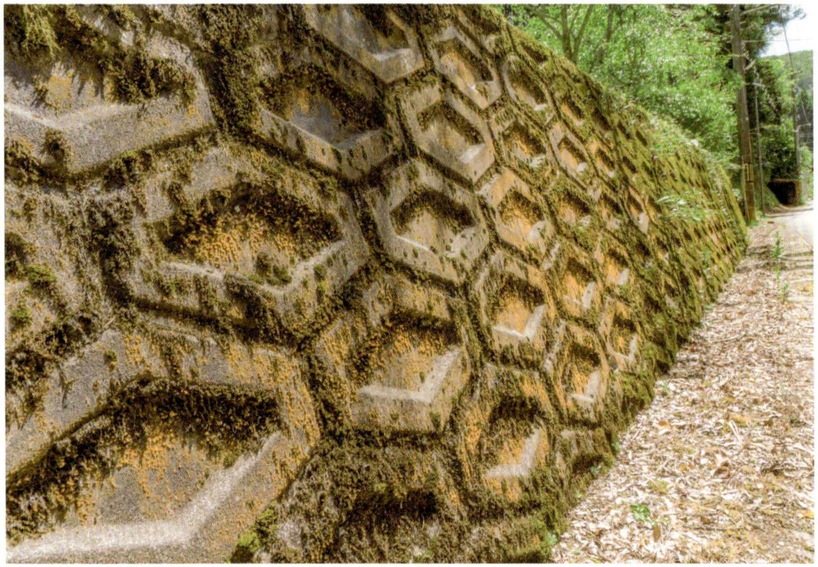

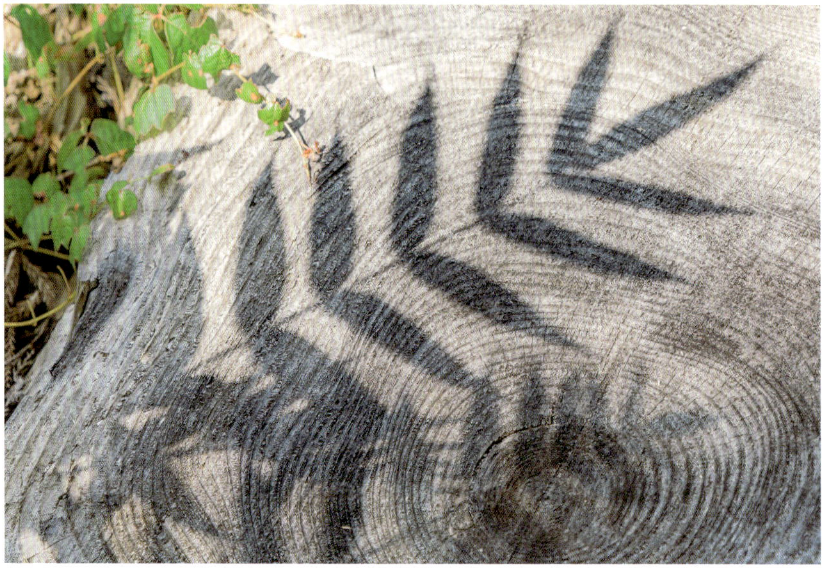

何気ないものがどれも輝いて見えた。

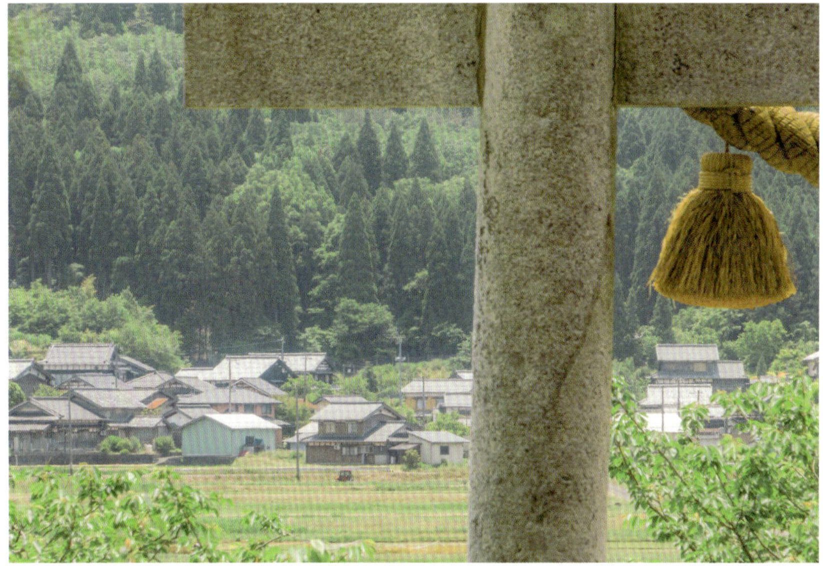

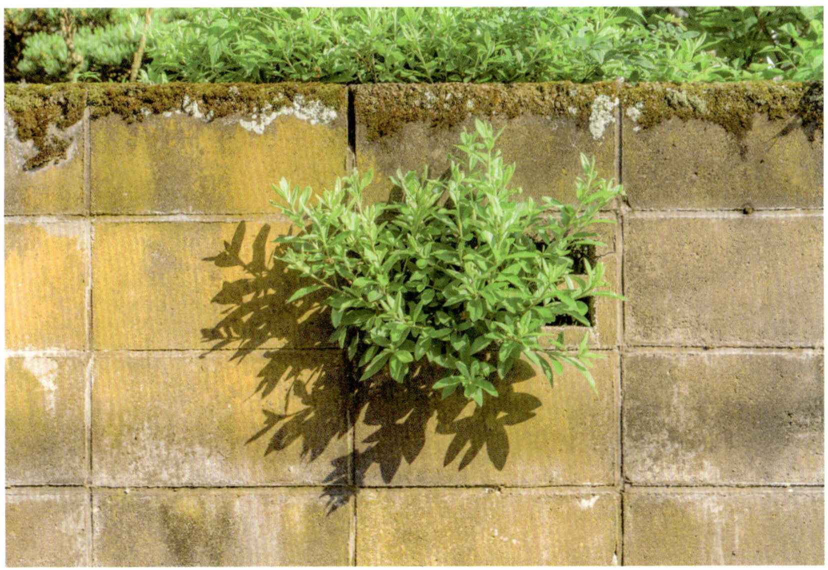

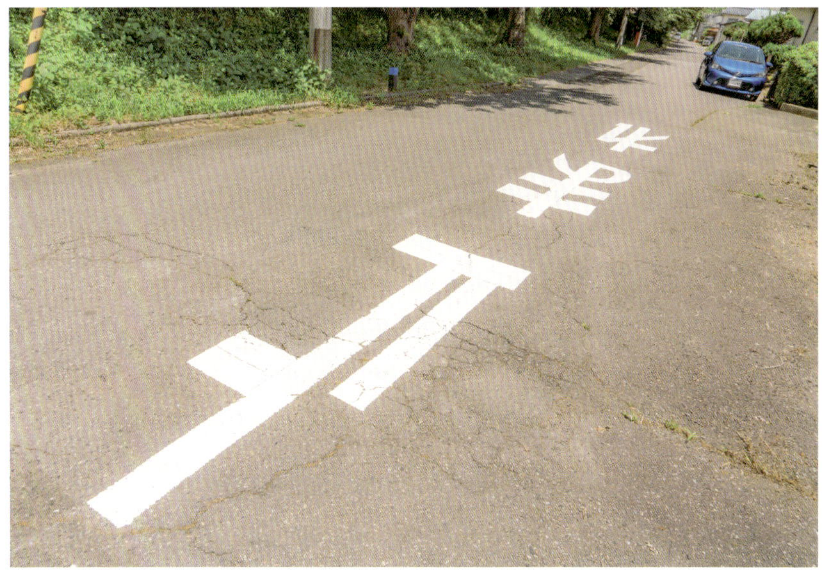

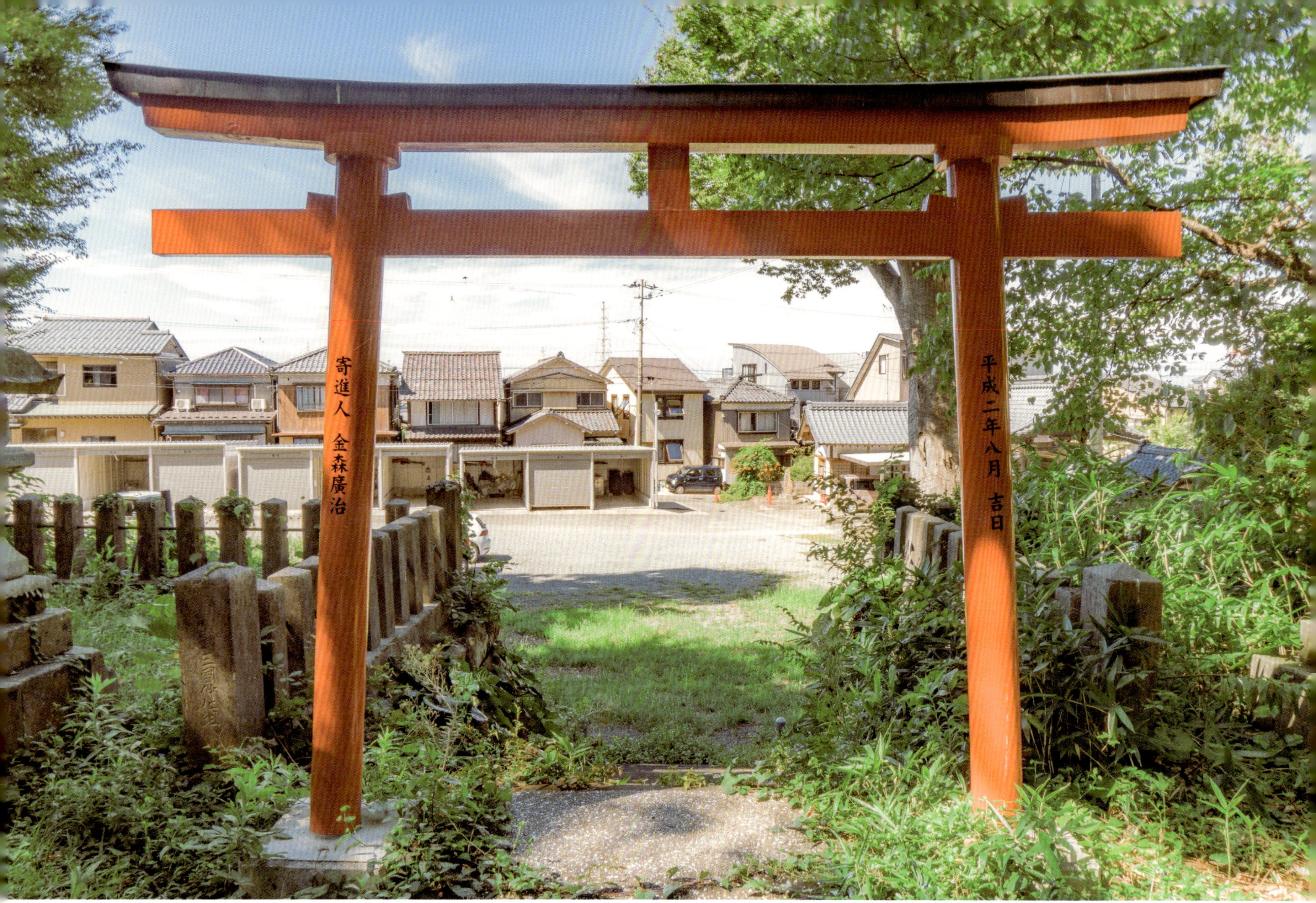
寄進人　金森廣治
平成二年八月　吉日

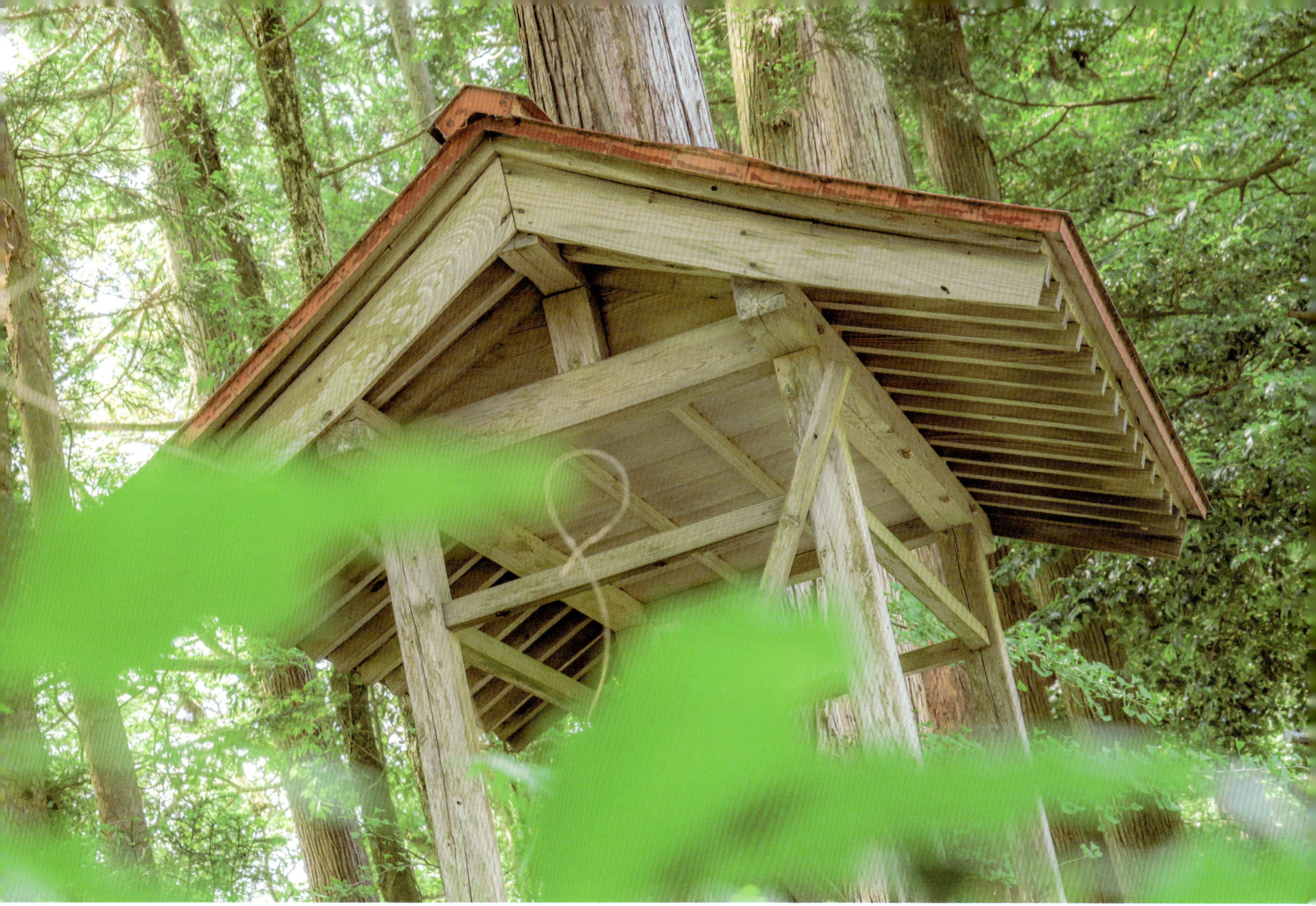

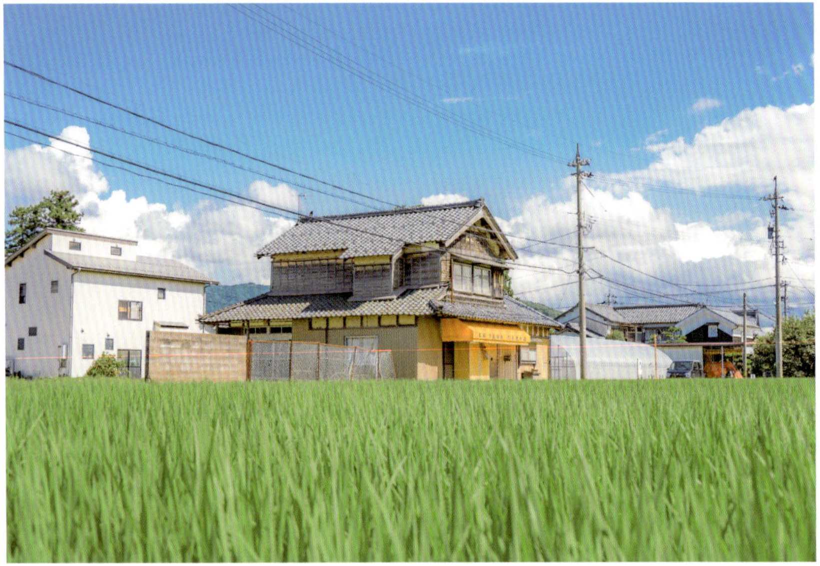

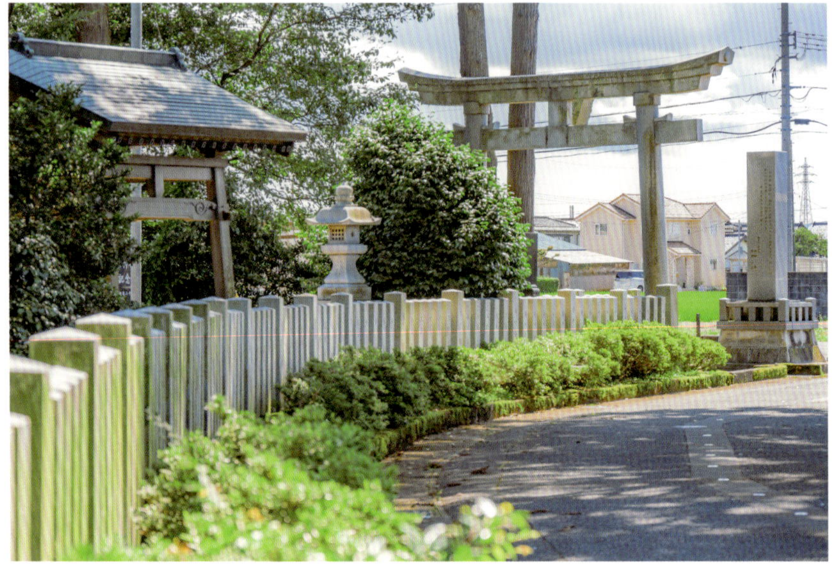

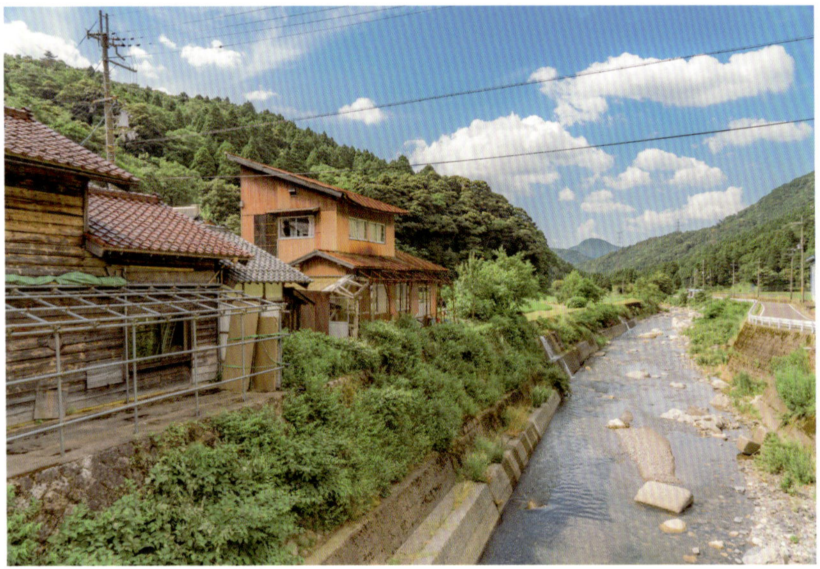

思わず駆け出したくなる。

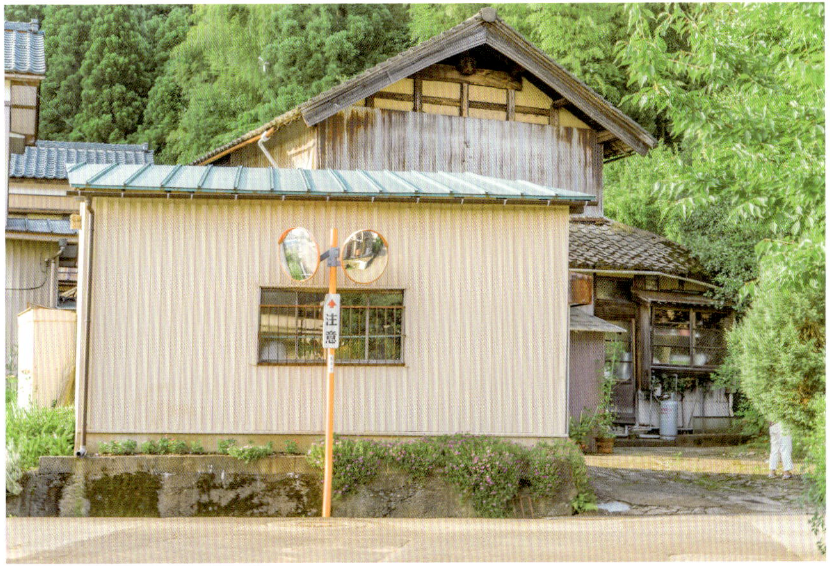
注意
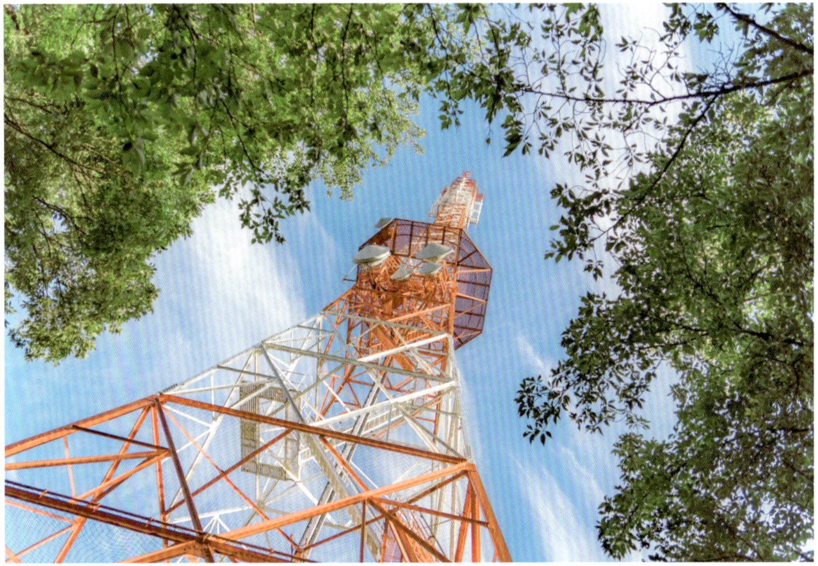
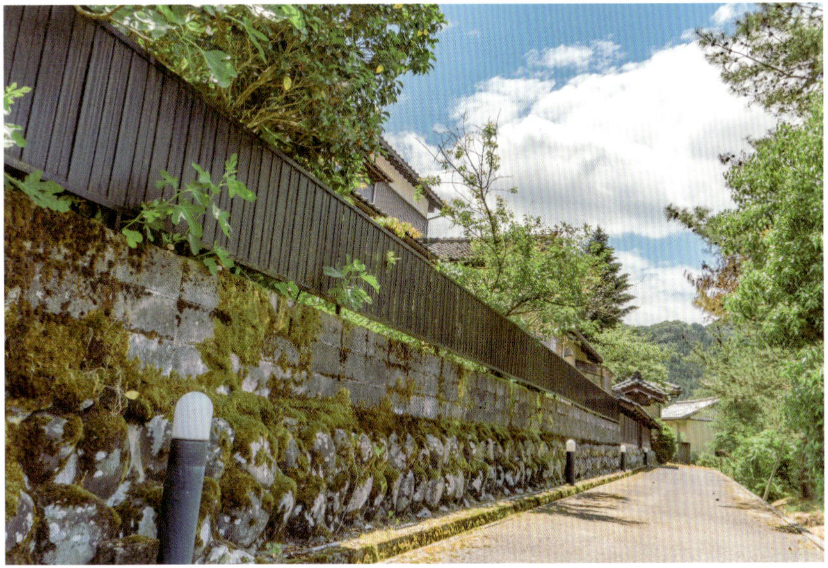
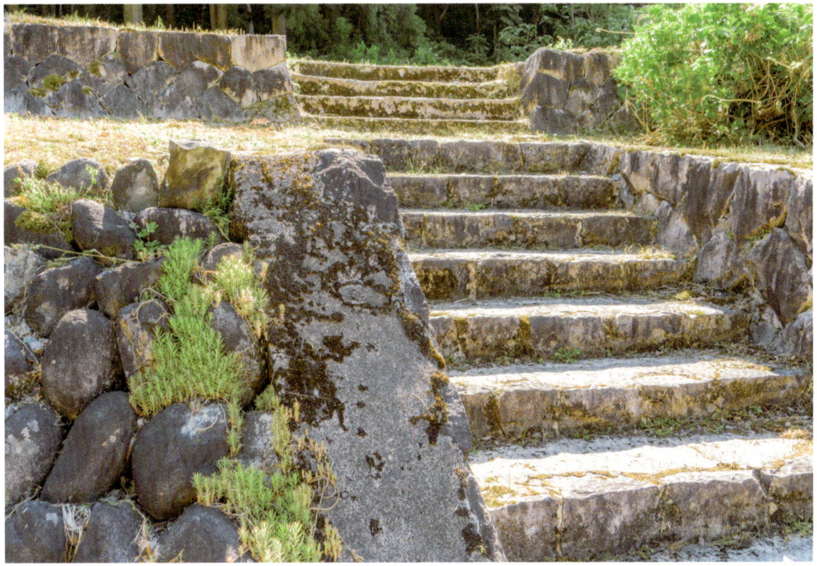

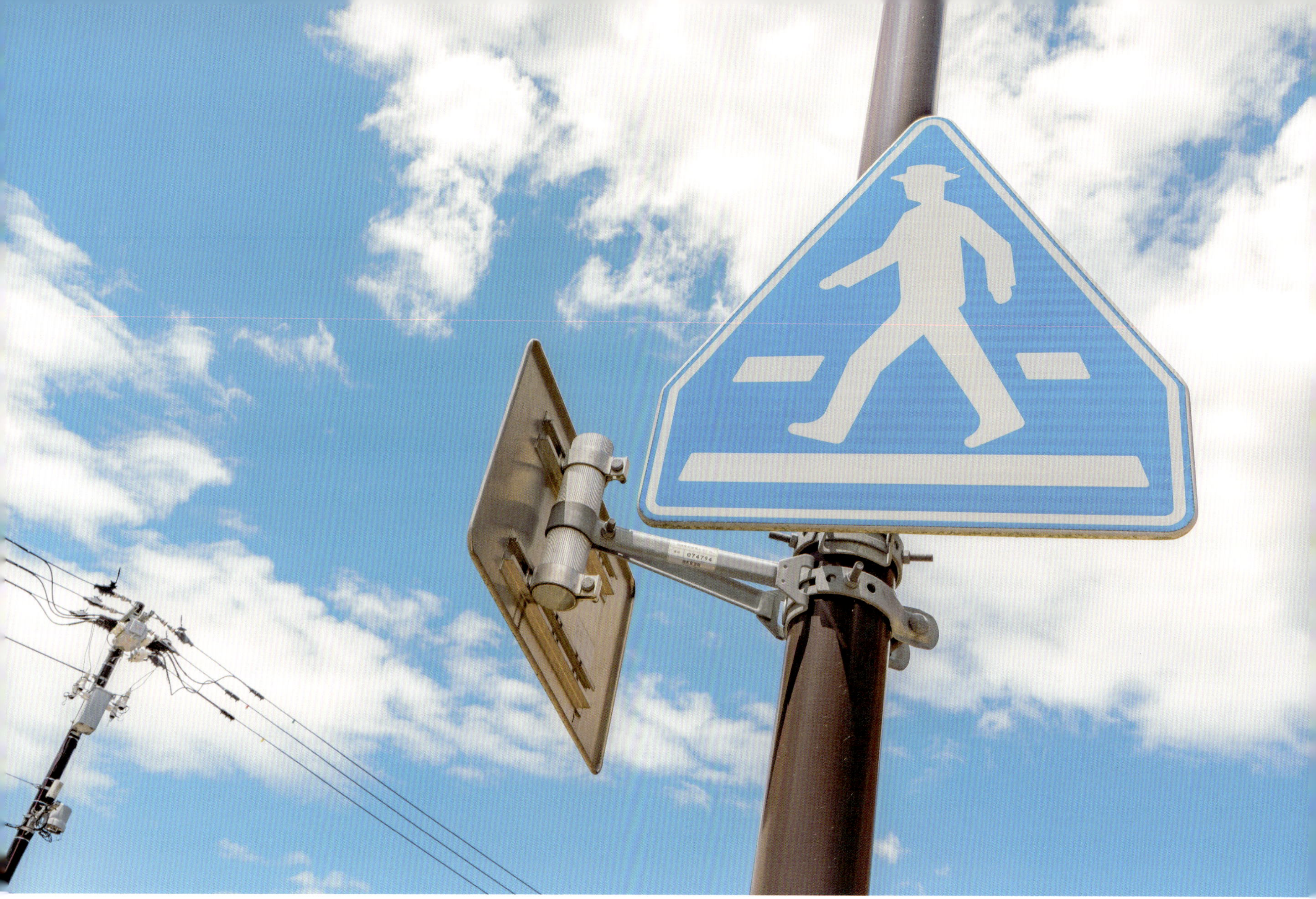

それはまるで青春のような感覚。

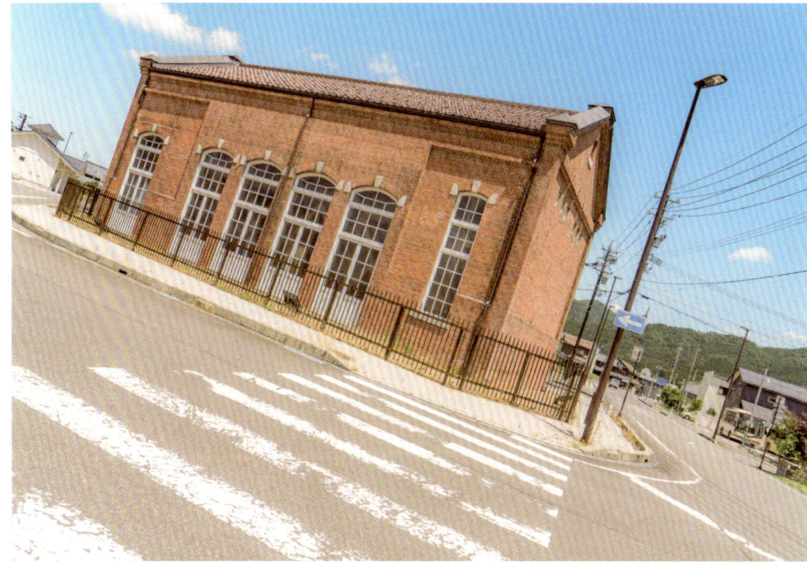

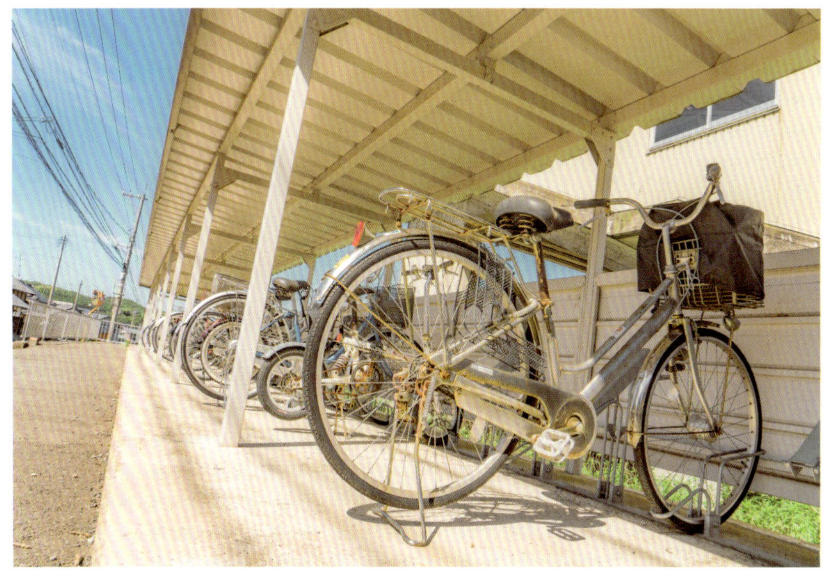

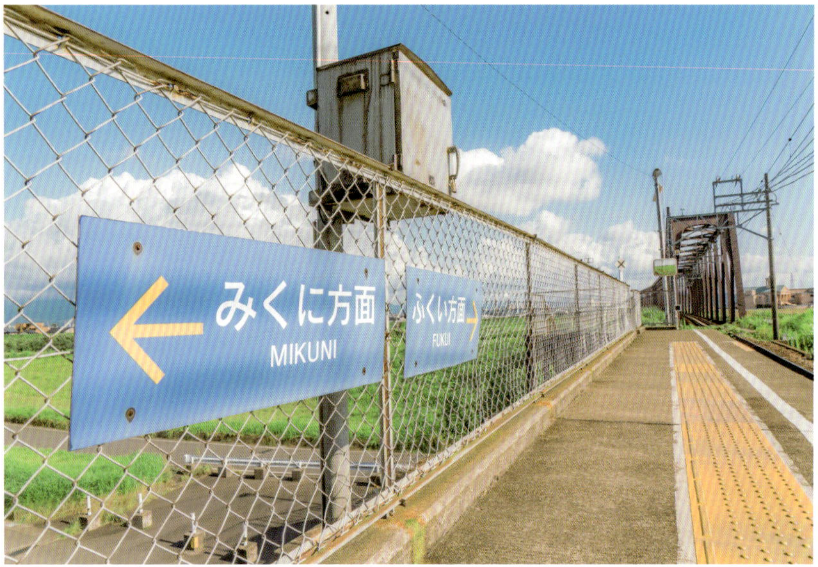
みくに方面
MIKUNI
ふくい方面
FUKUI

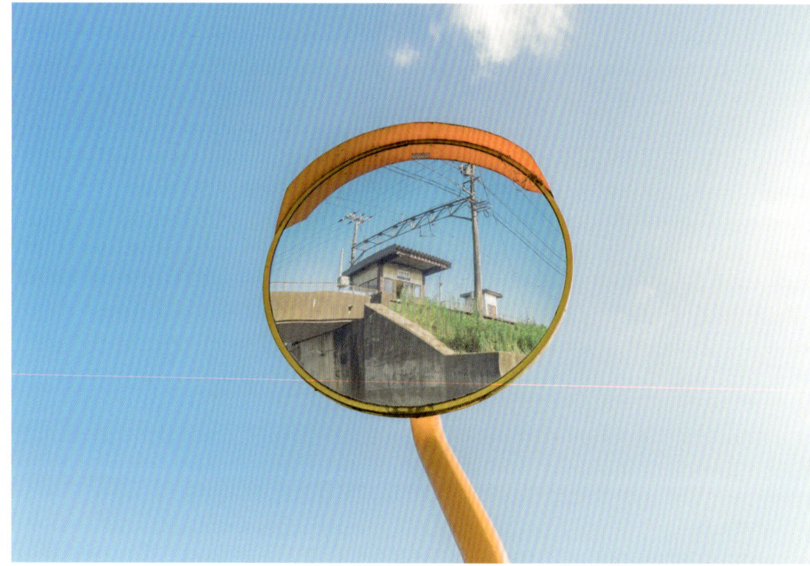

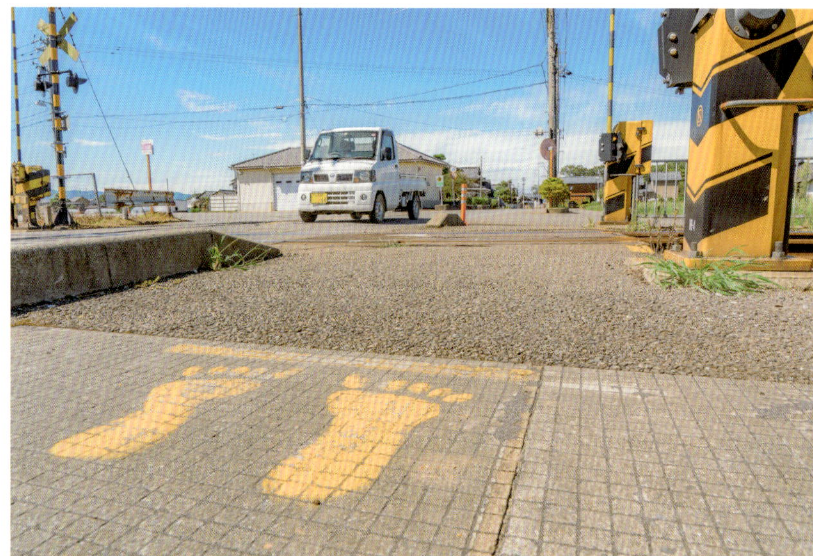

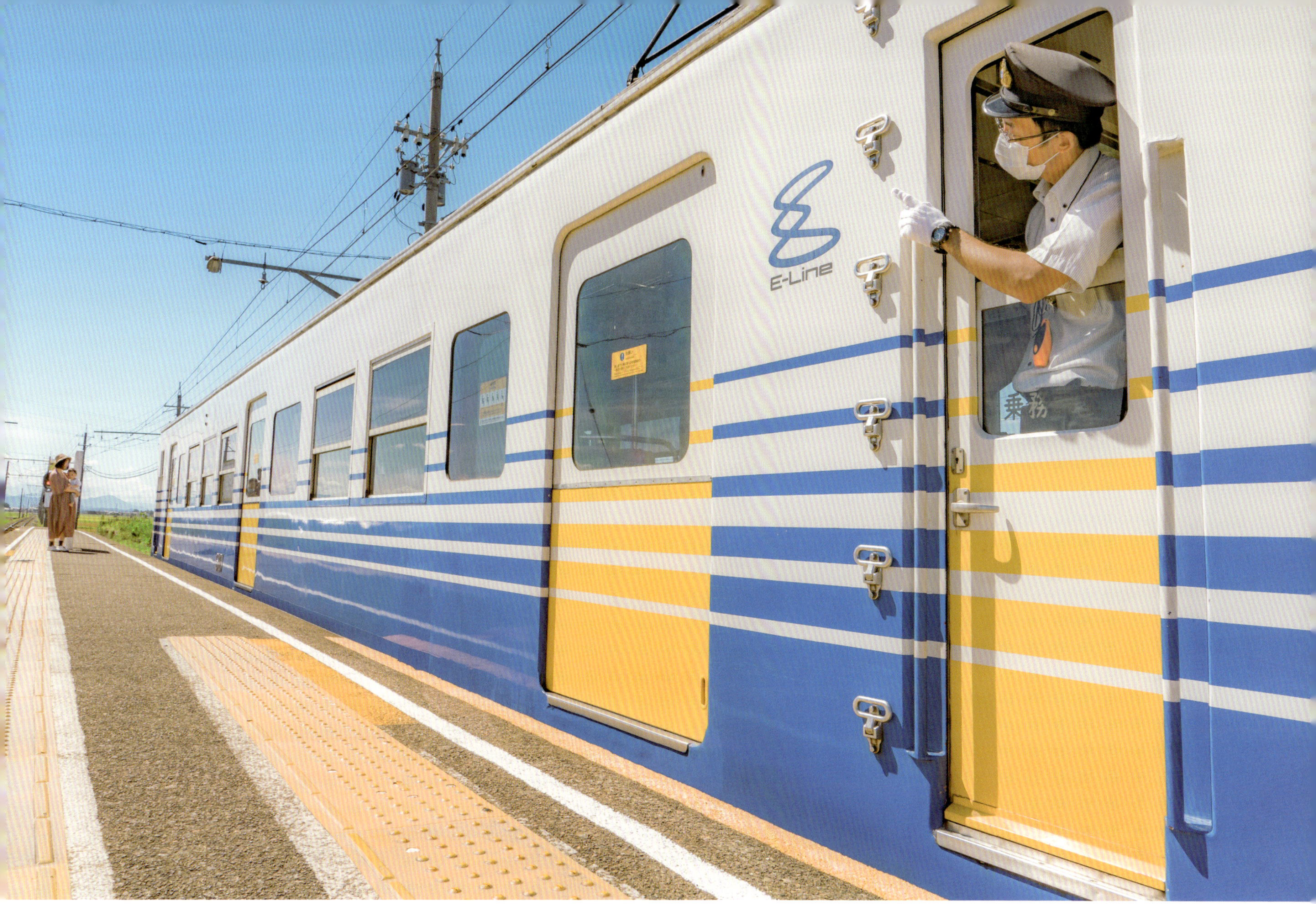
E-Line
乗務

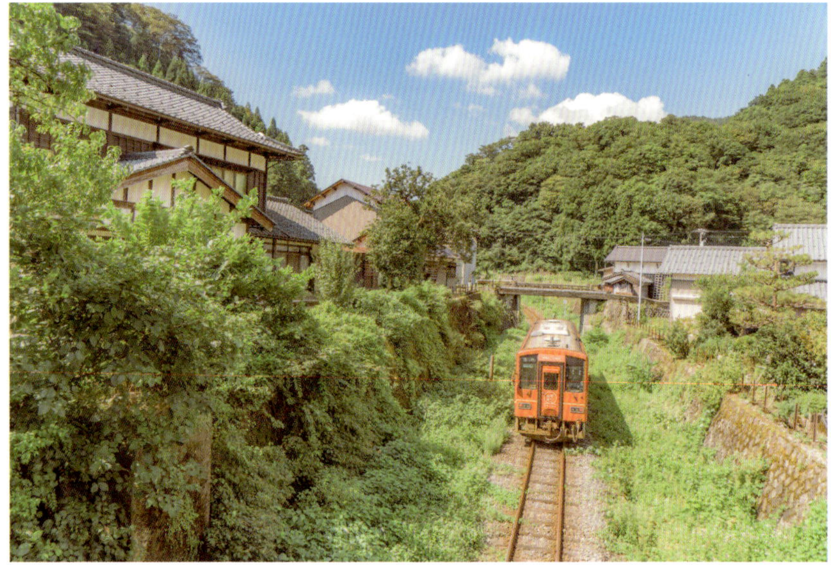

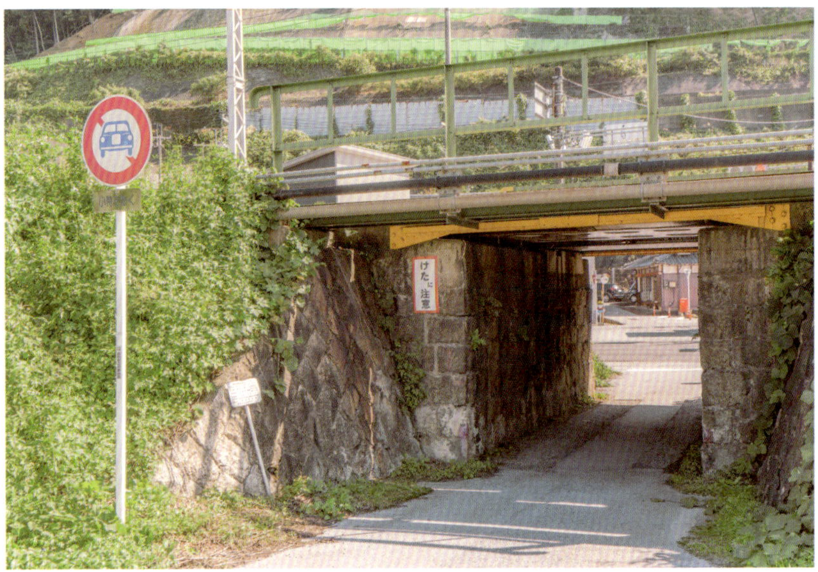
けたに注意

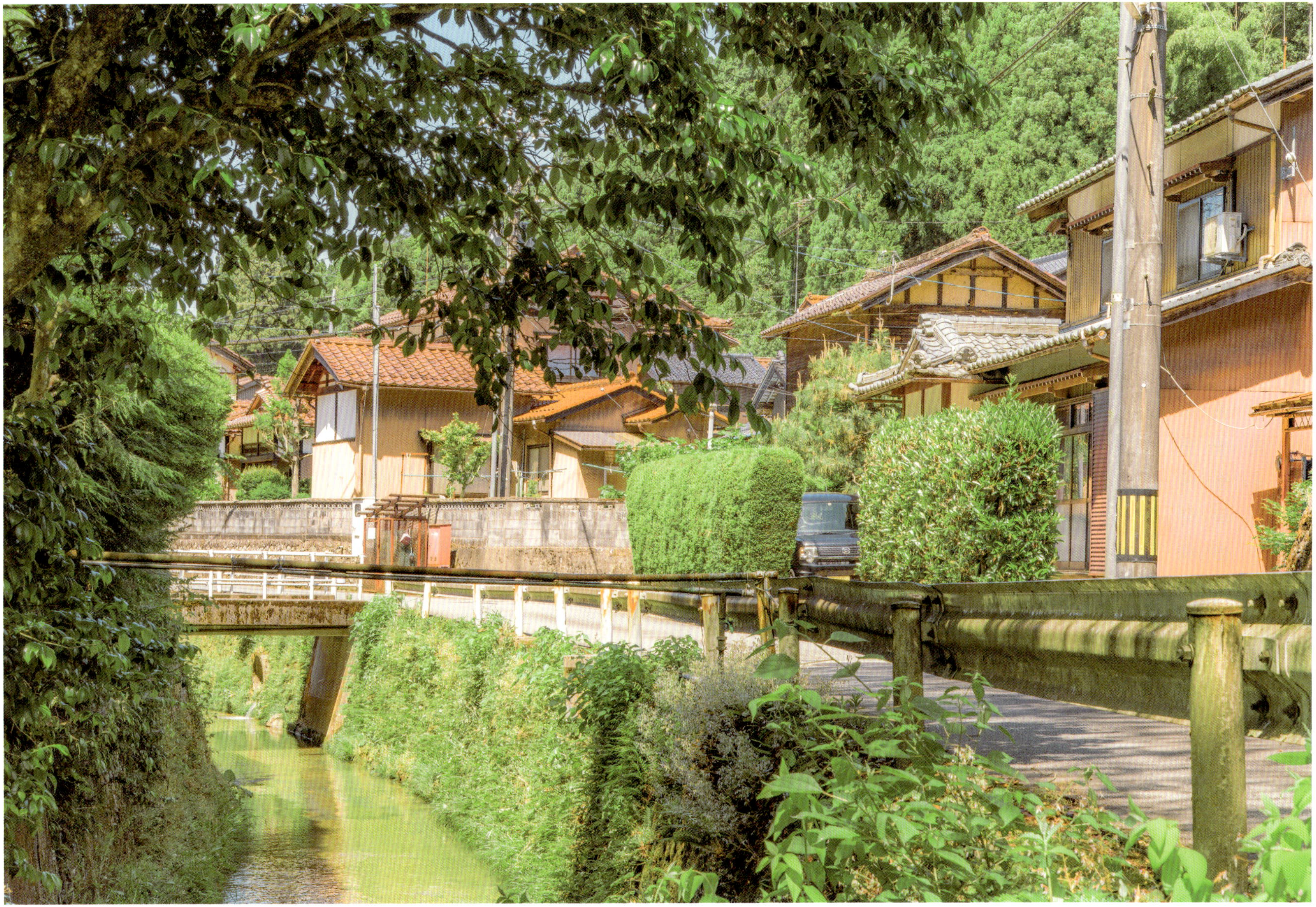

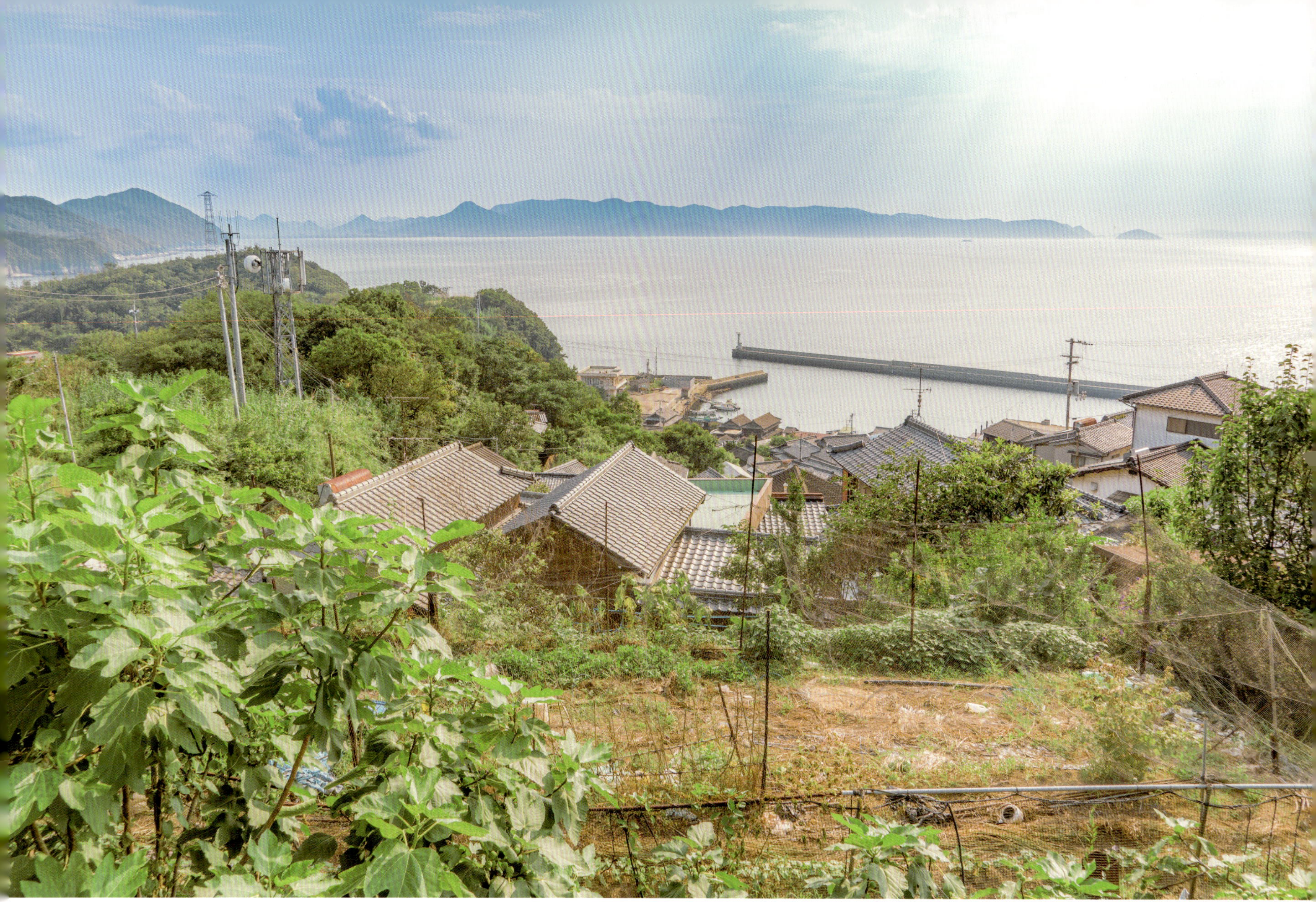

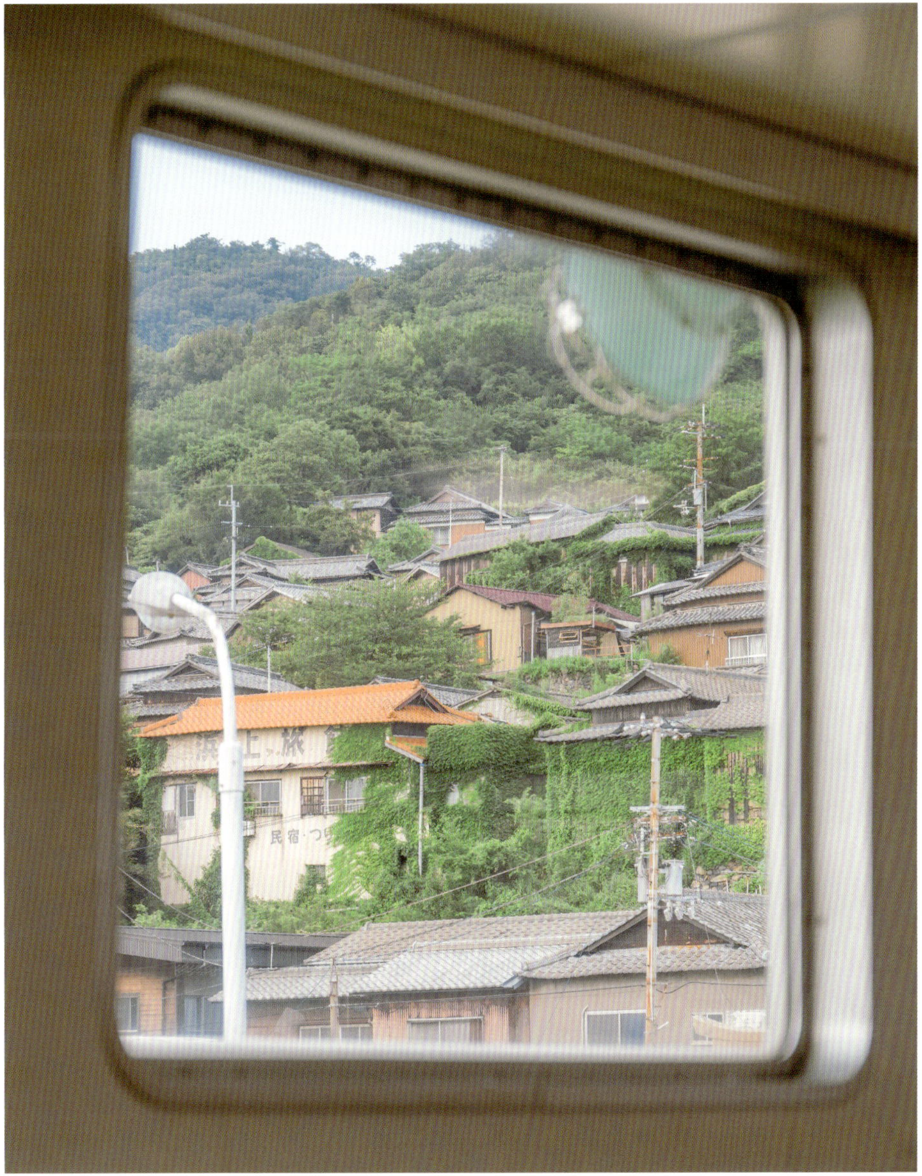
上 旅
民宿・つ

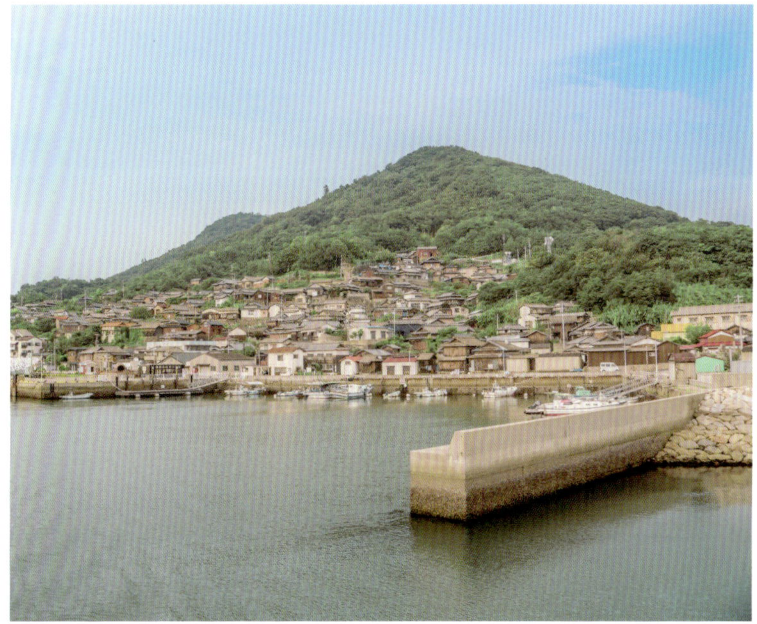

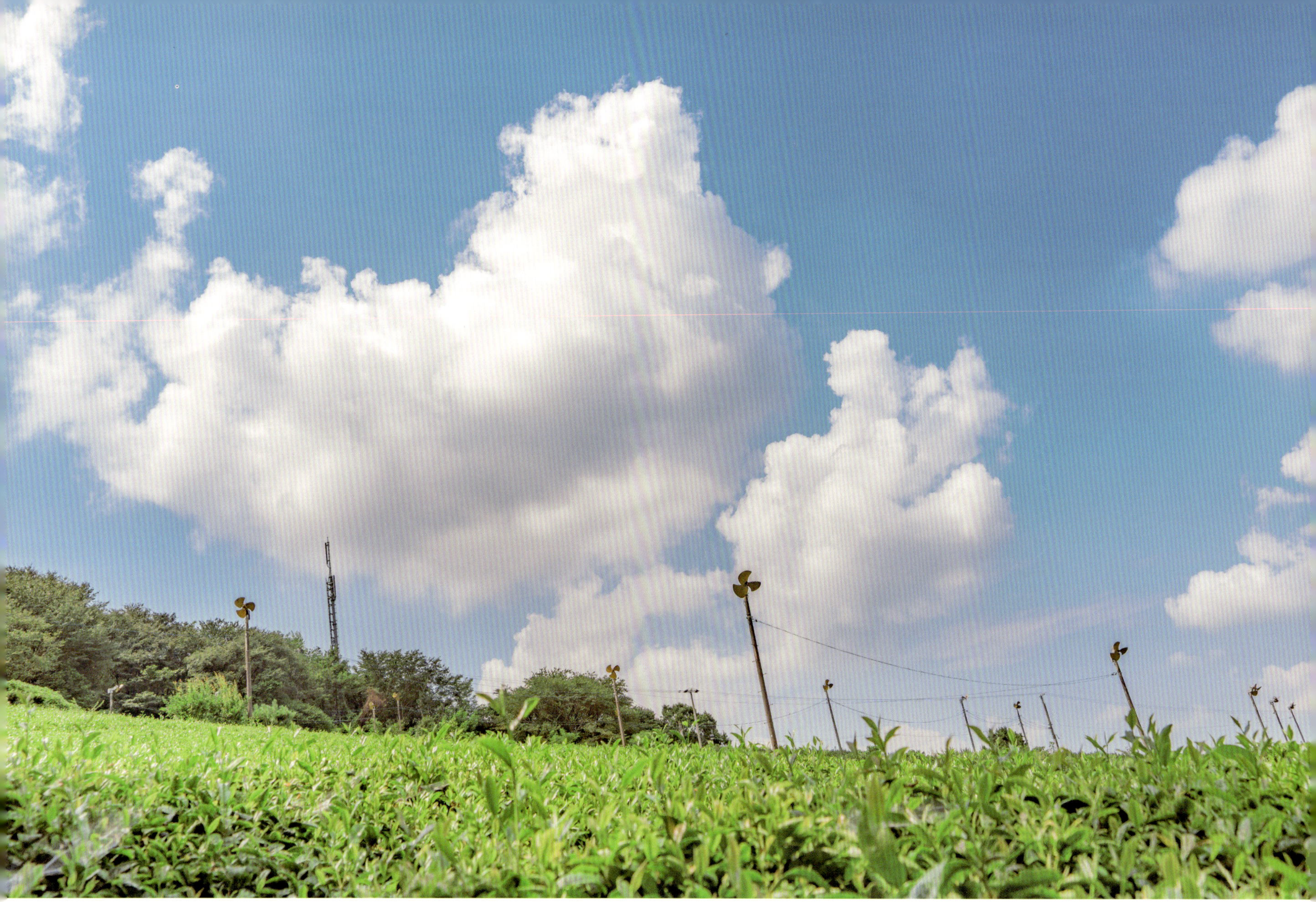

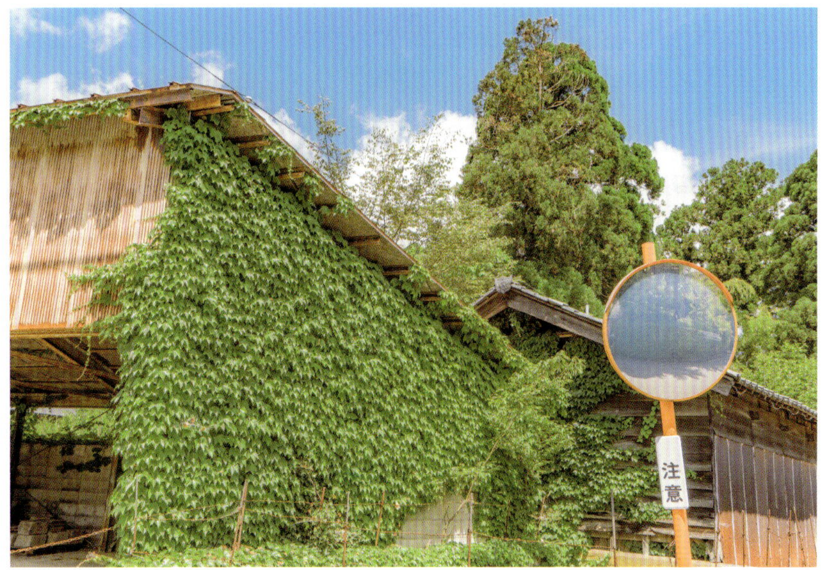
注意

Chapter 2　夕暮れの魔法

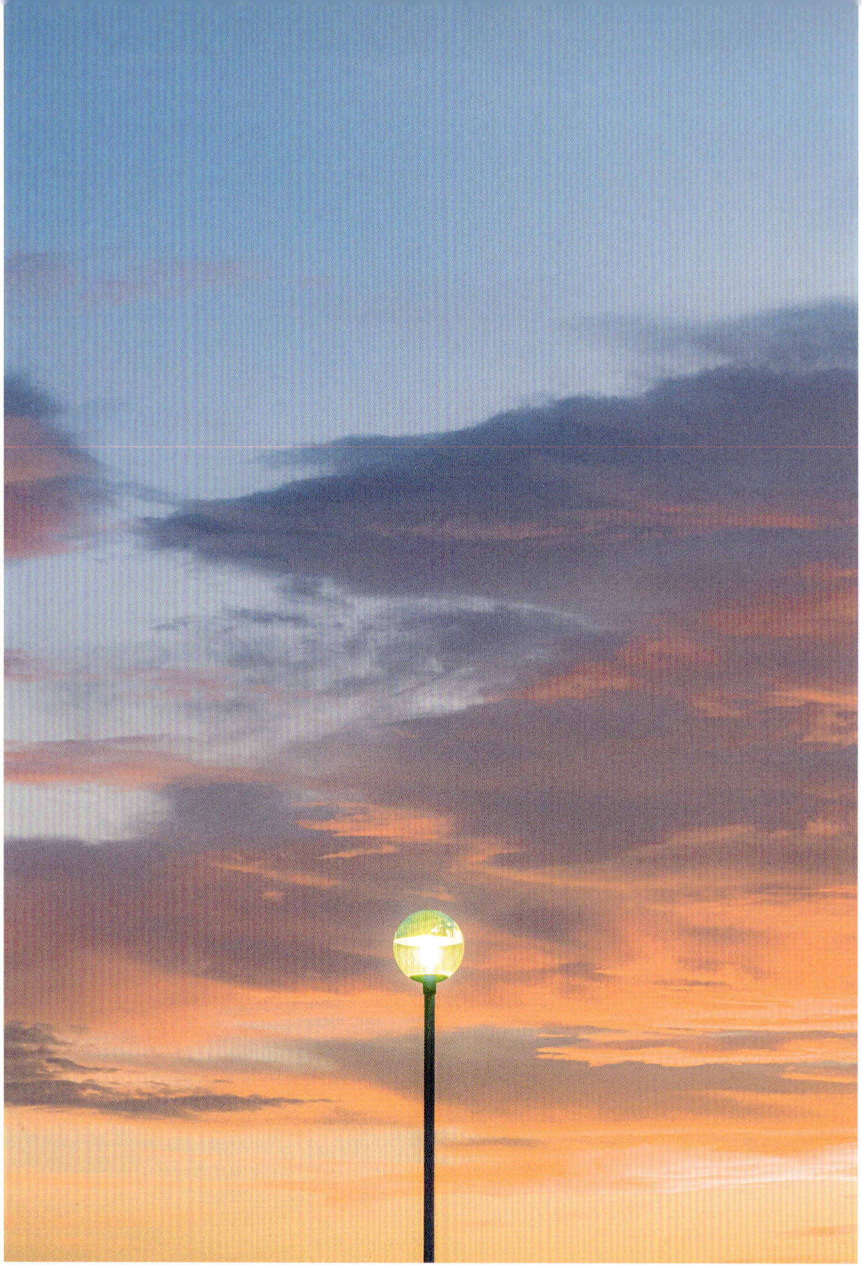

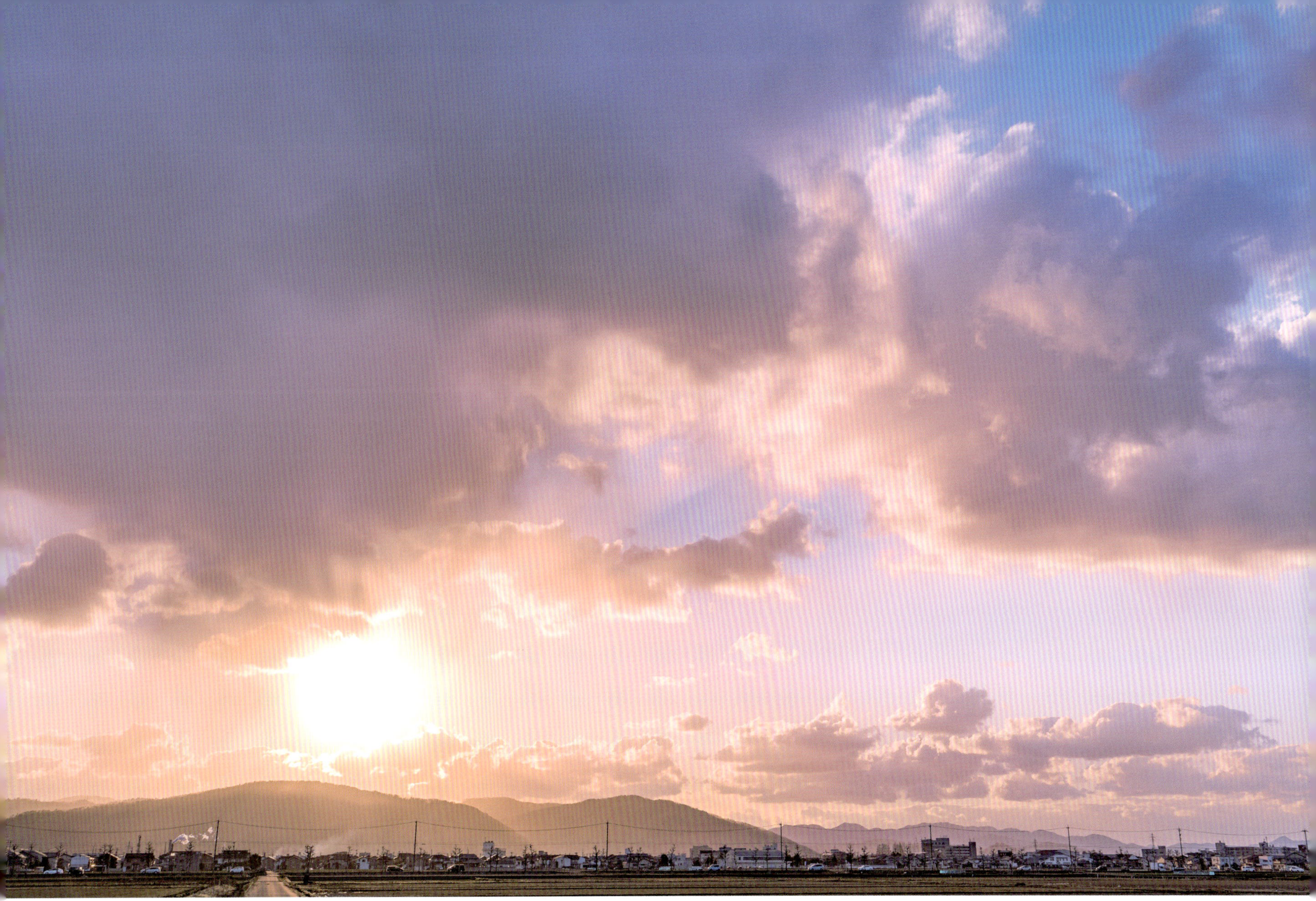

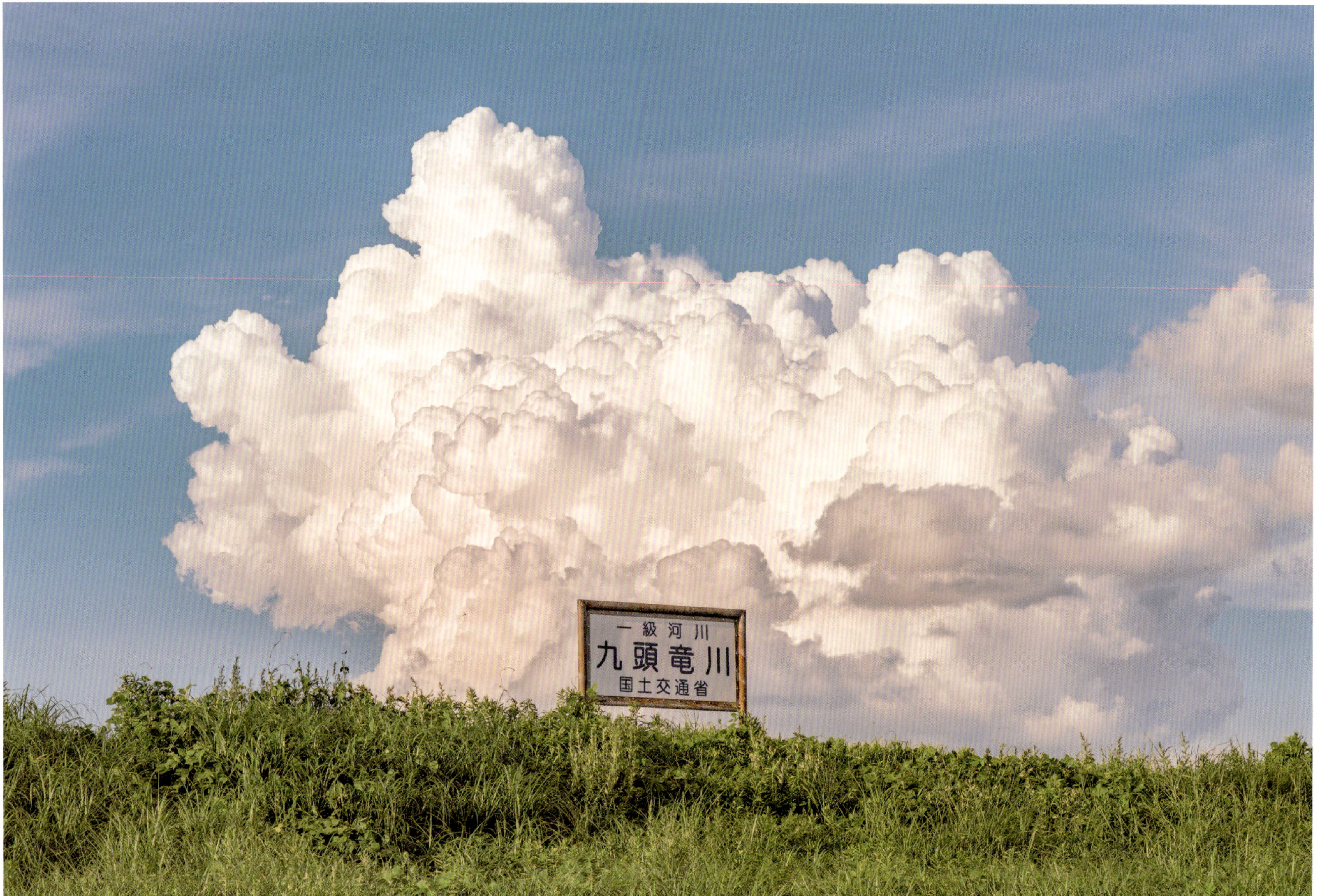
一級河川
九頭竜川
国土交通省

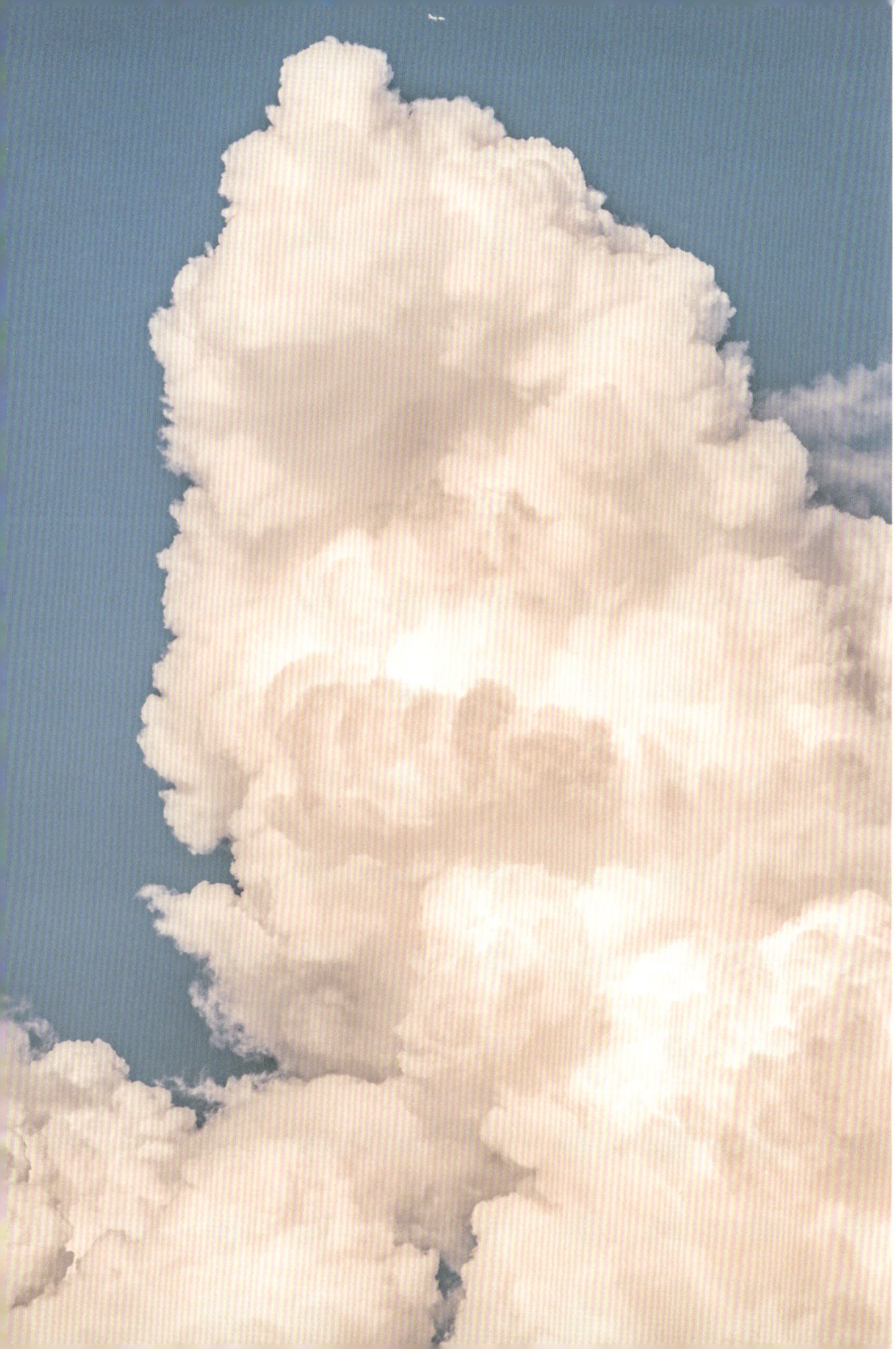

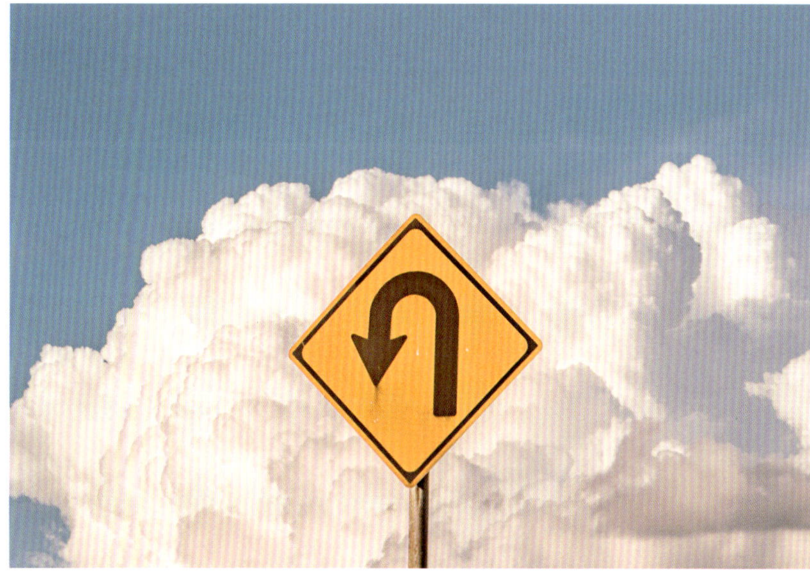

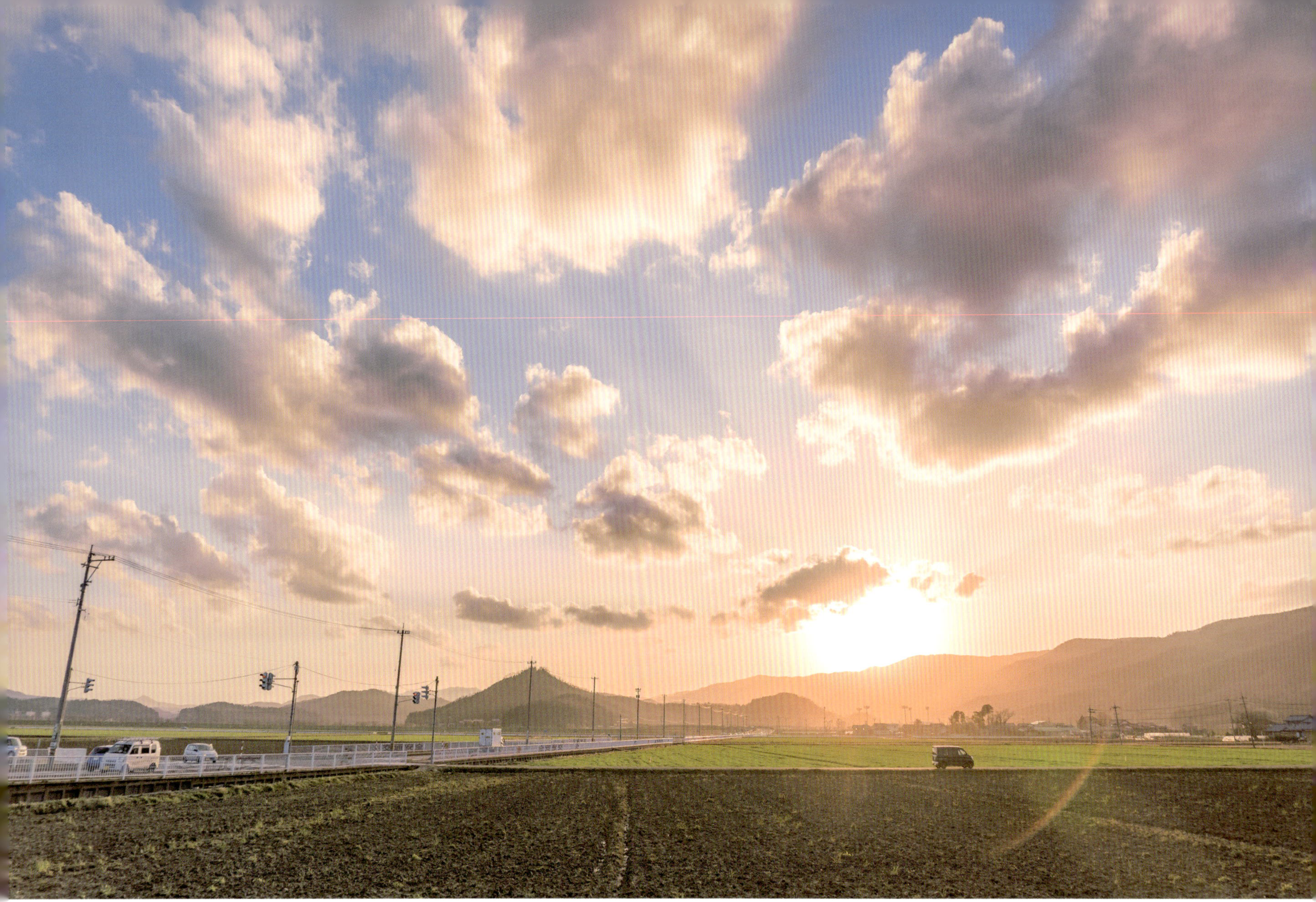

その瞬間、空に魔法がかかったんだ。

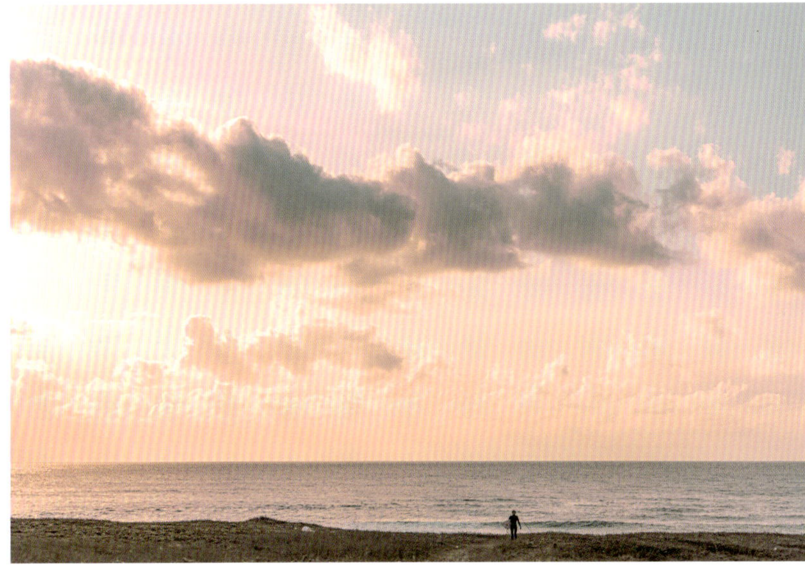

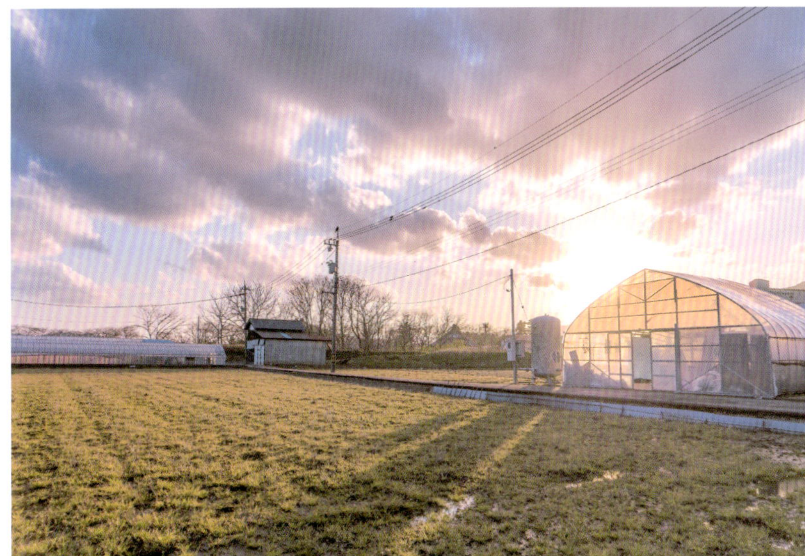

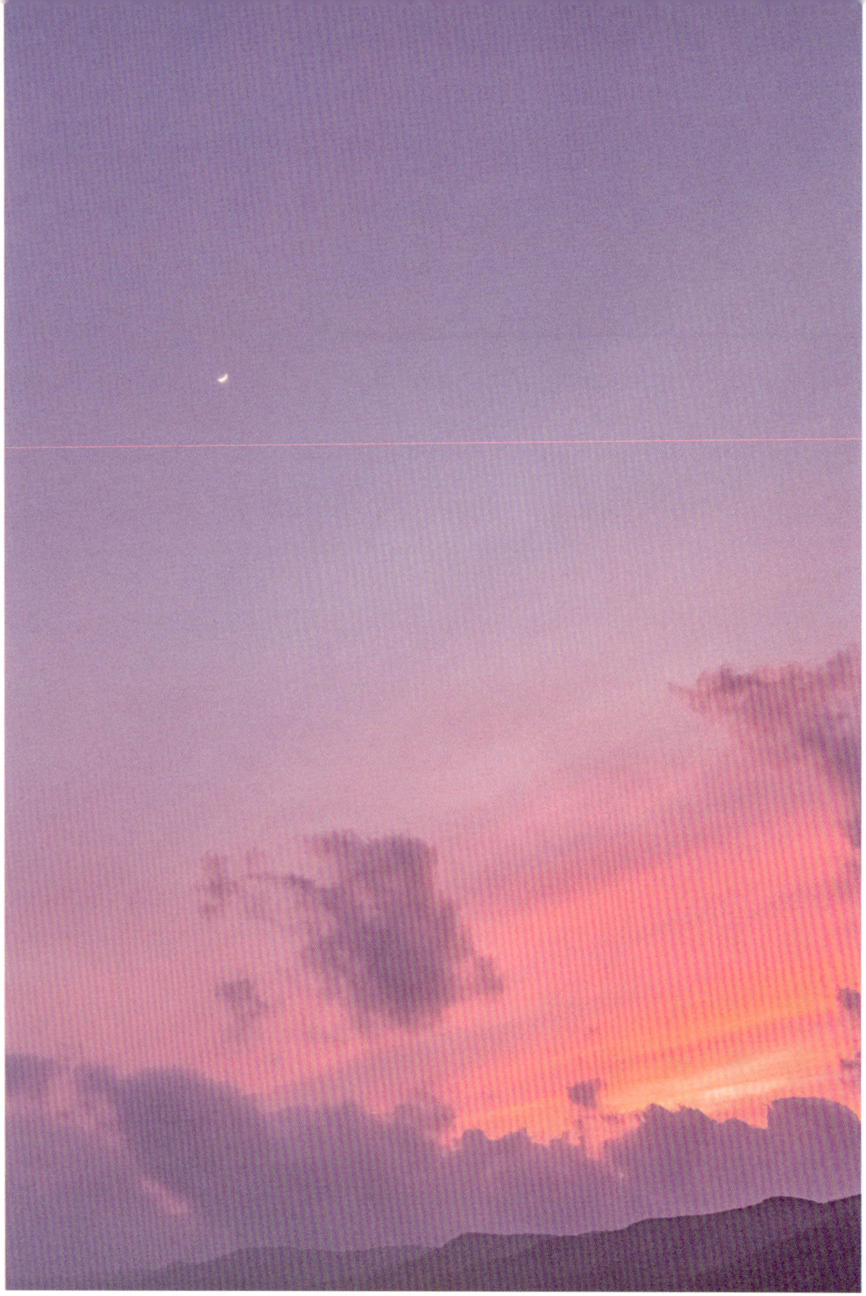

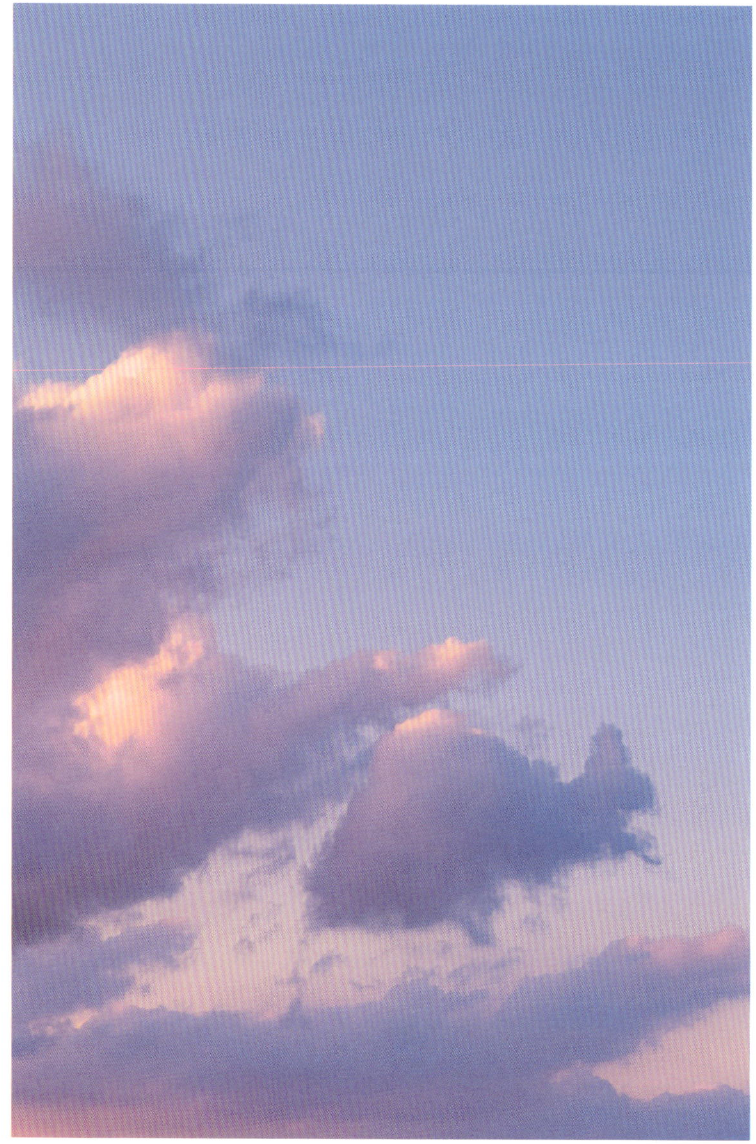

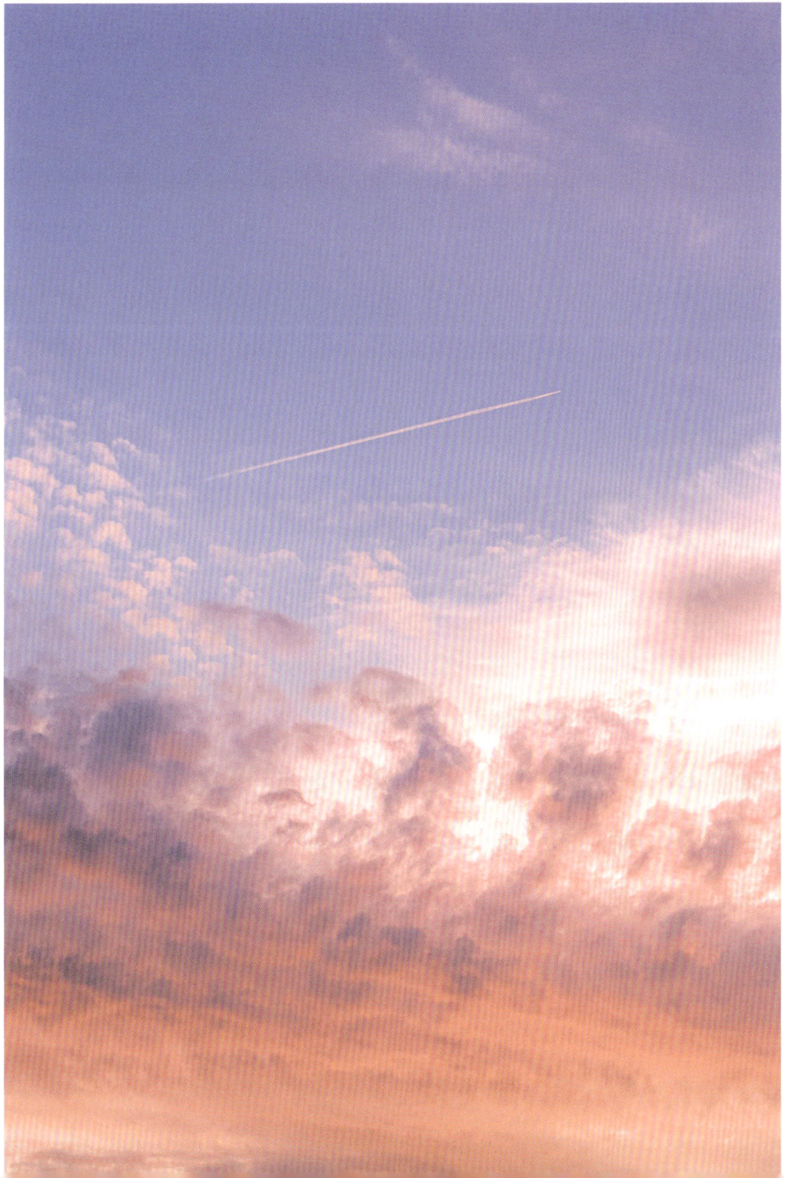
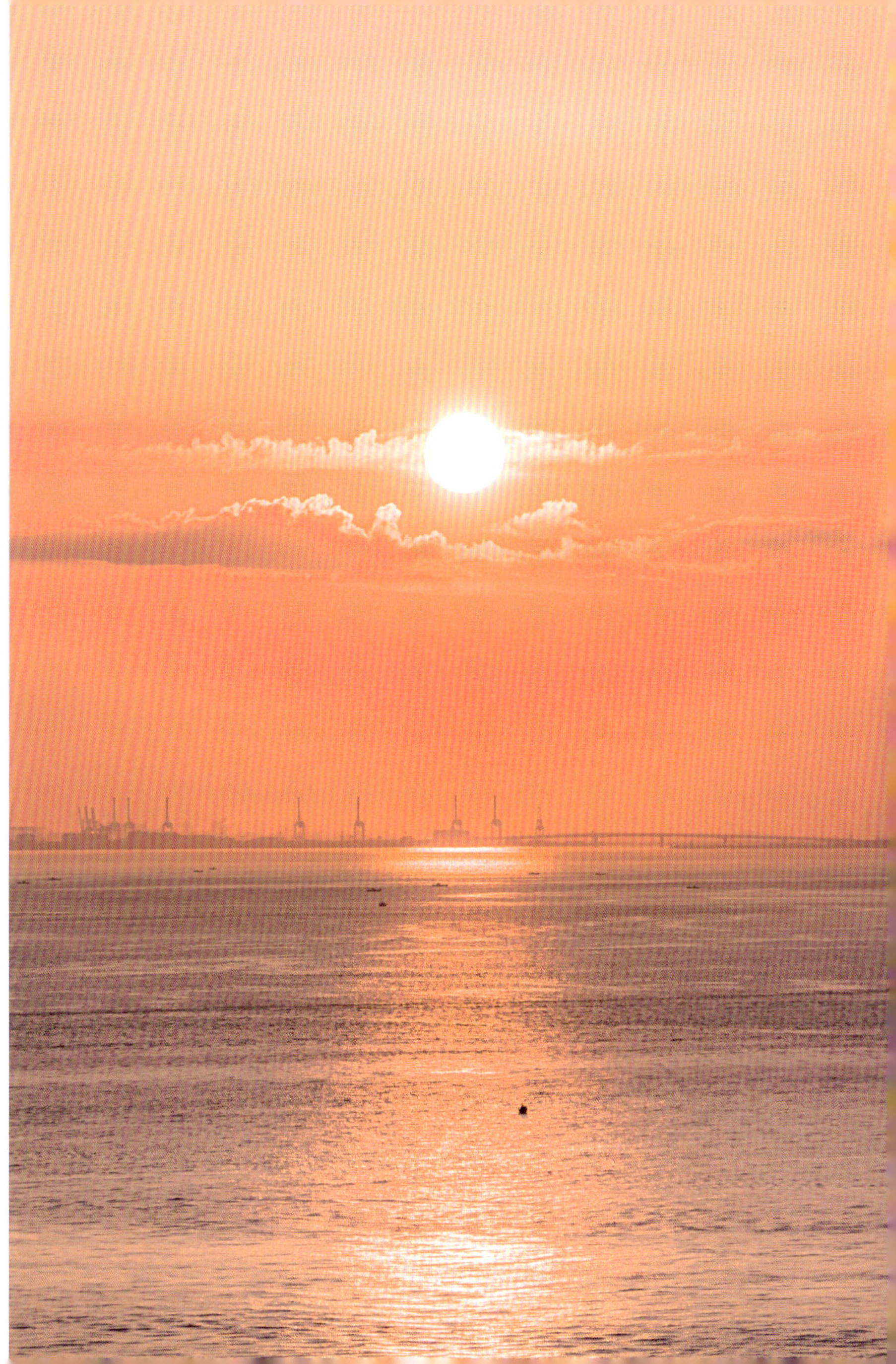

スパークル。

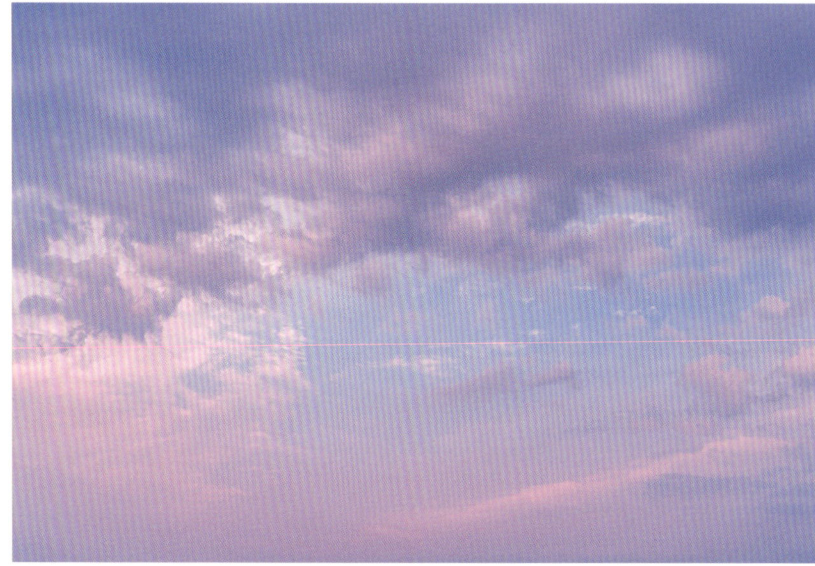

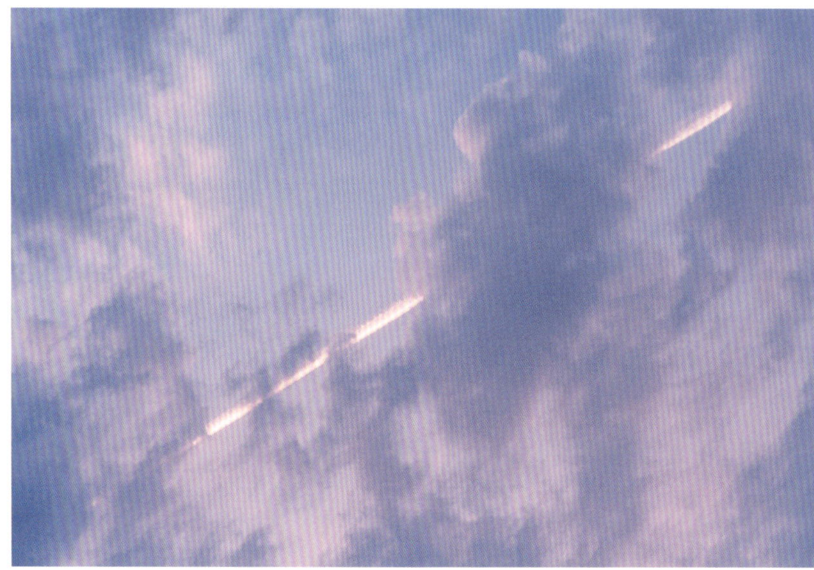

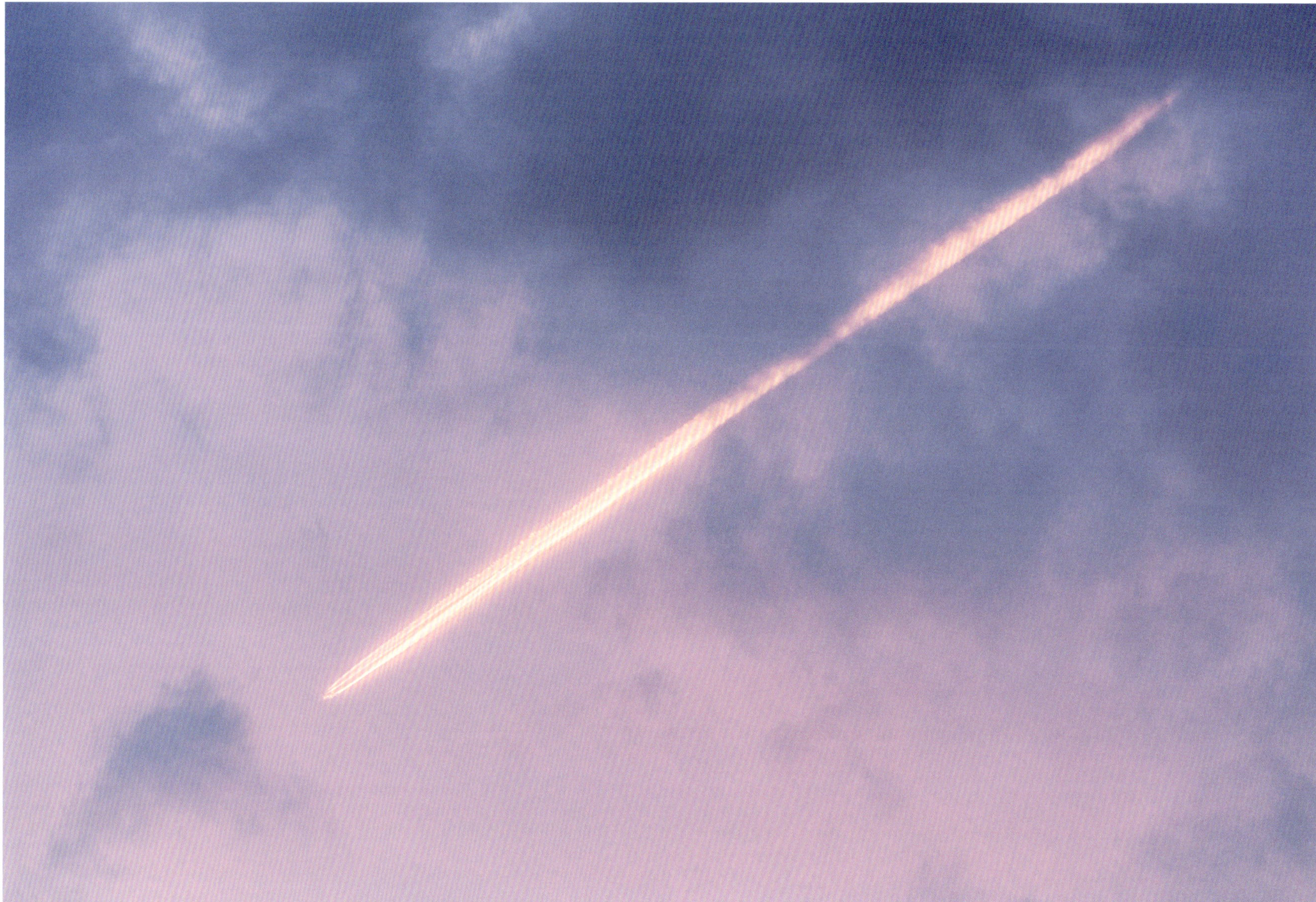

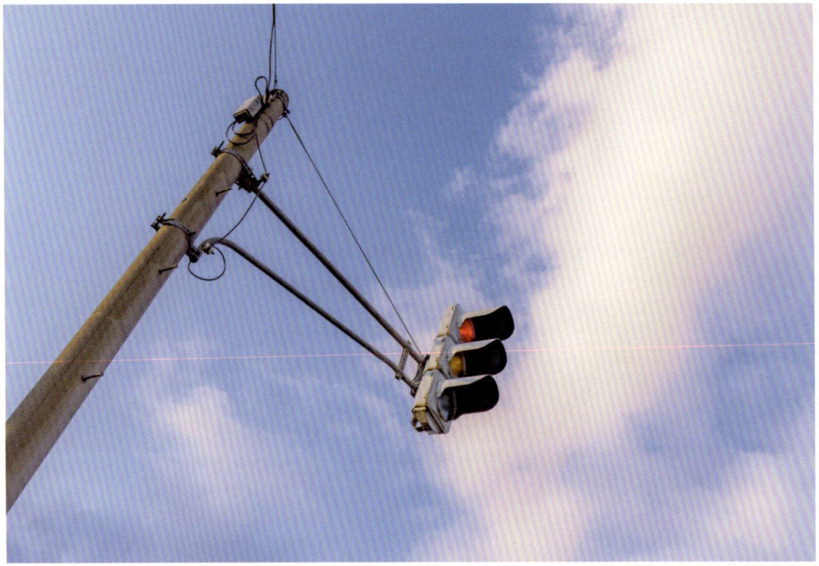

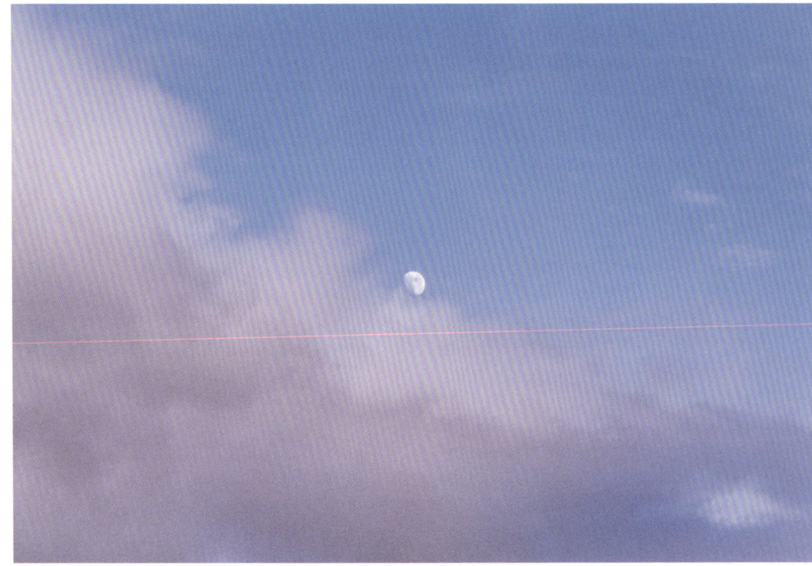

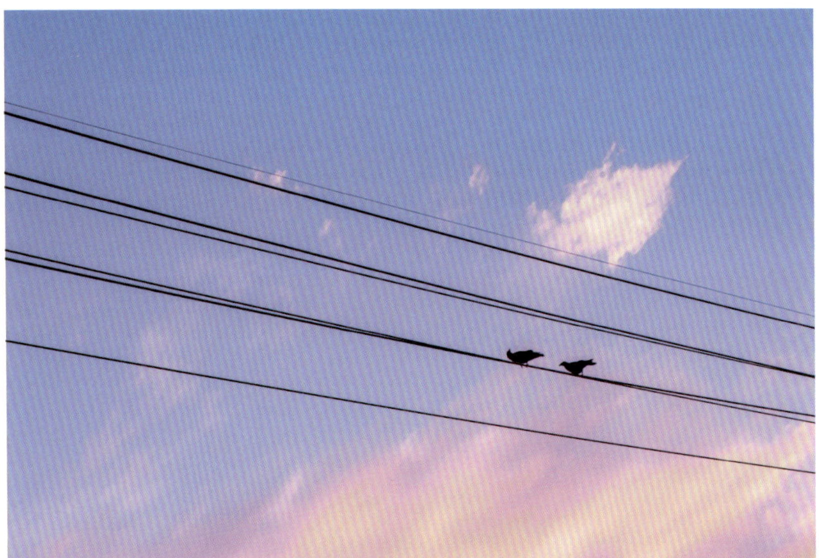

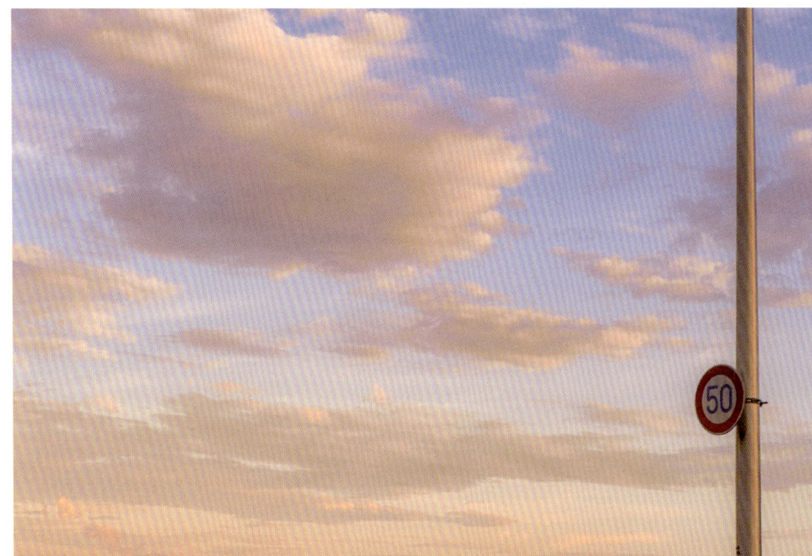
50

空の音が聴こえる先へ。

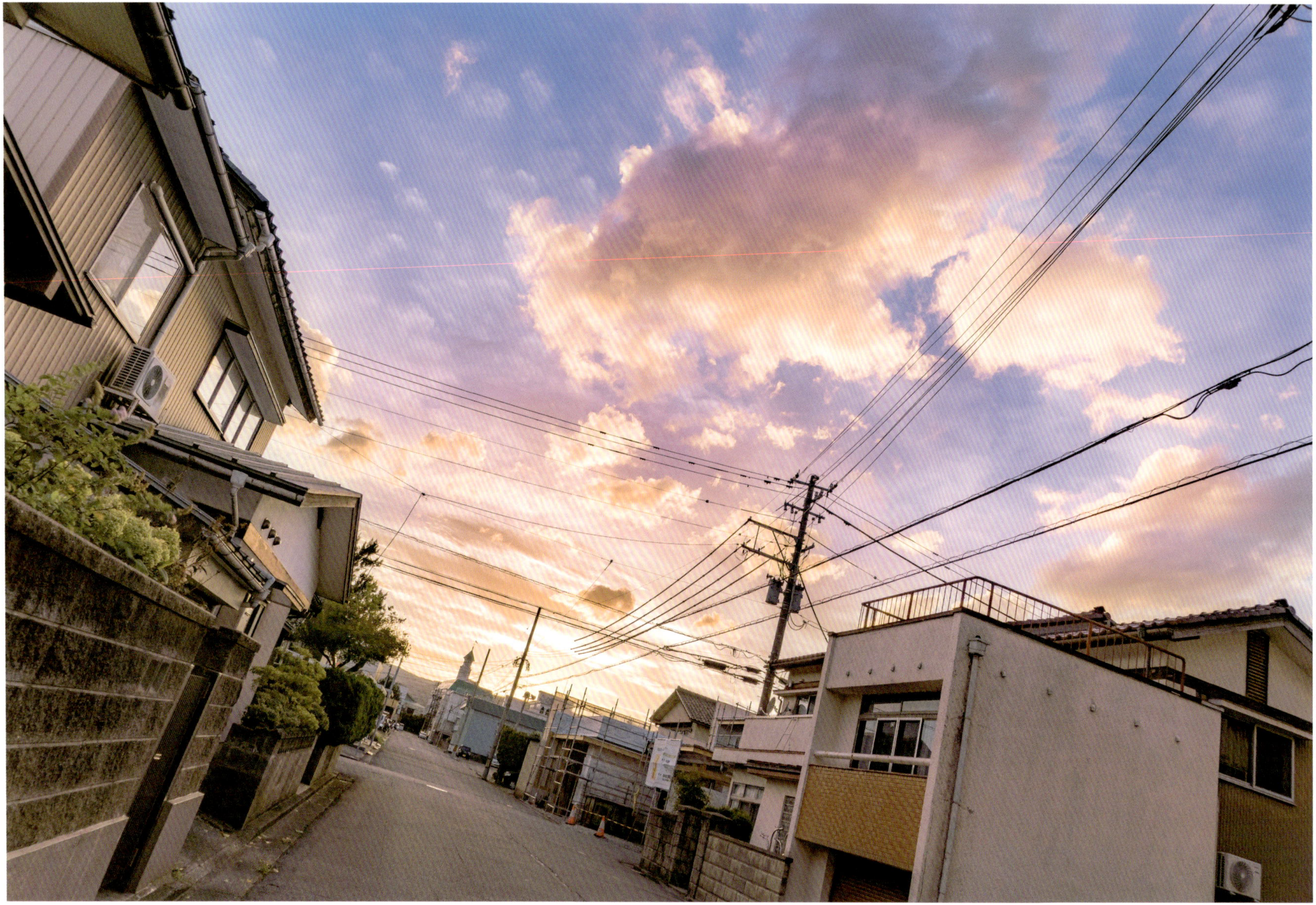

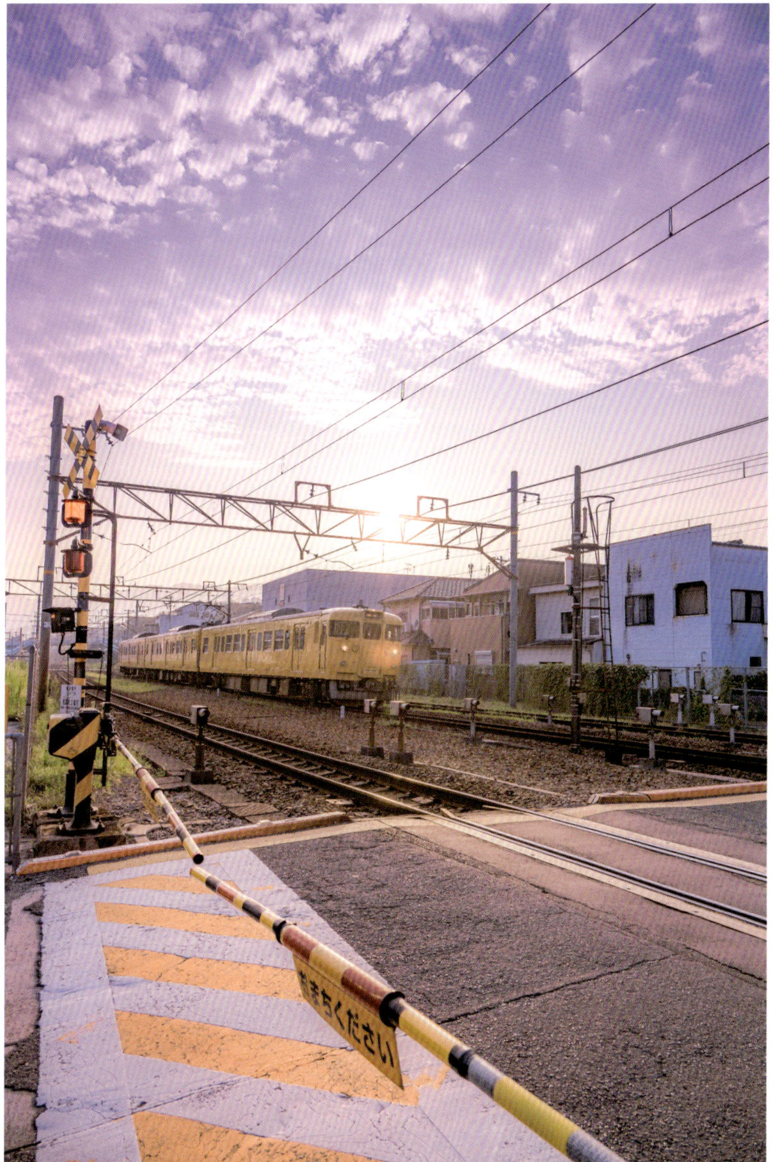
おまちください

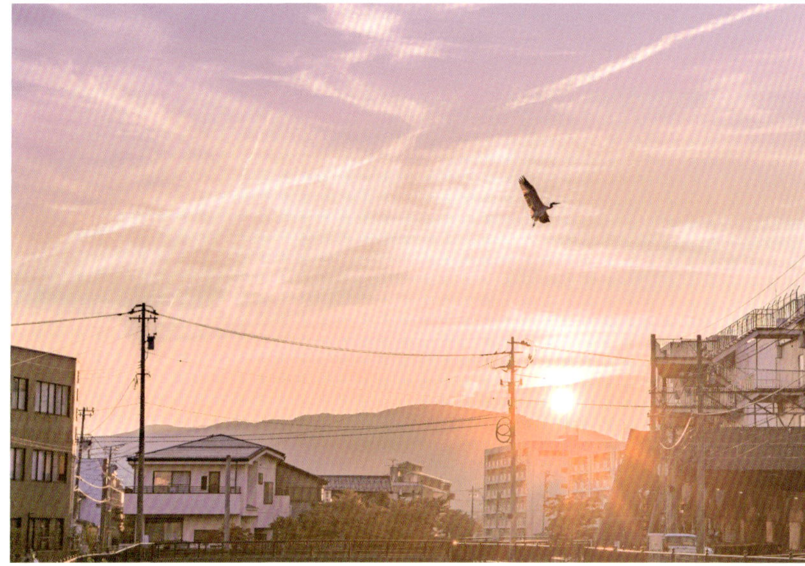

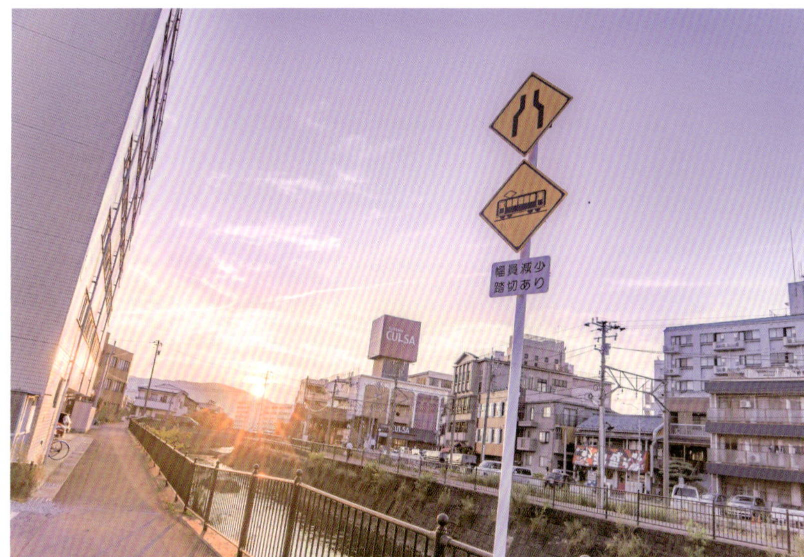
幅員減少
踏切あり
CULSA

Chapter 3　アフターダーク

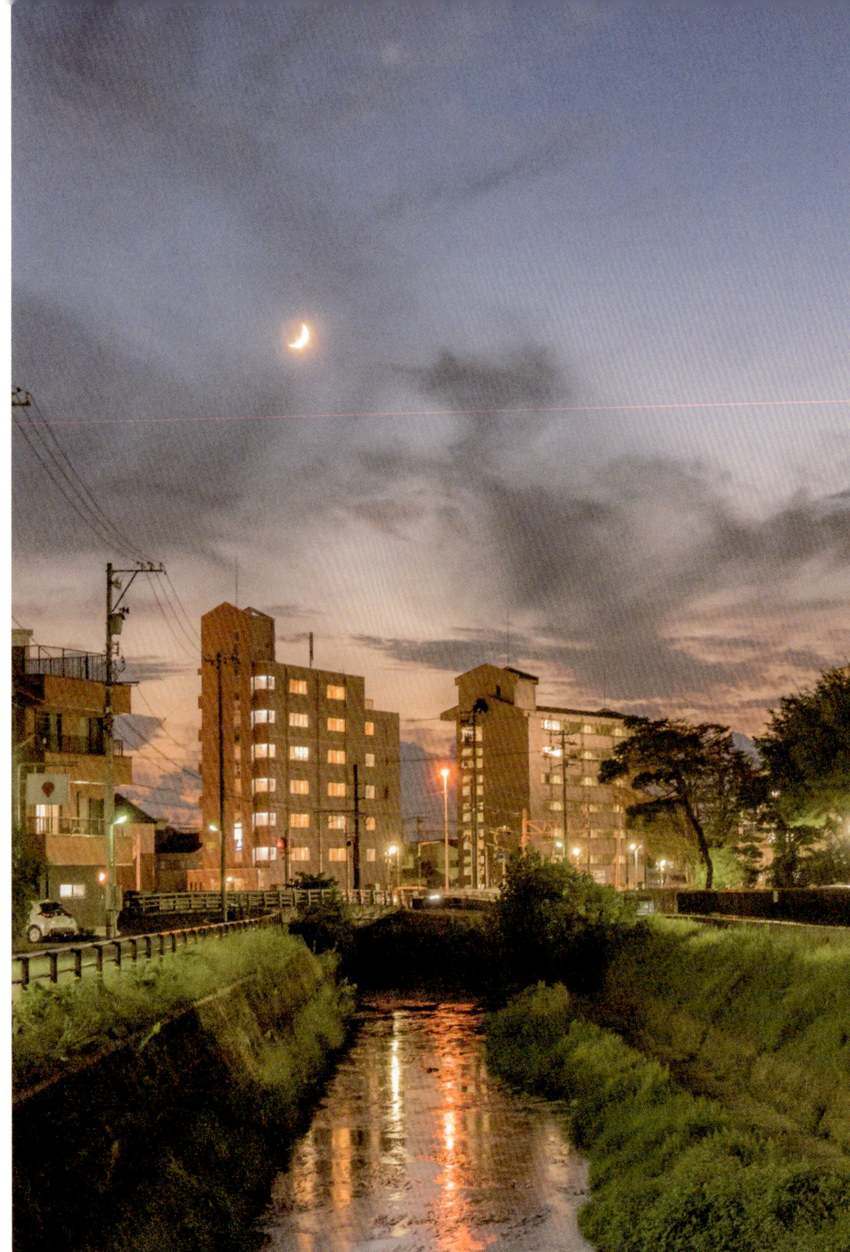

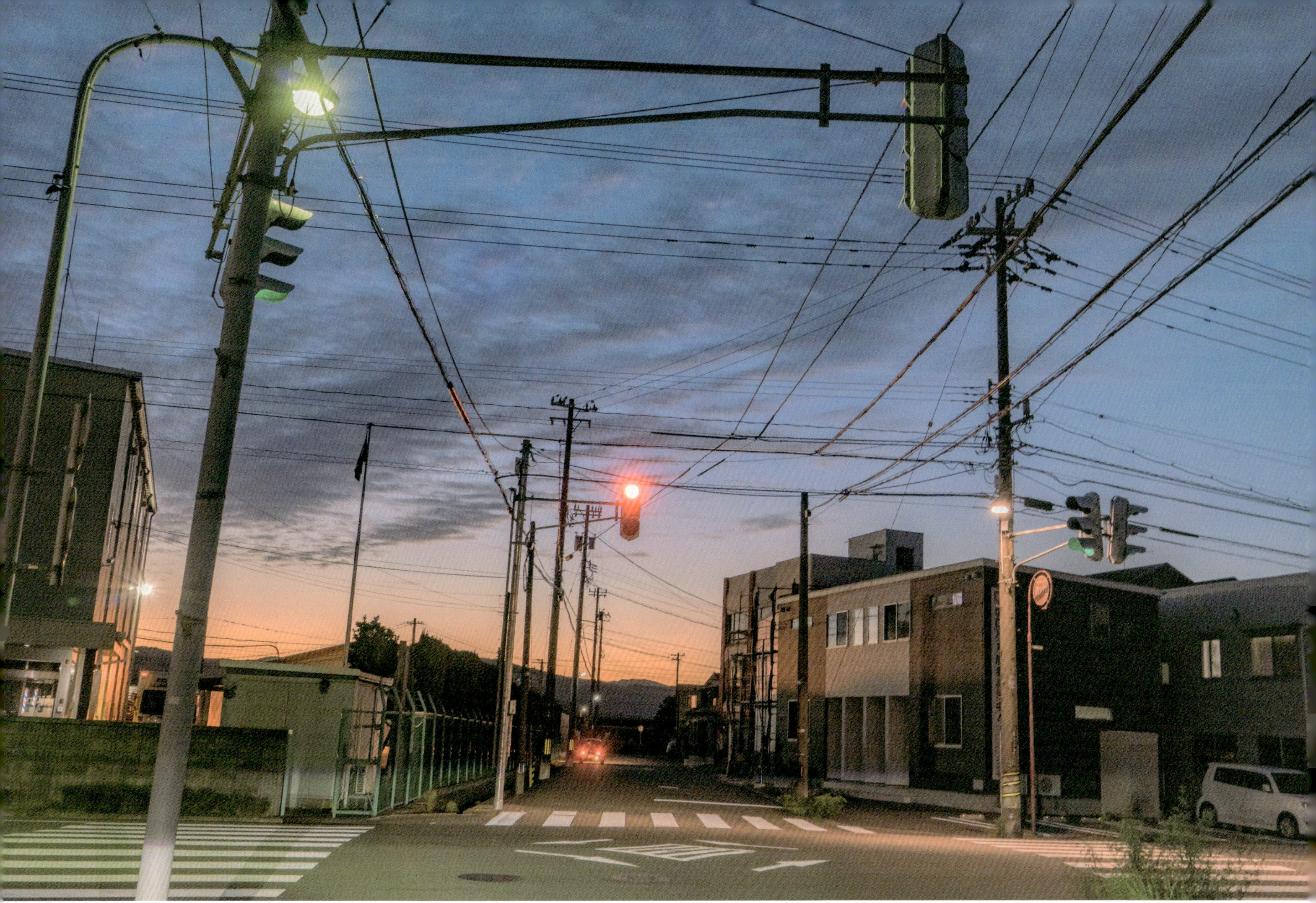

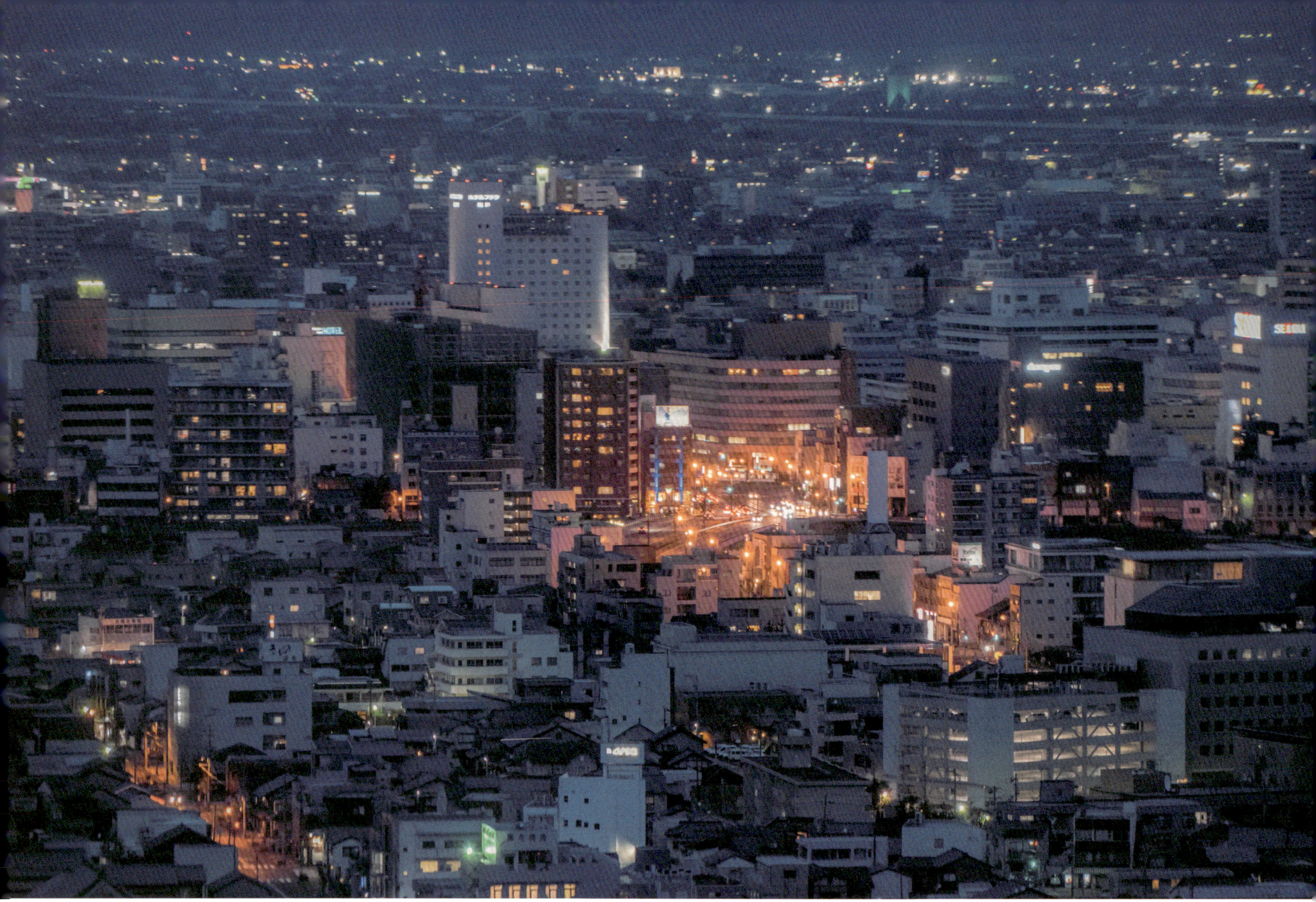

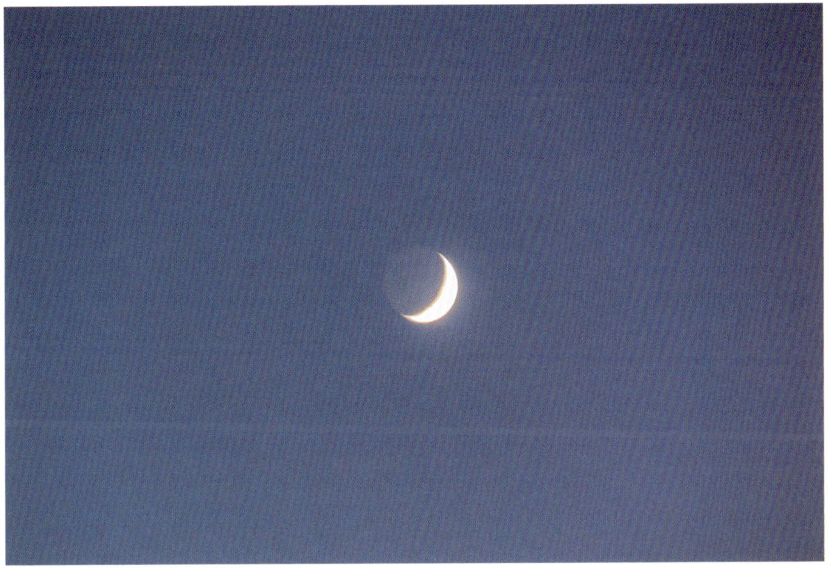

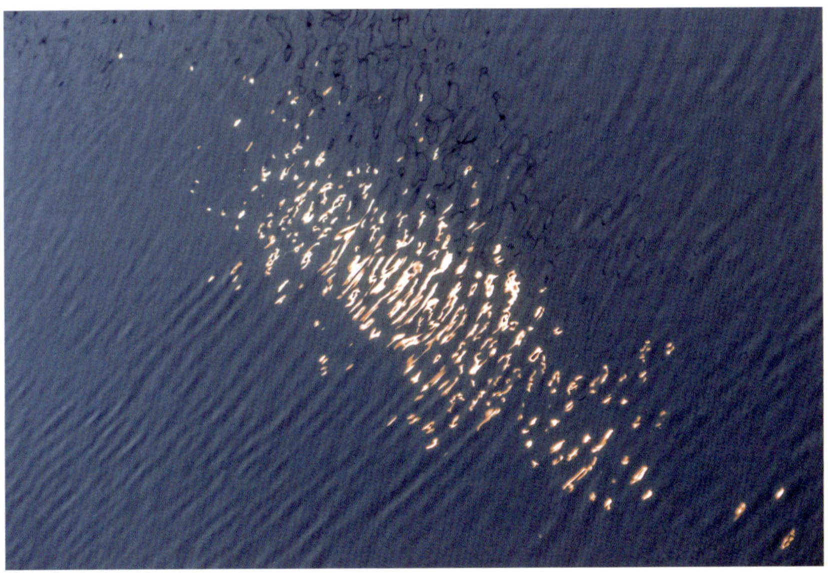

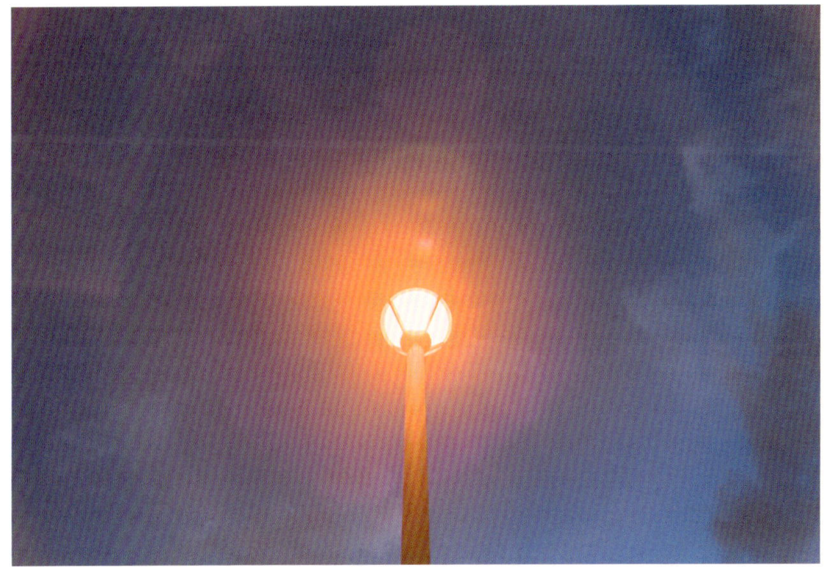

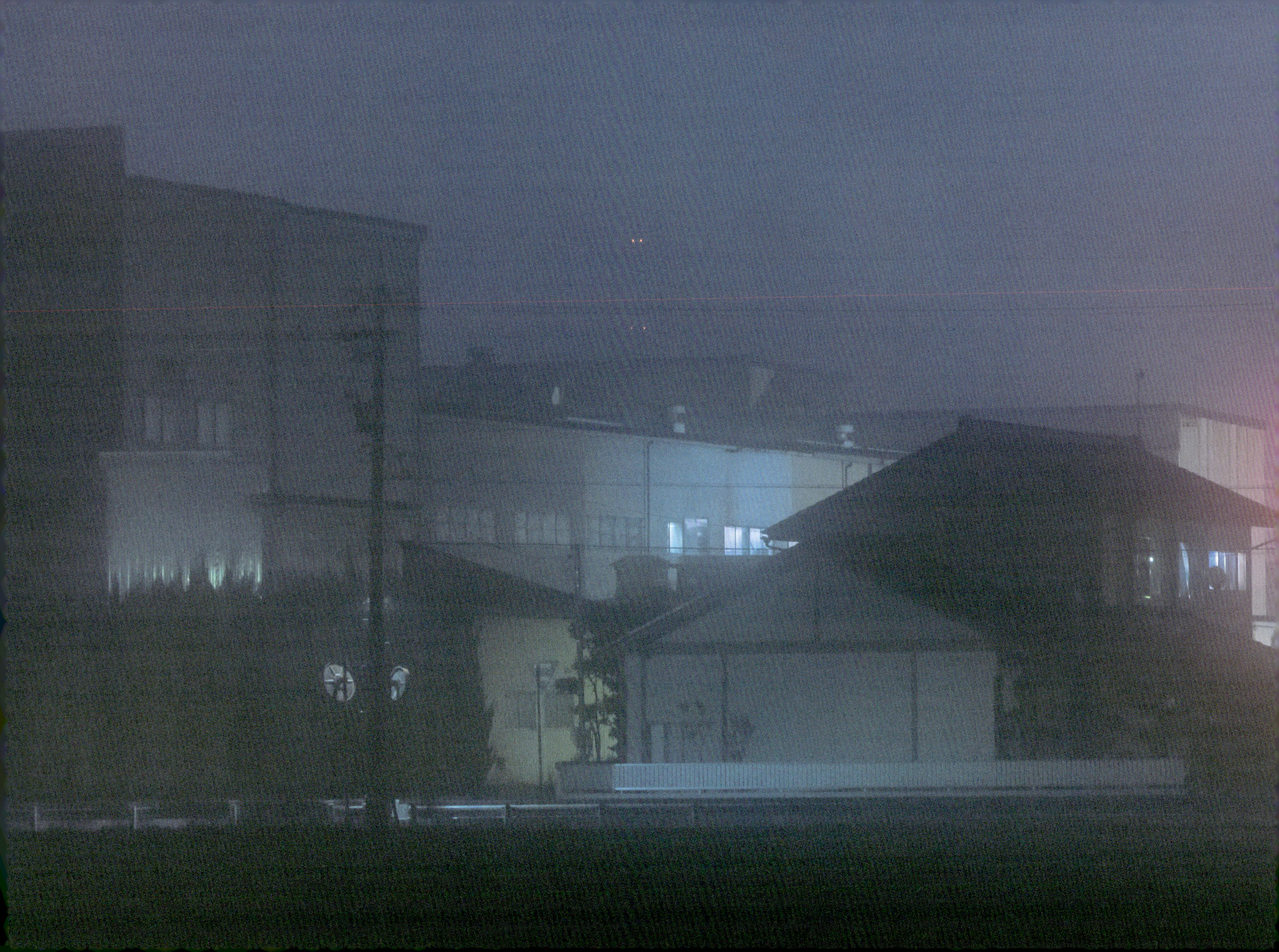

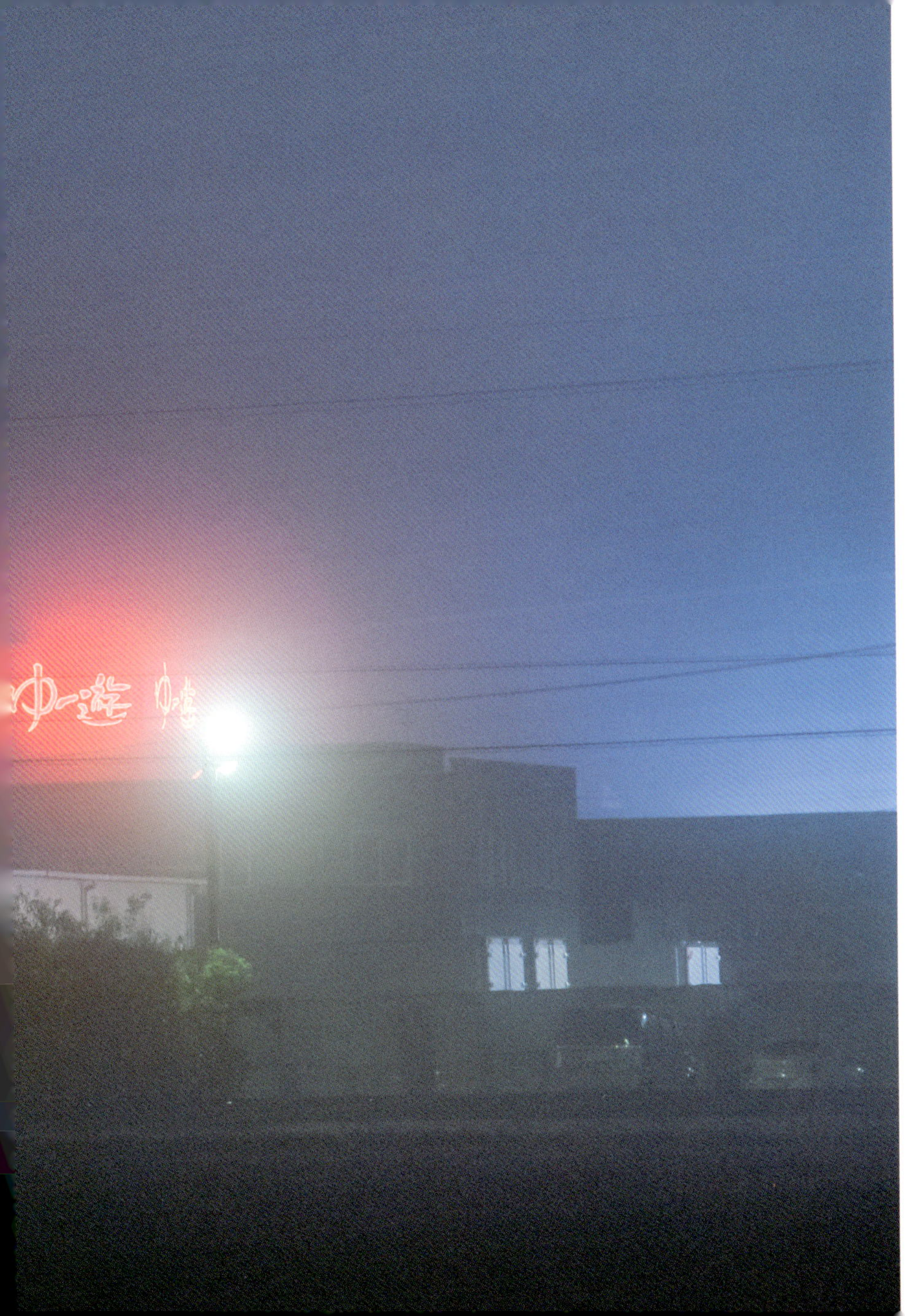

霧が異世界へと誘う。

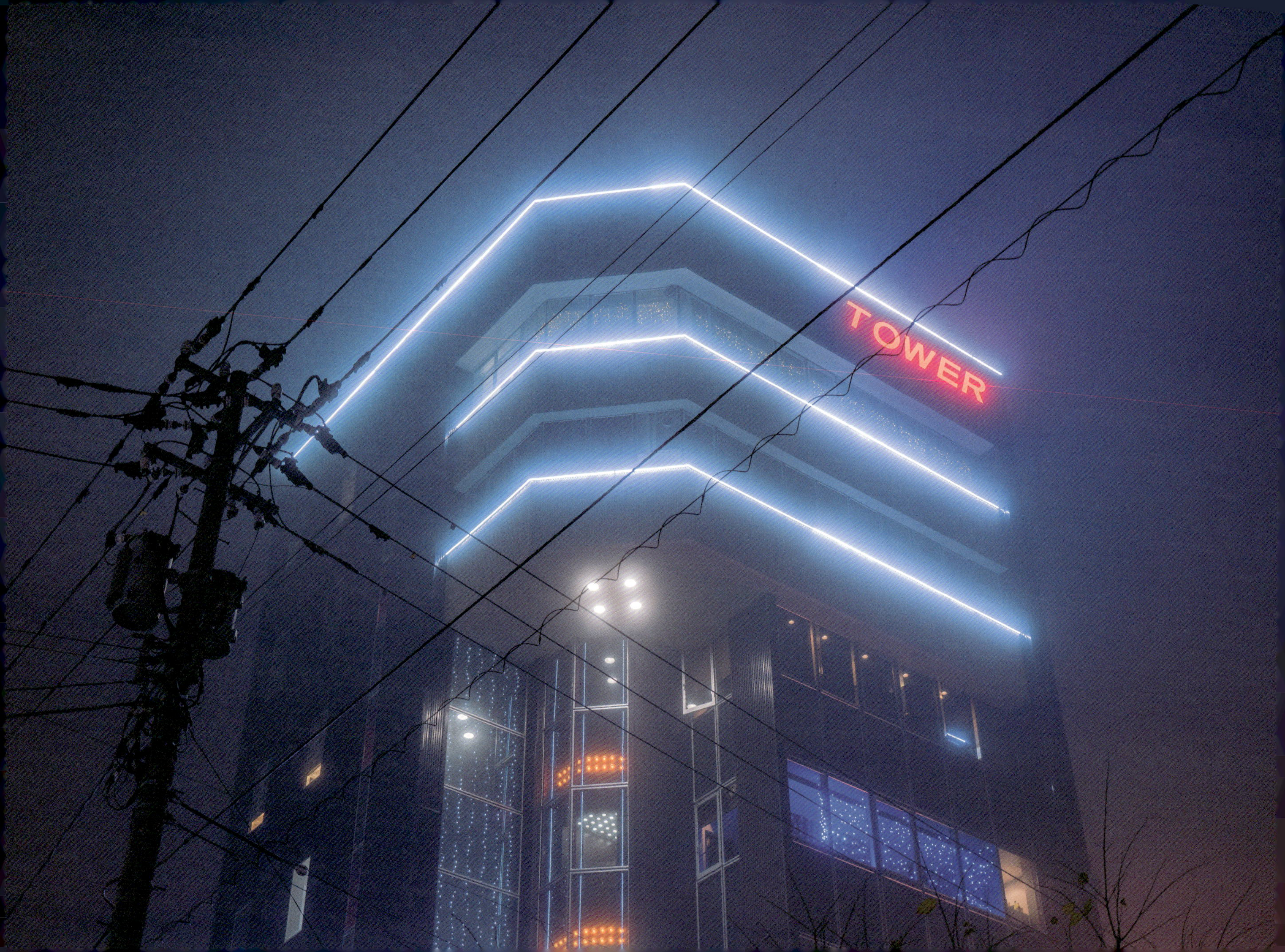
TOWER

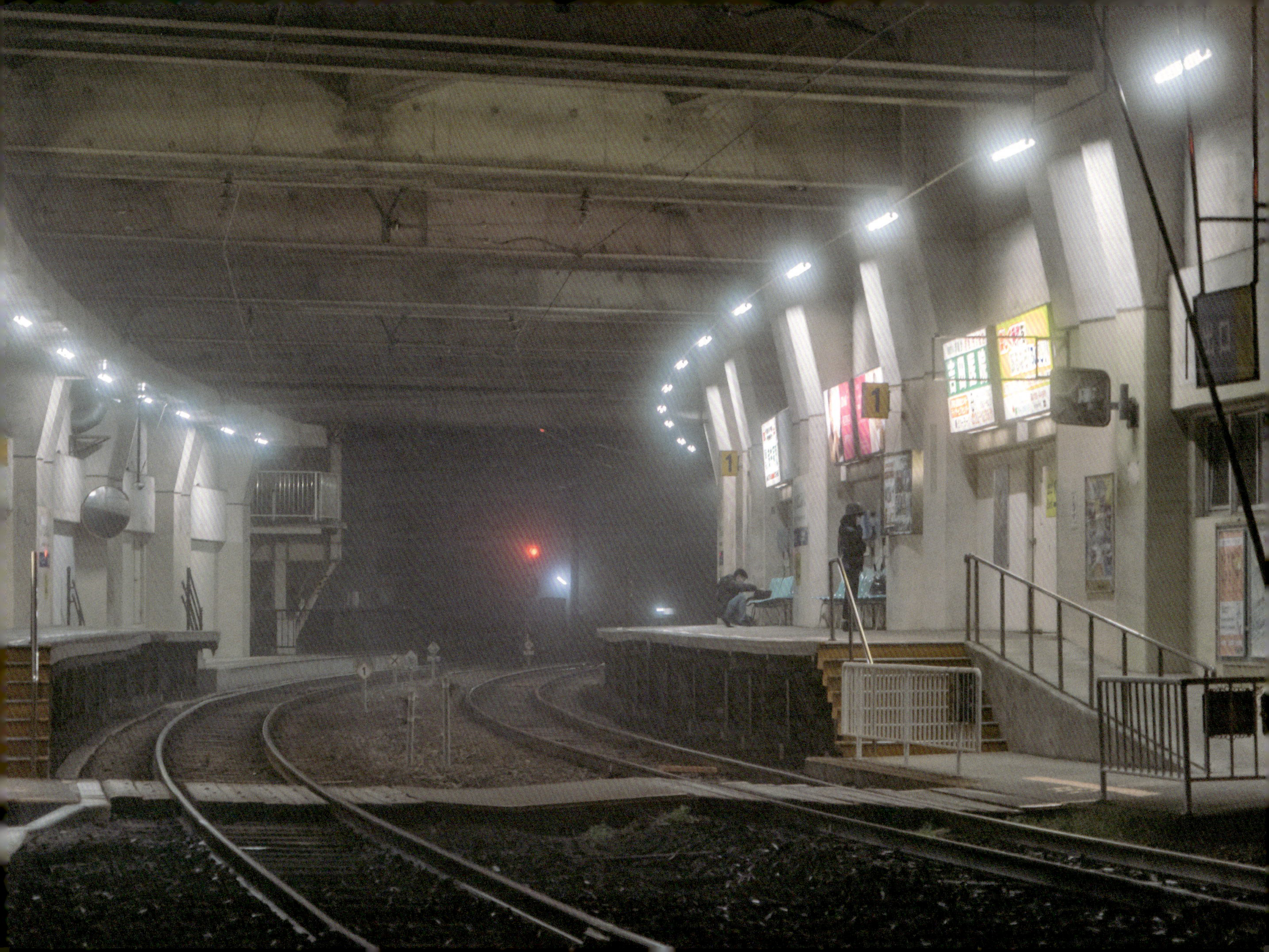
1

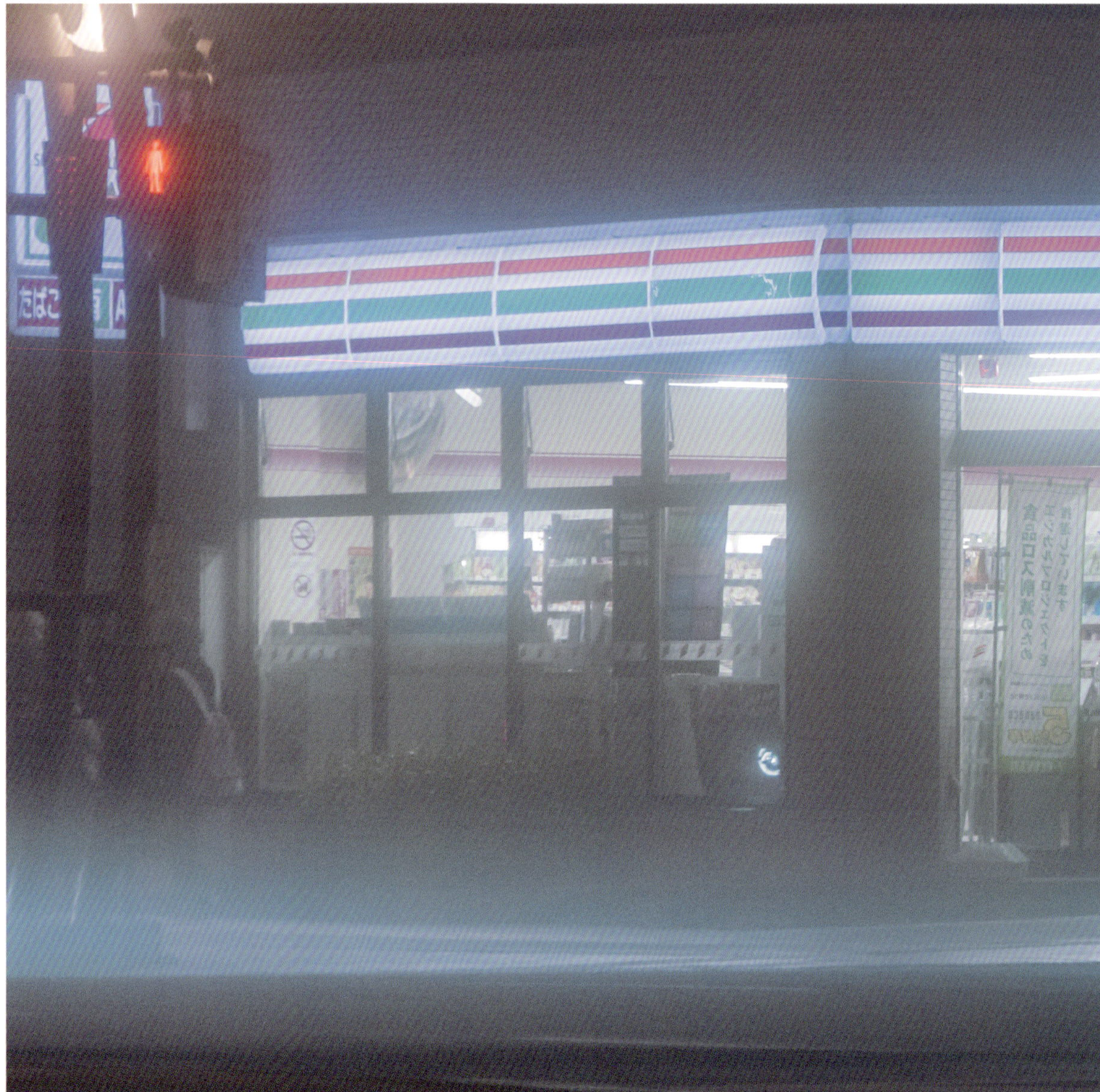
たばこ

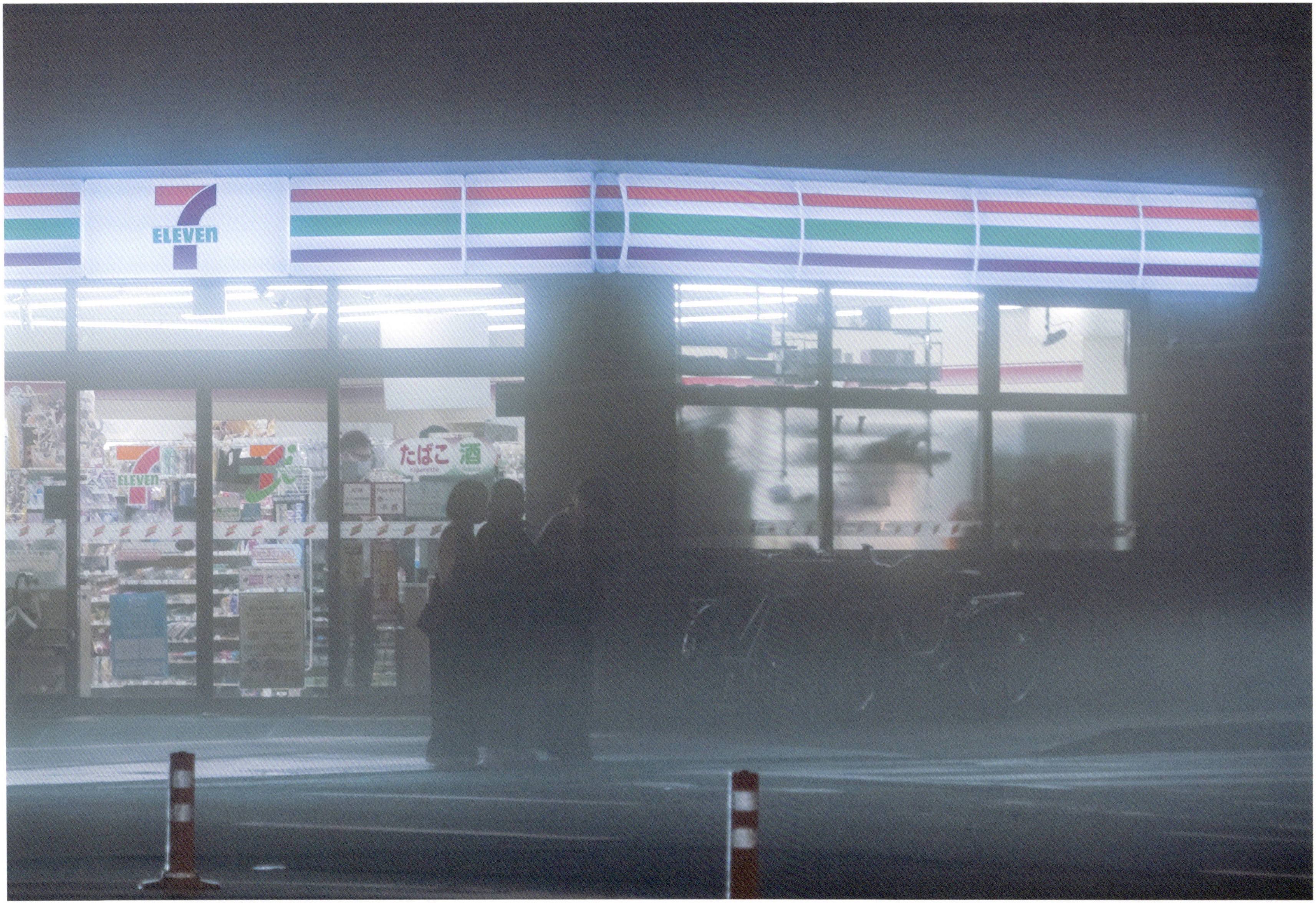
7 ELEVEN
たばこ 酒

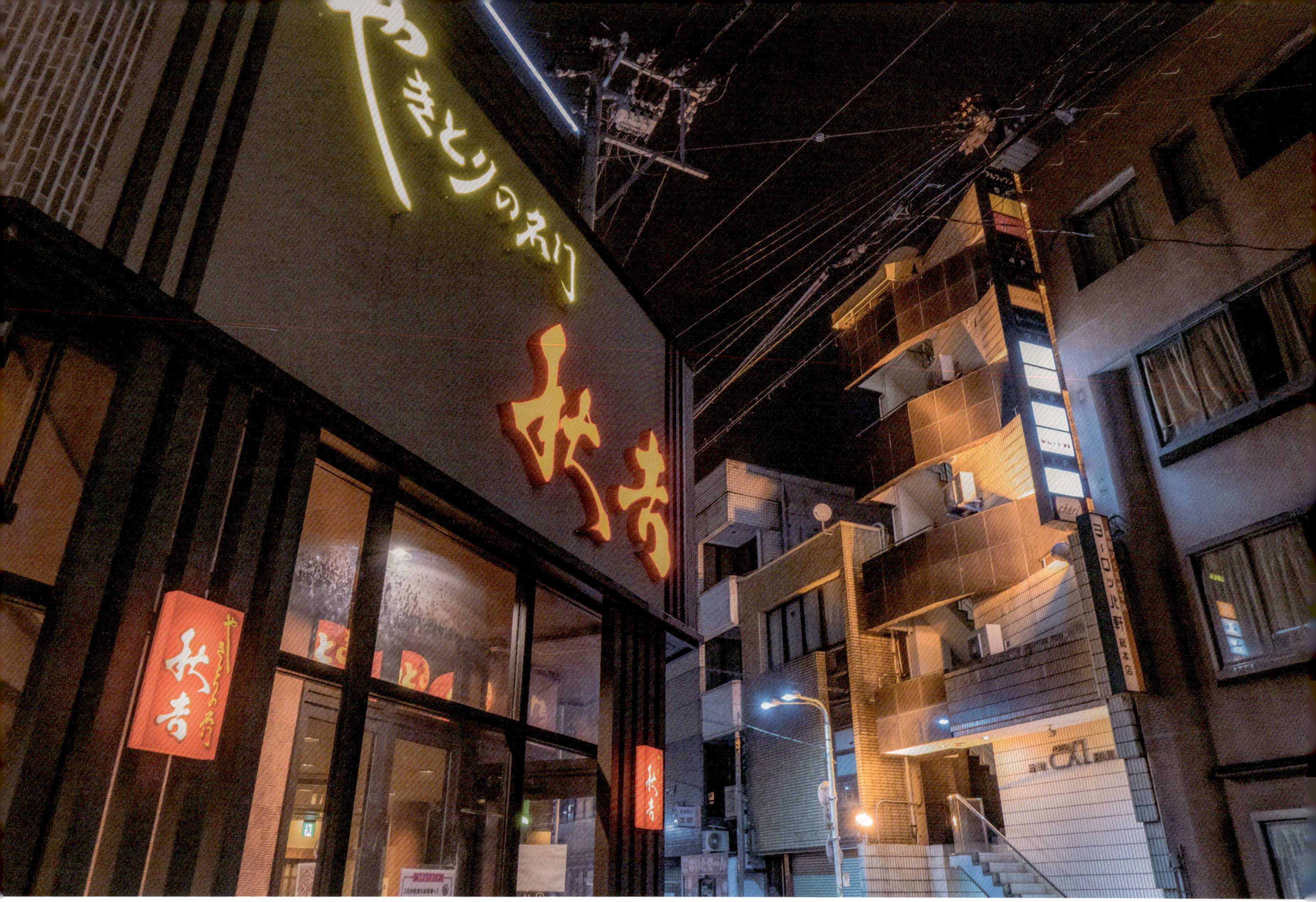
やきとりの名門
秋吉
ヨーロッパ軒 総本店

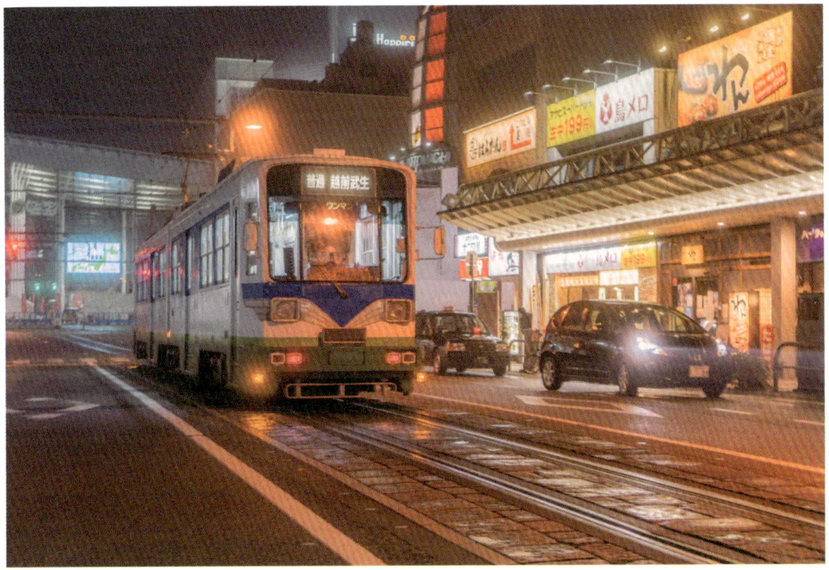
普通 越前武生
鳥メロ

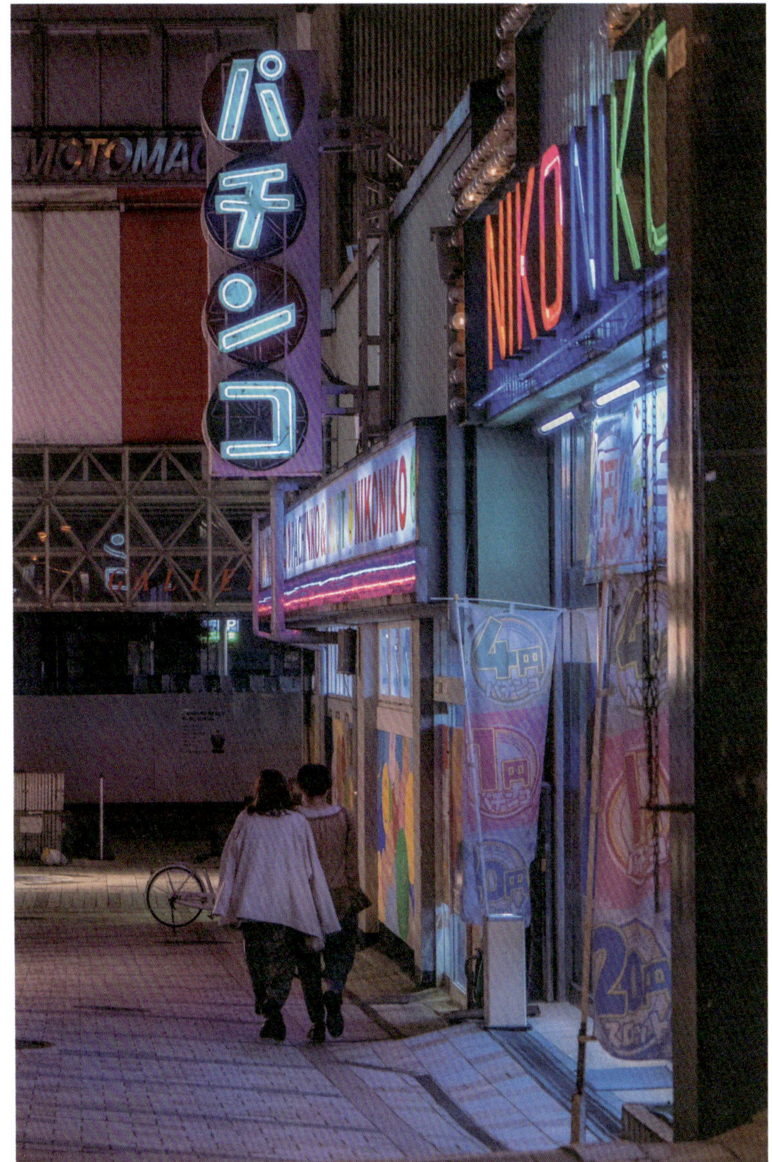
パチンコ
NIKONIKO

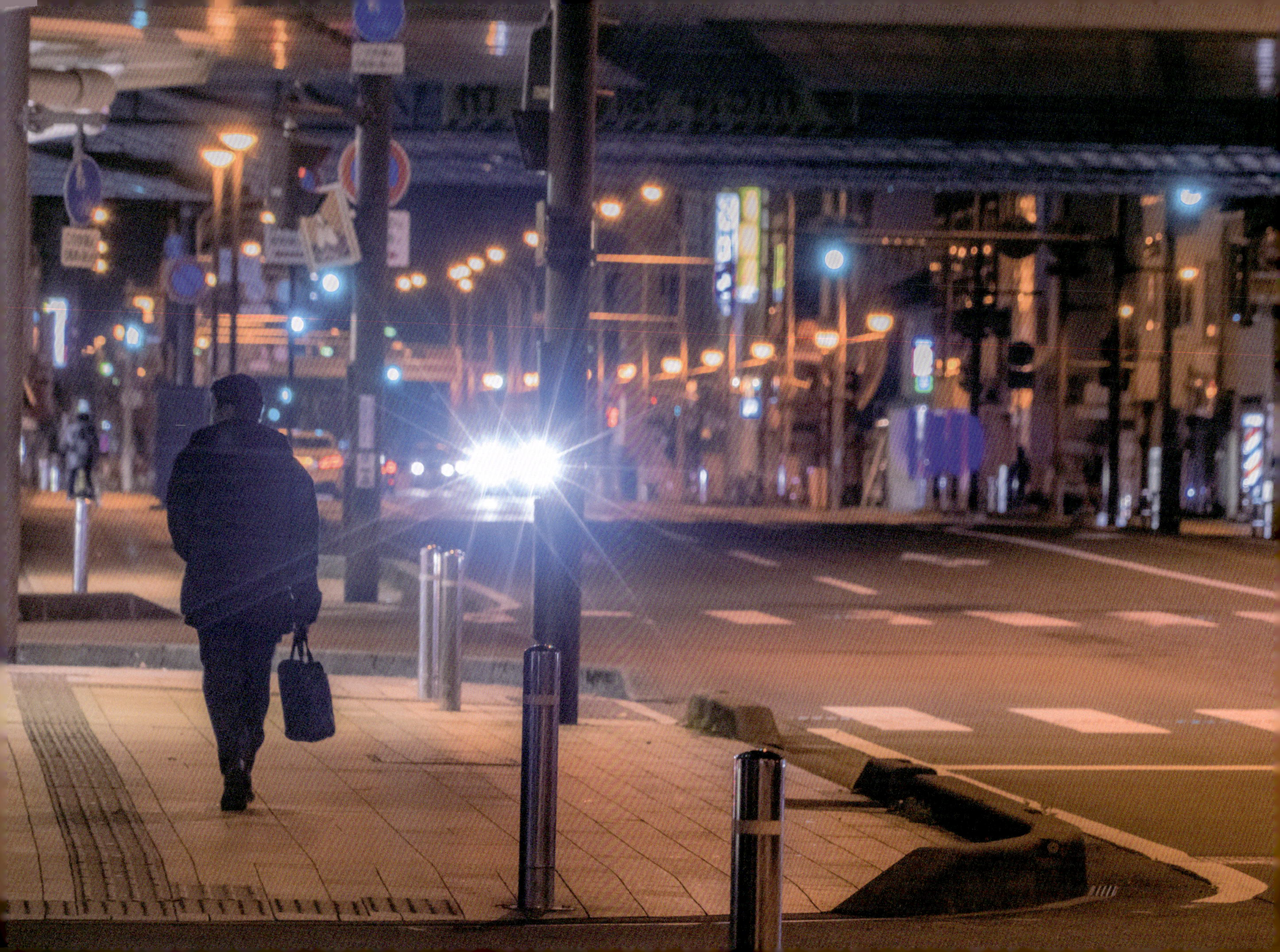

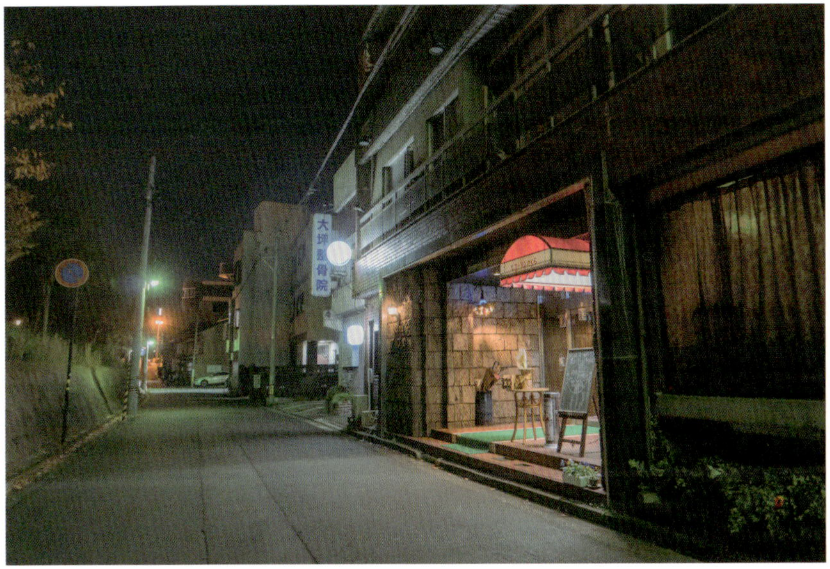
大坪整骨院

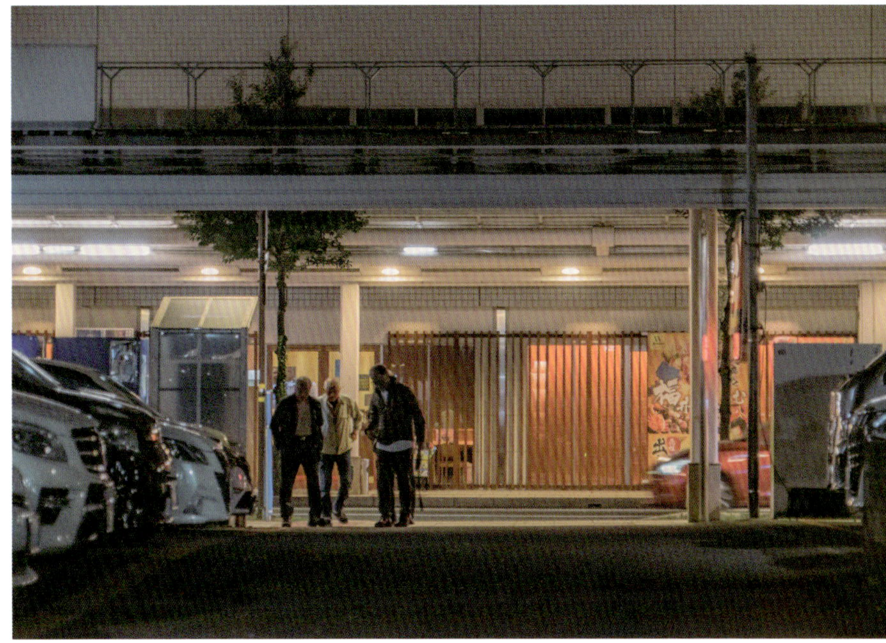

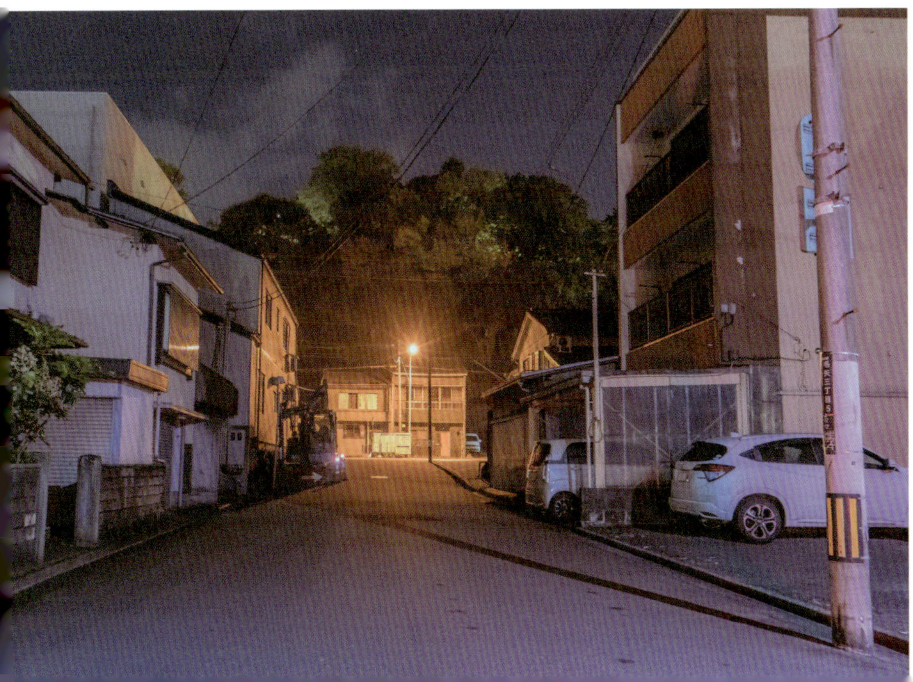

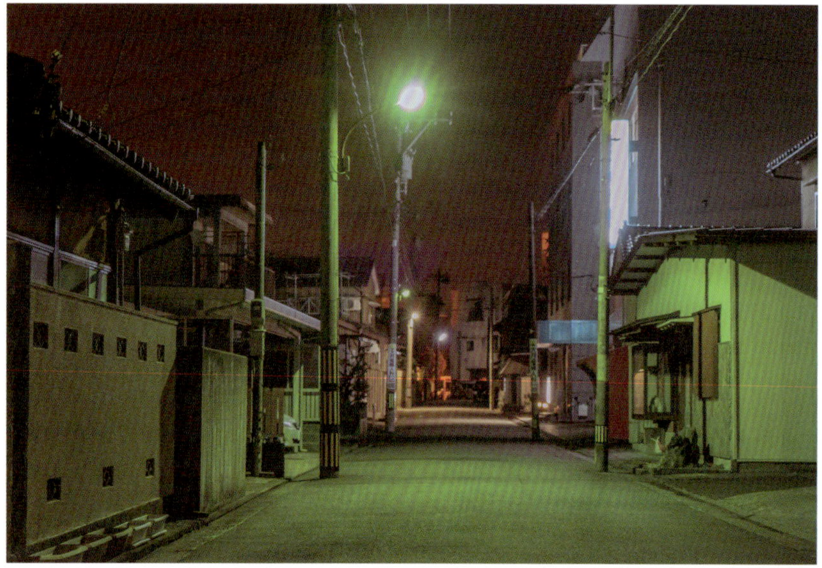

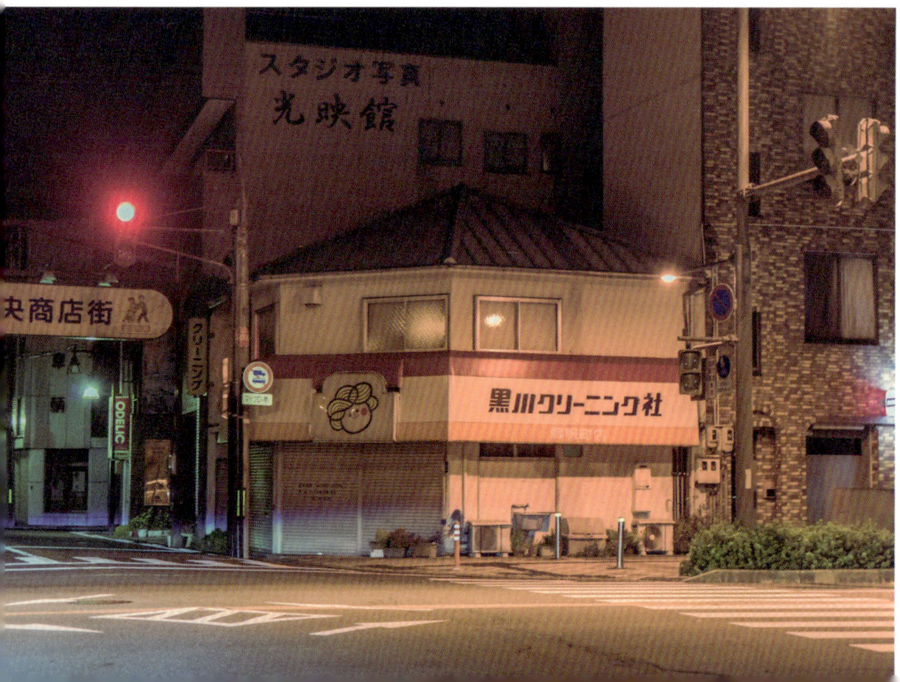
スタジオ写真
光映館
央商店街
クリーニング
黒川クリーニング社
ODELIC

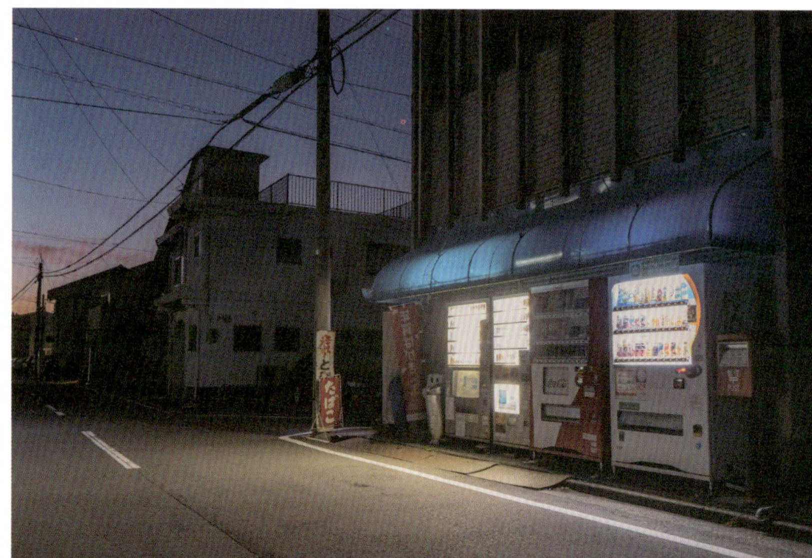
たばこ

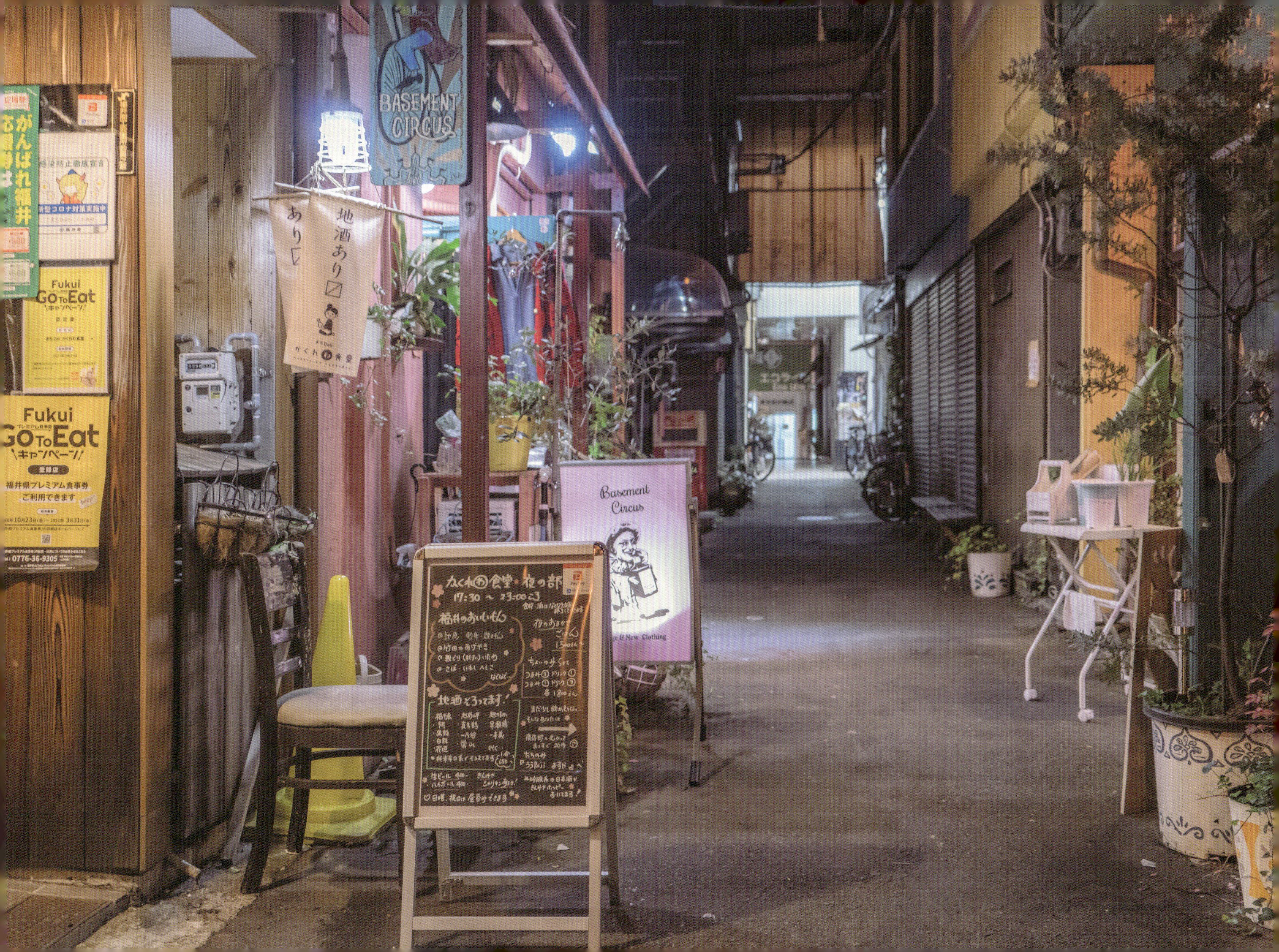
がんばれ福井
Fukui
Go To Eat
キャンペーン
福井県プレミアム食事券
ご利用できます
0776-36-9305
BASEMENT
CIRCUS
地酒あり
あり
Basement
Circus
17:30 ~ 23:00ごろ
福井のおいしいもん
地酒そろってます!

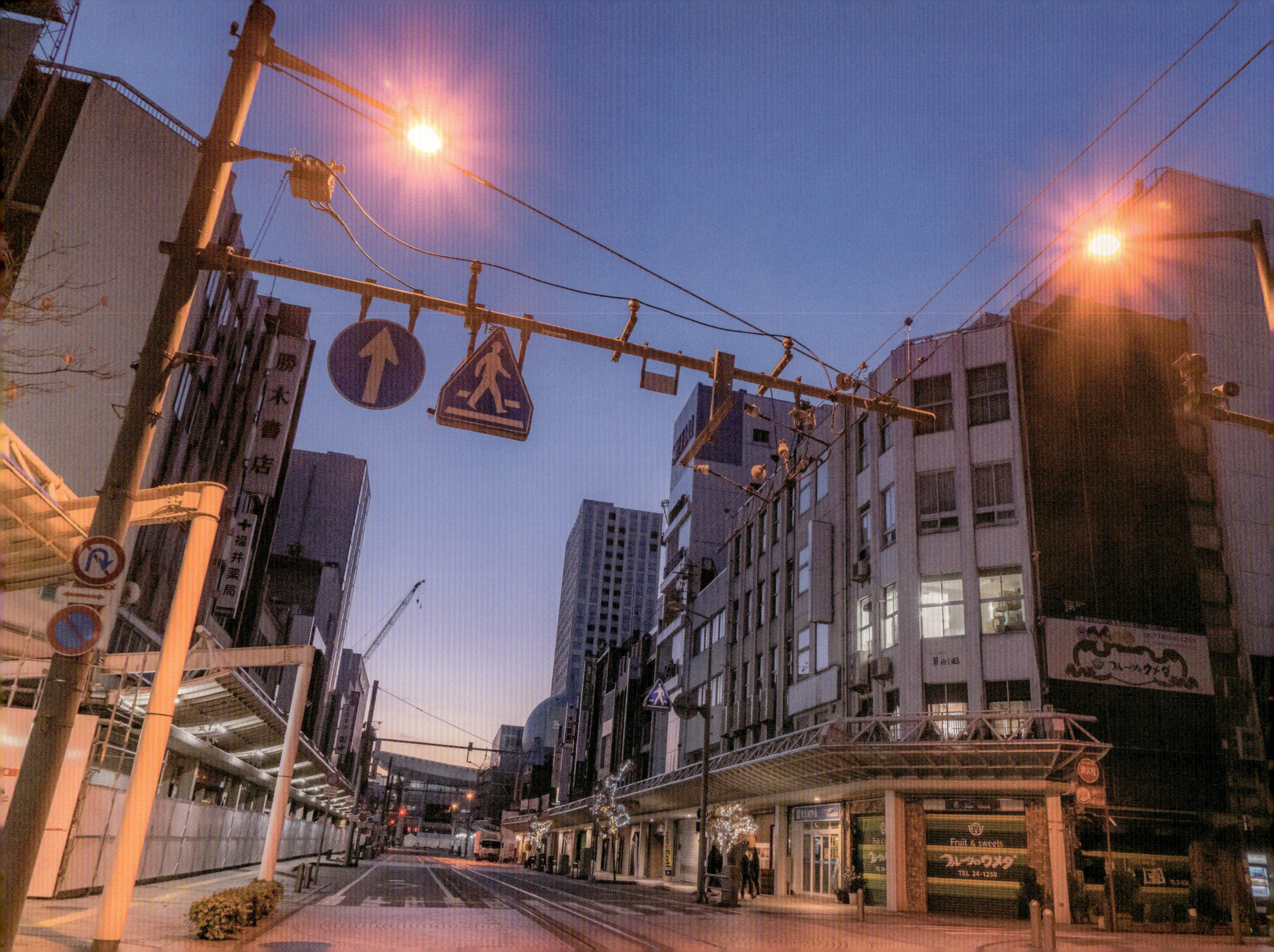
勝木書店
福井薬局
フルーツのウメダ
Fruit & sweets
フルーツのウメダ
TEL 24-1250

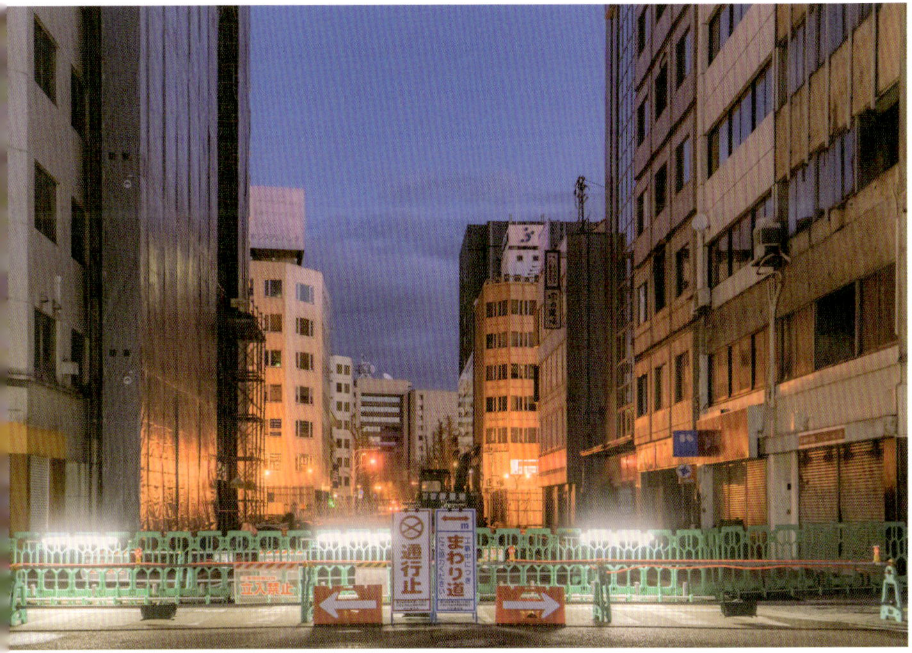
通行止
まわり道
立入禁止

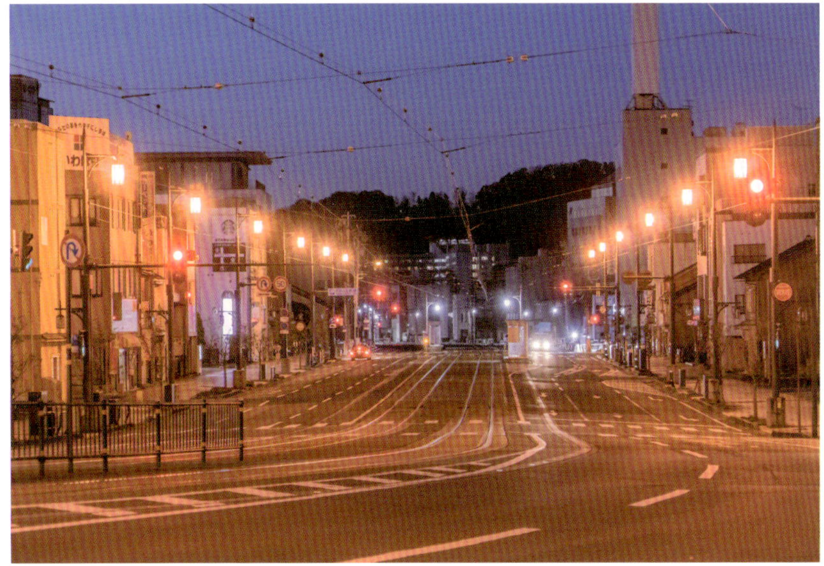

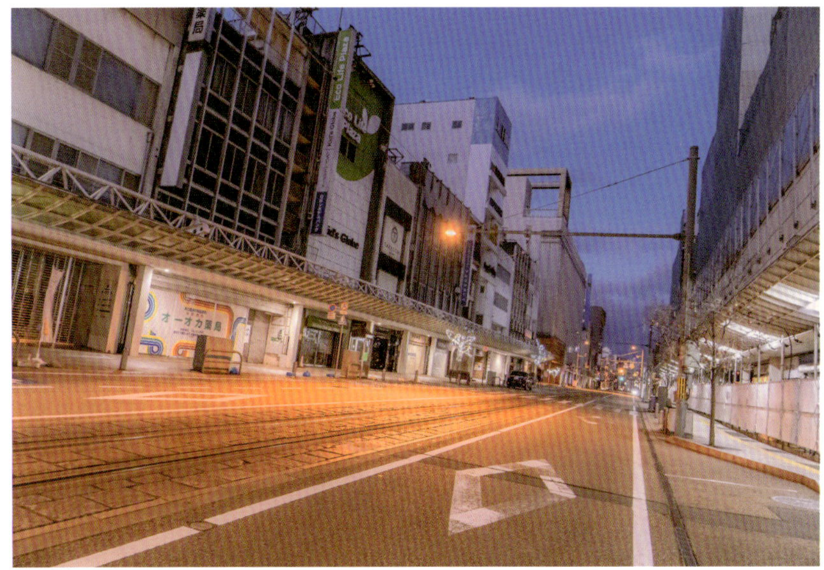

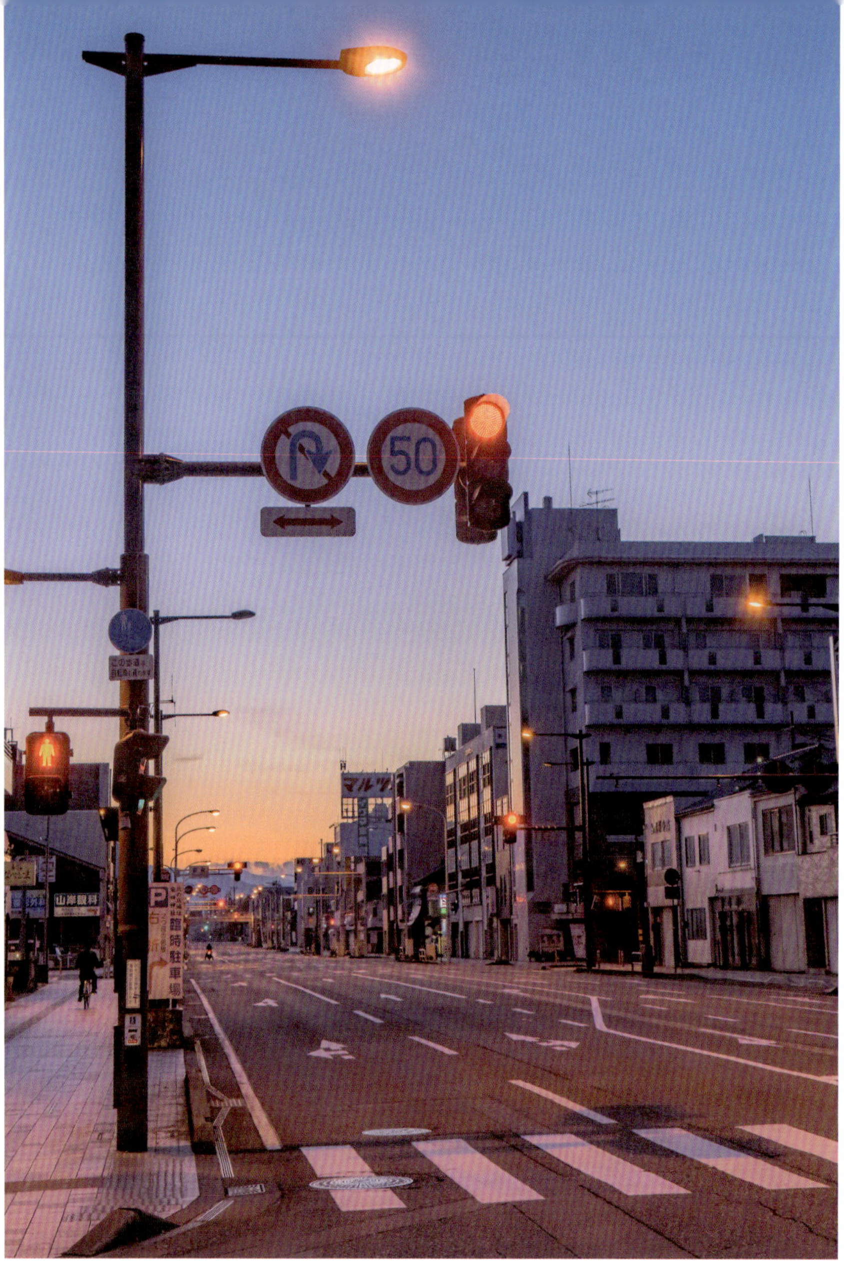

夜と朝の縫い目。

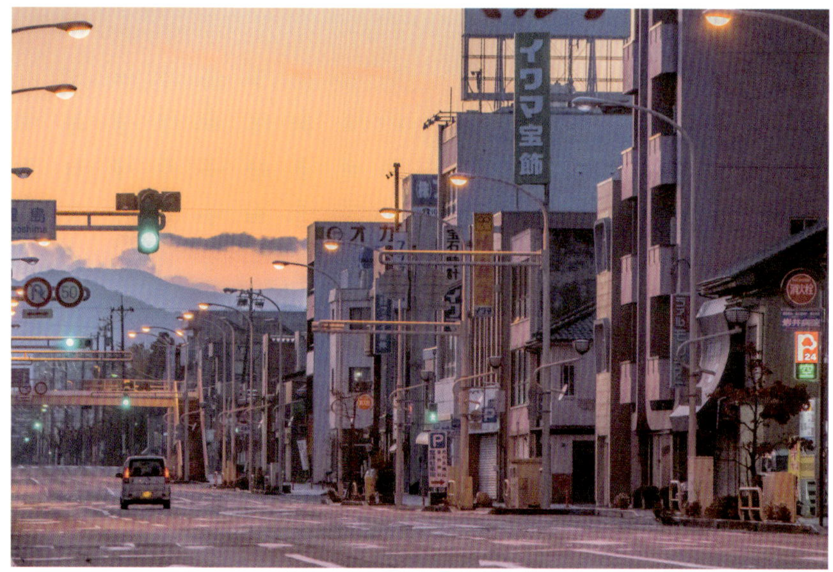

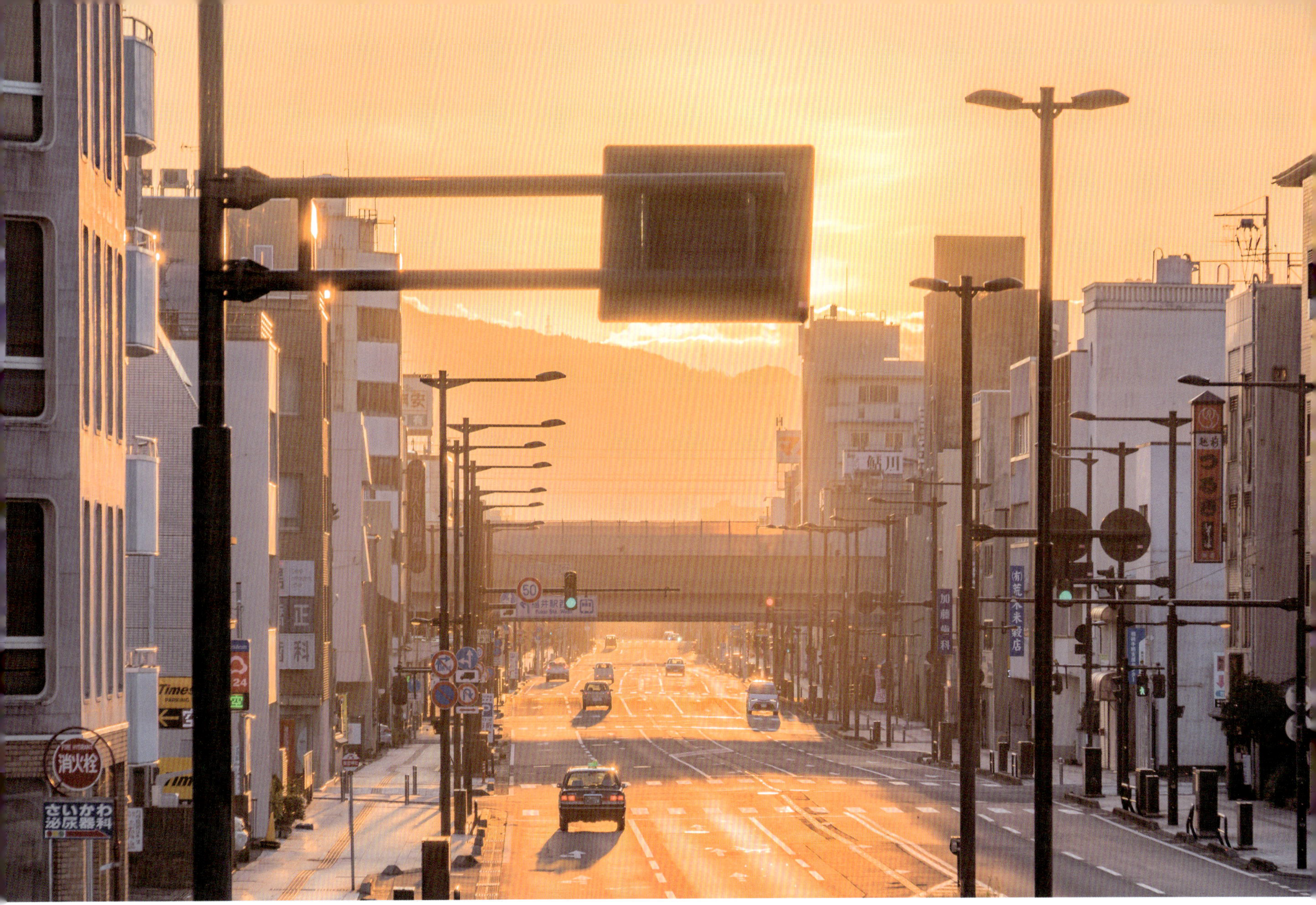
消火栓
さいかわ
泌尿器科
Times
50
鮎川

Chapter 4　秋風に吹かれて

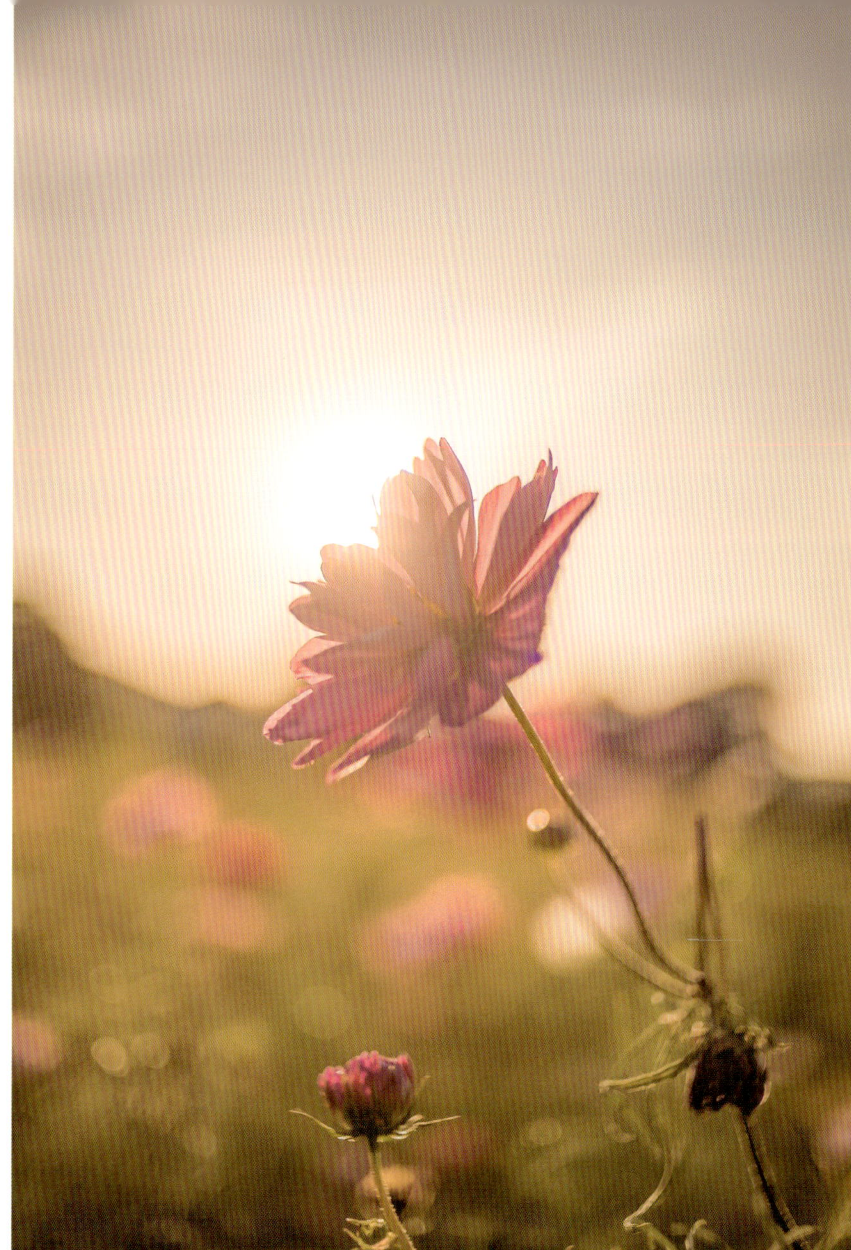

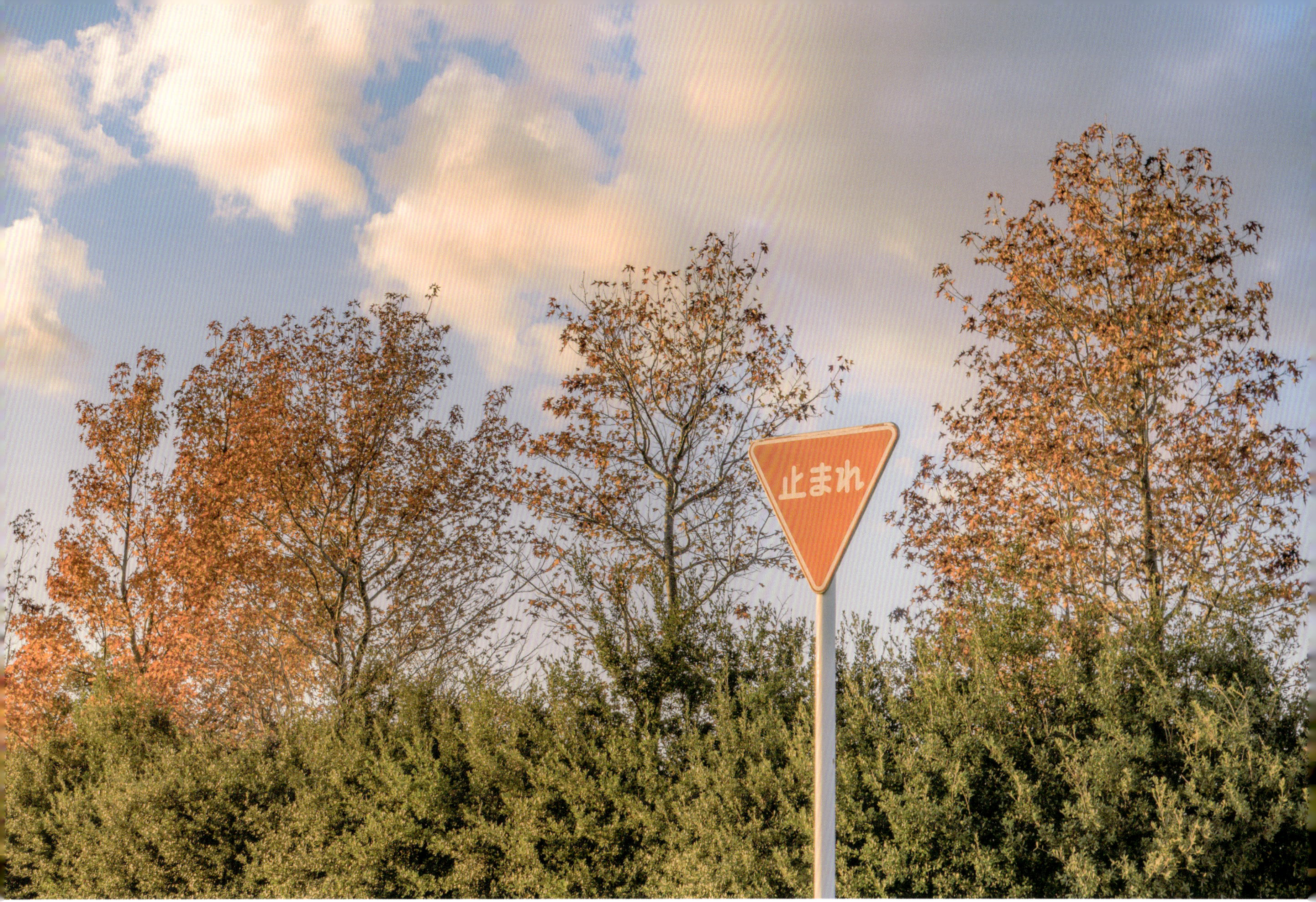
止まれ

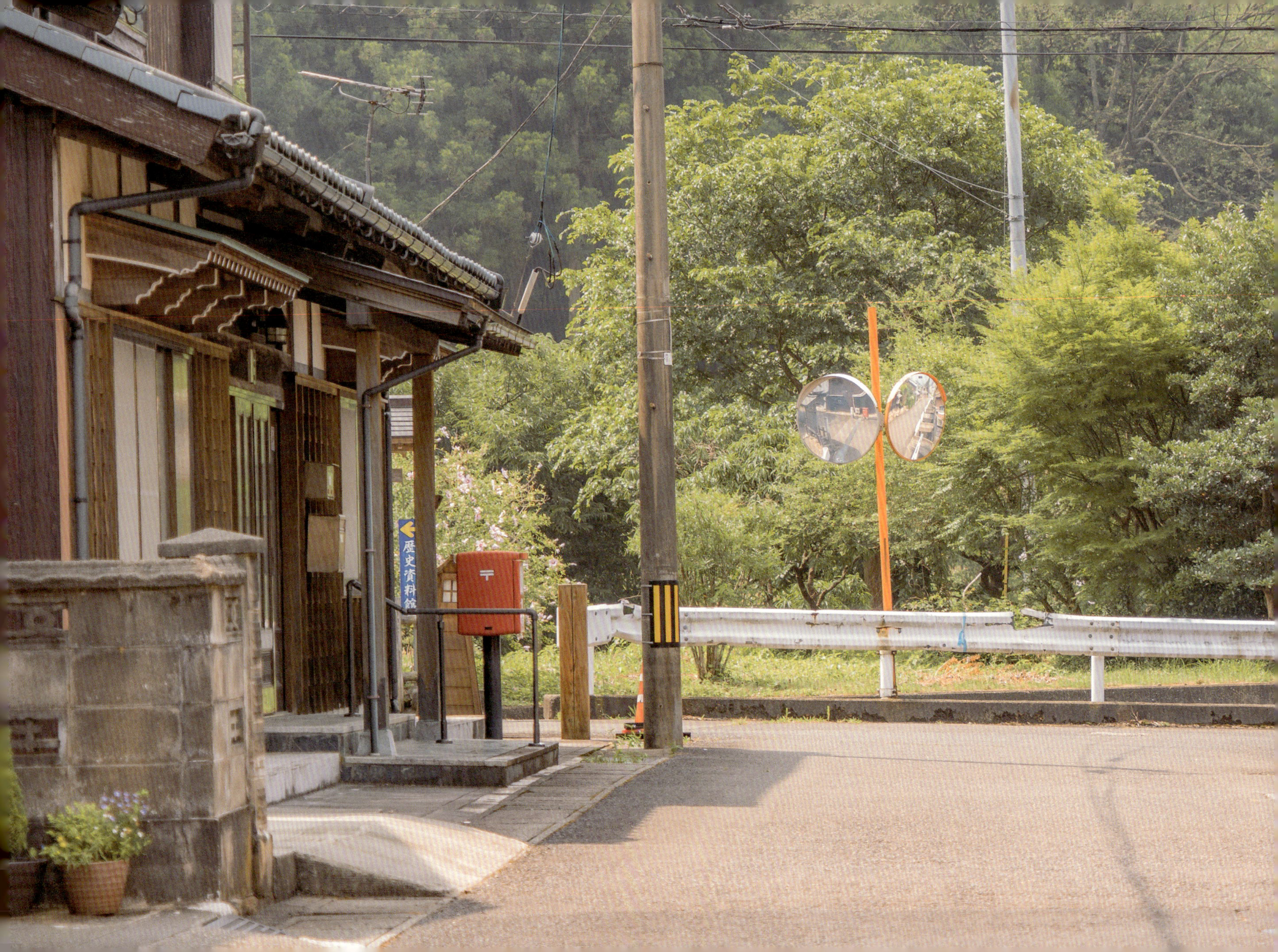
歴史資料館

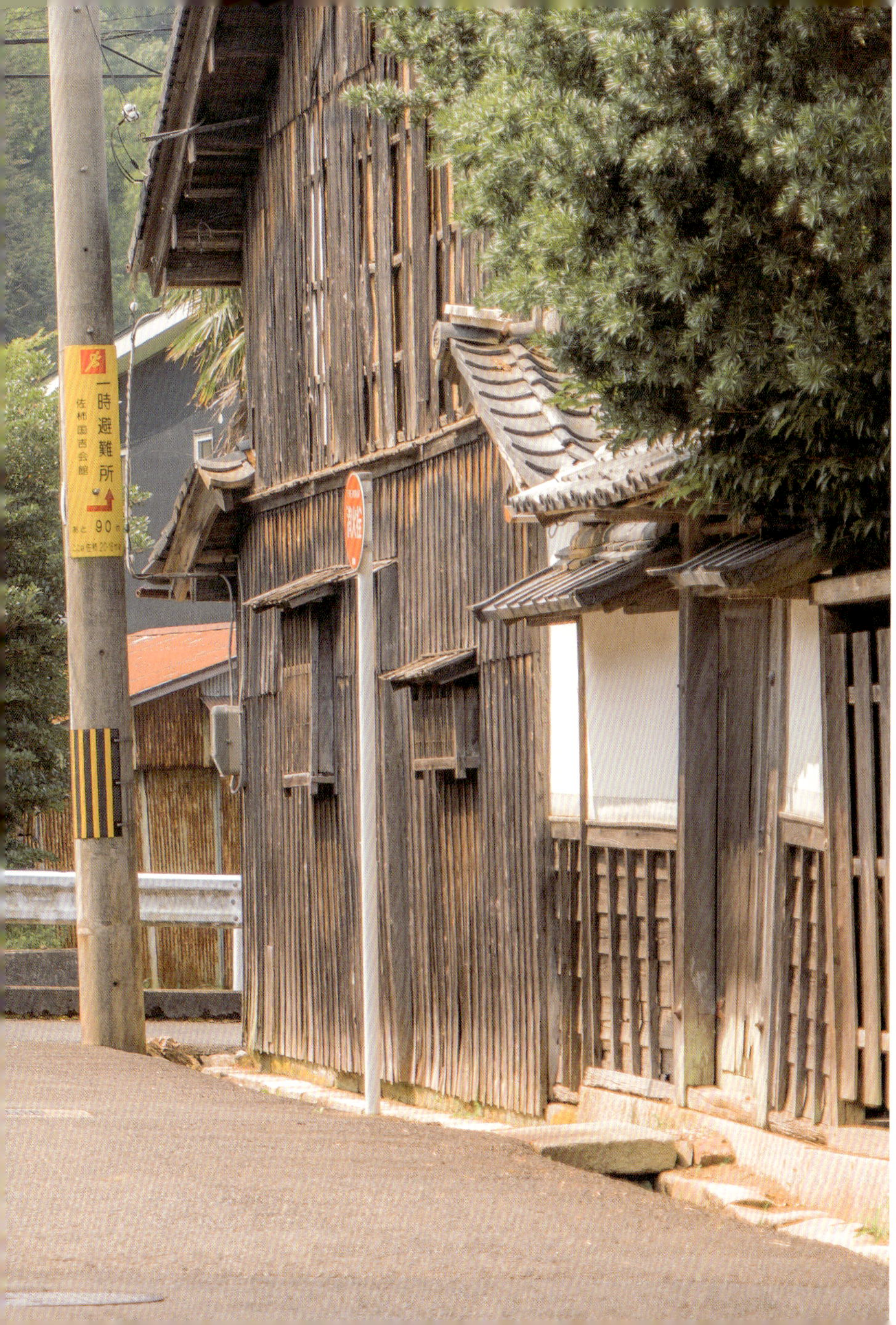

夏の余韻、秋の気配。

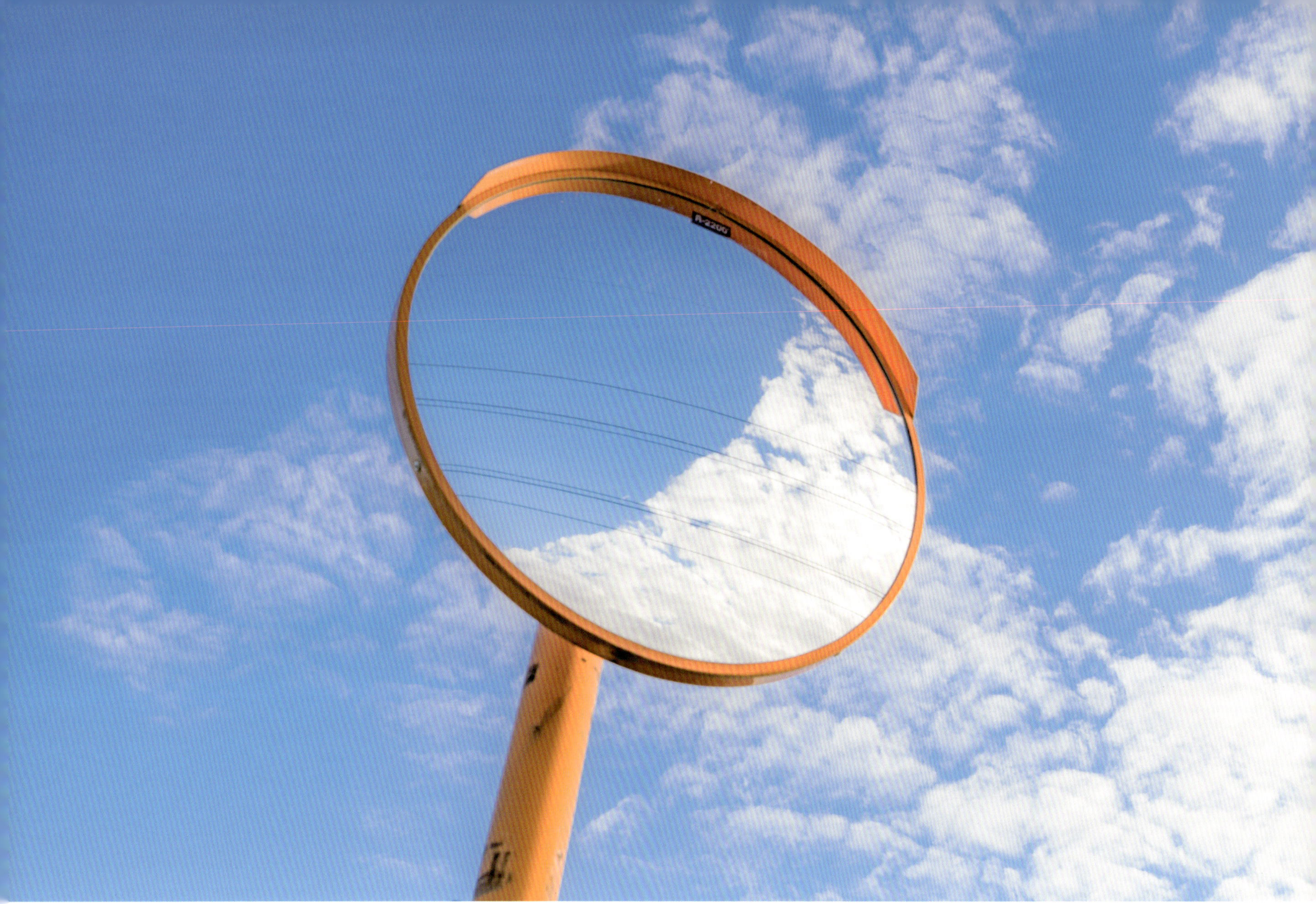

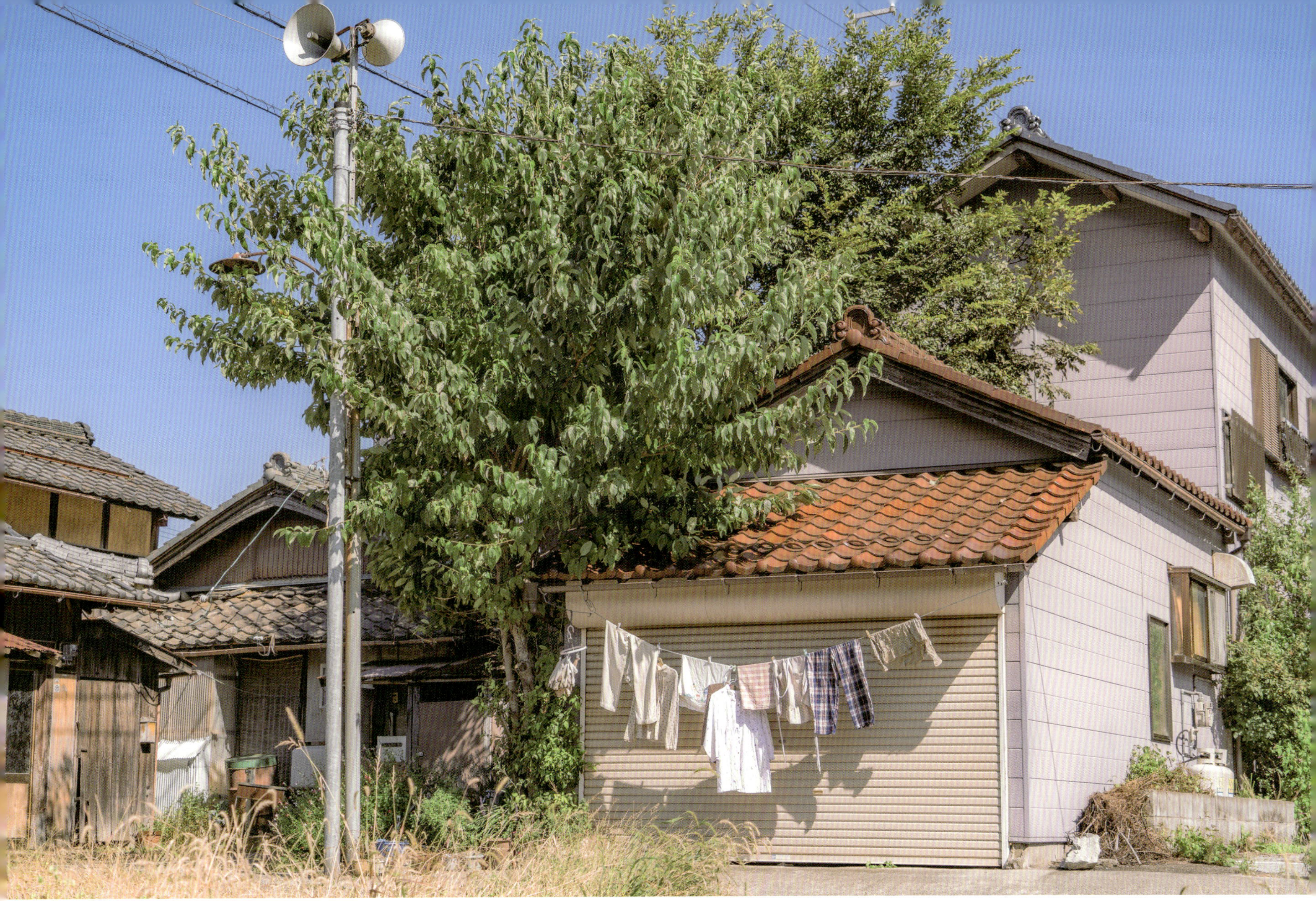

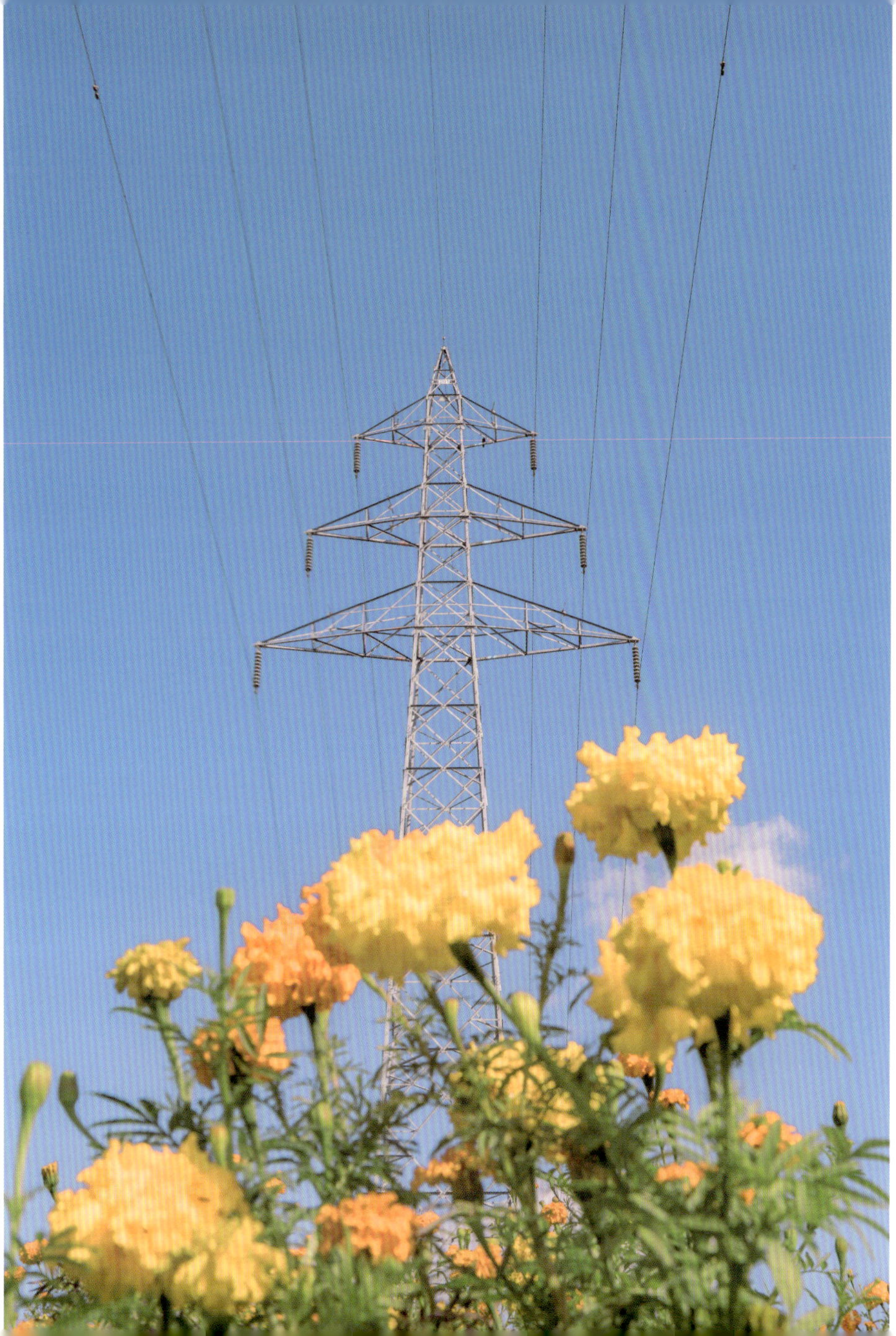

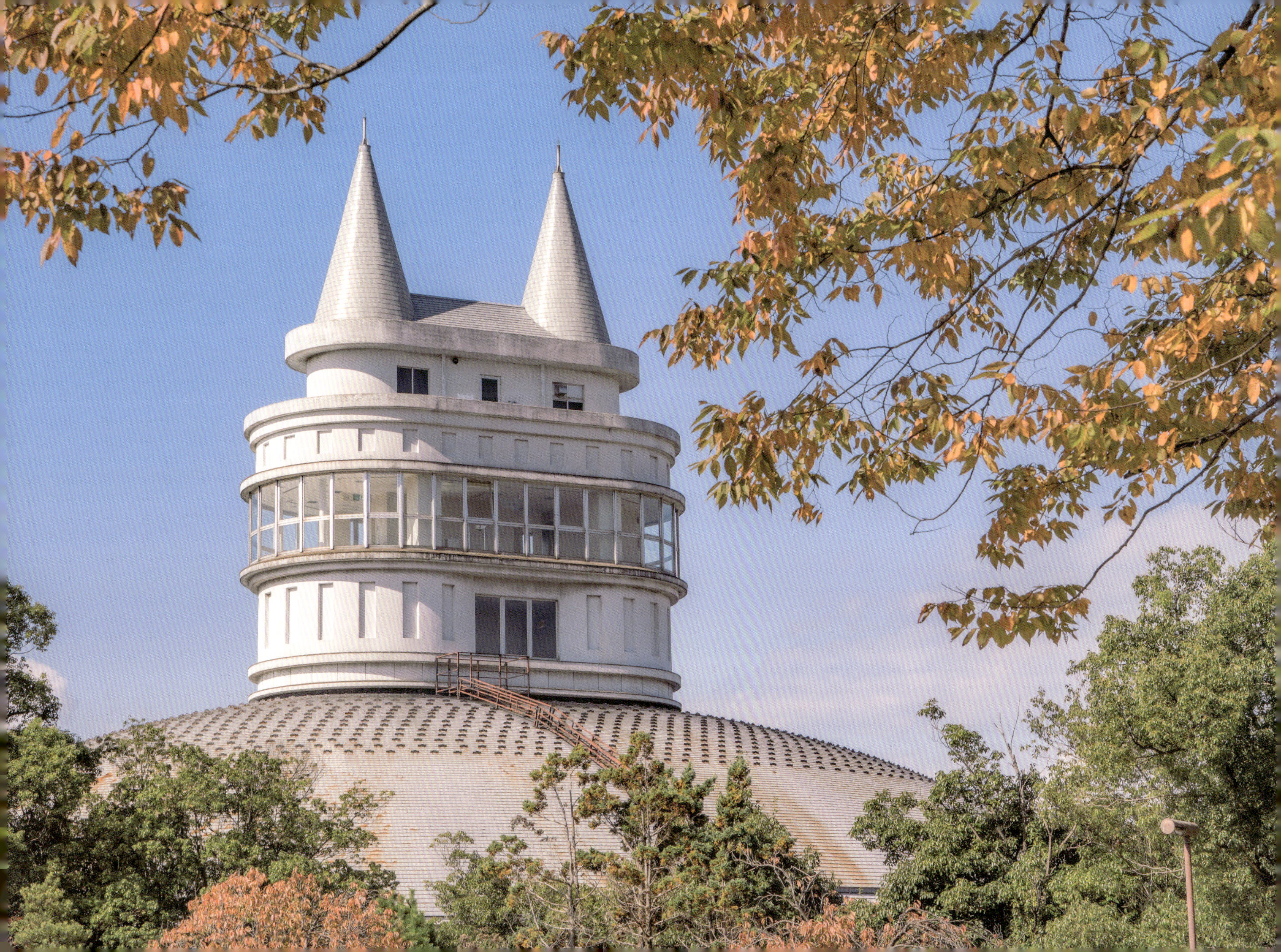

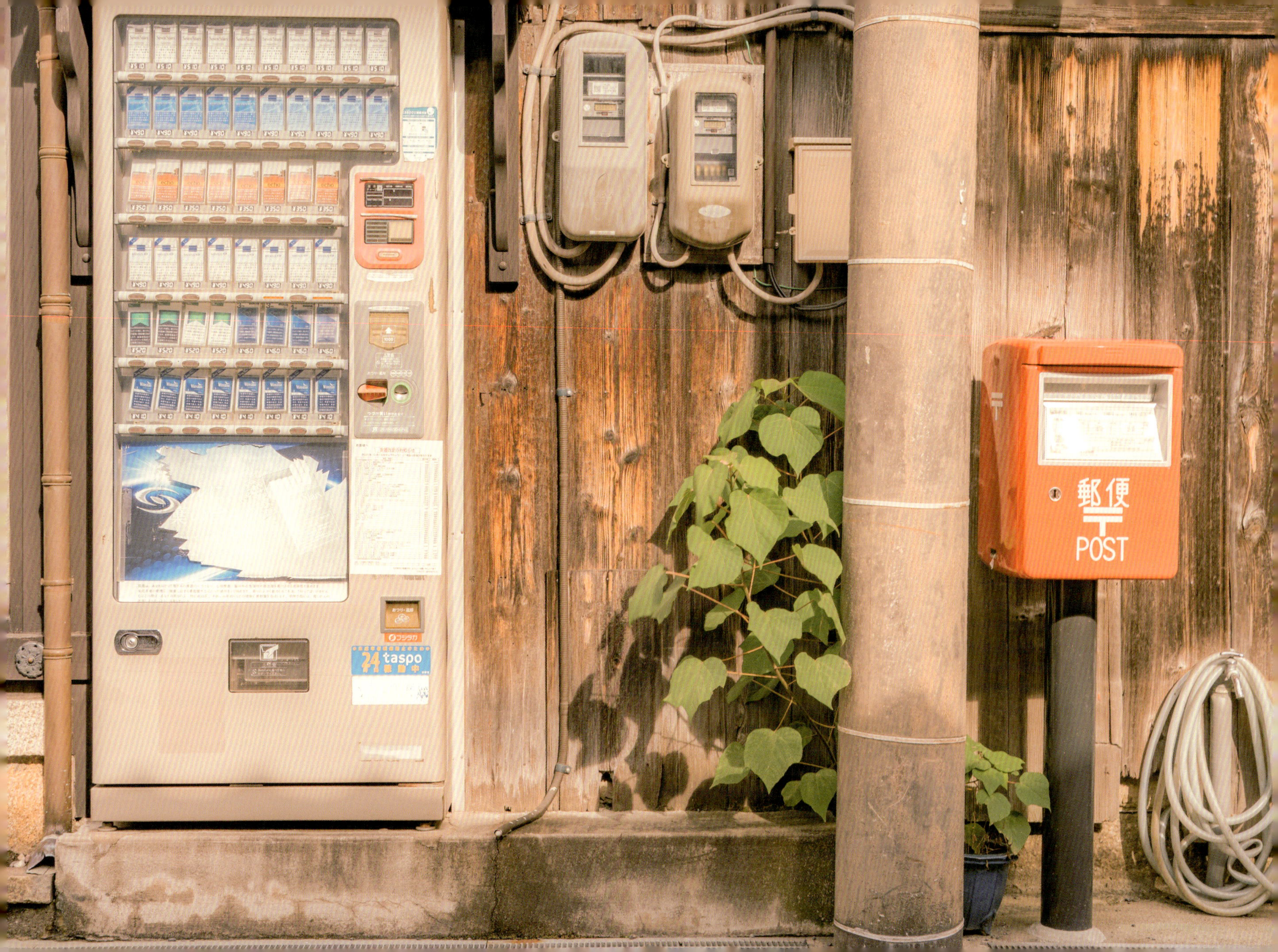
24 taspo
郵便
POST

秋風に吹かれ街を歩く。

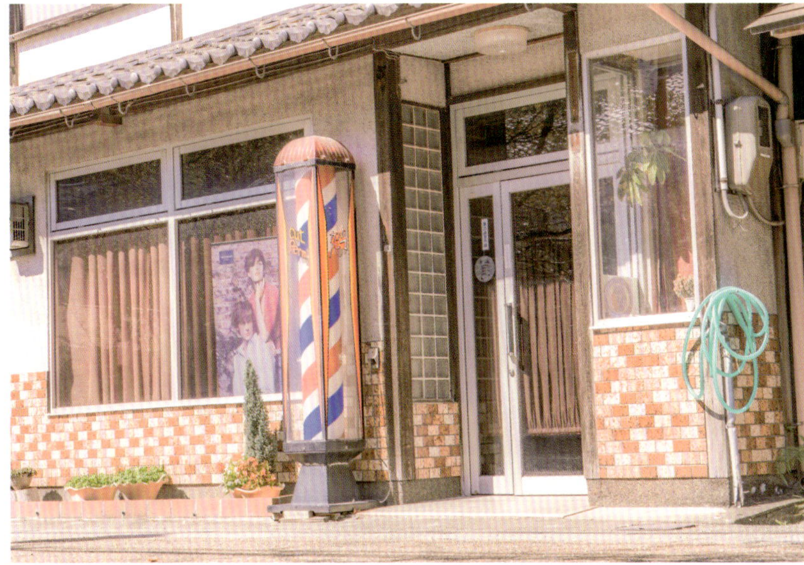

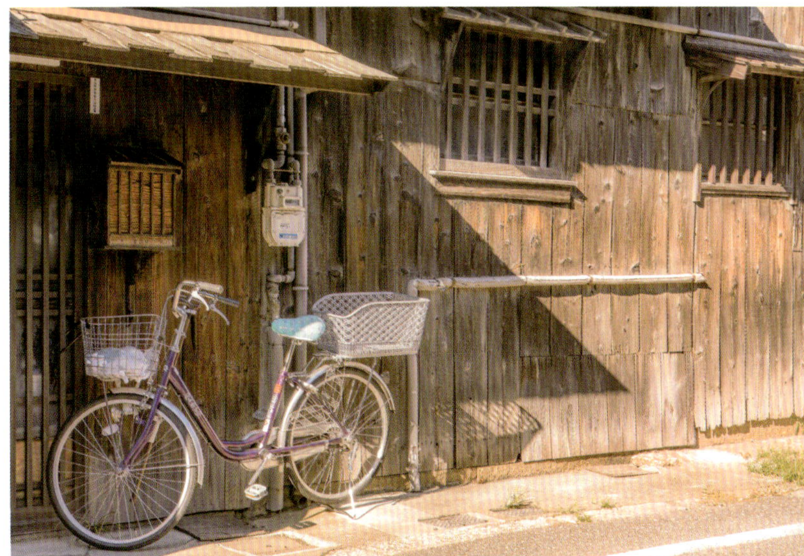

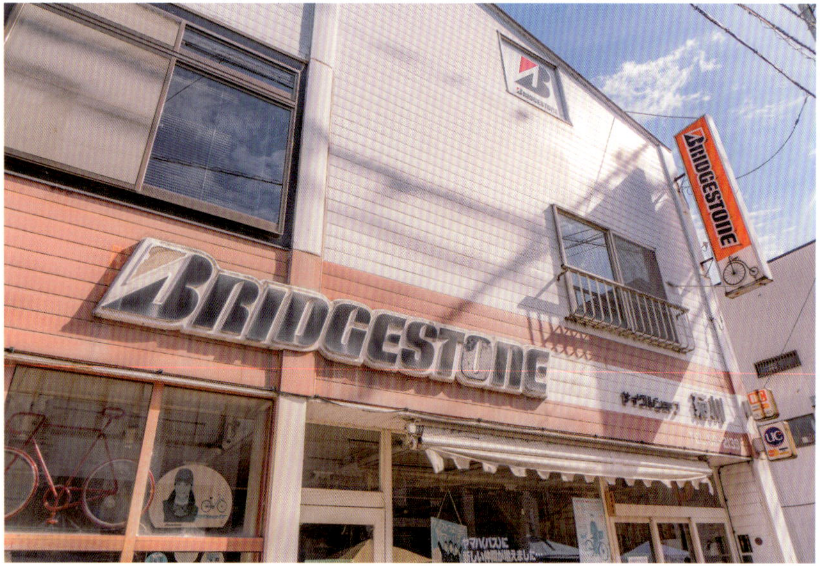
BRIDGESTONE
BRIDGESTONE

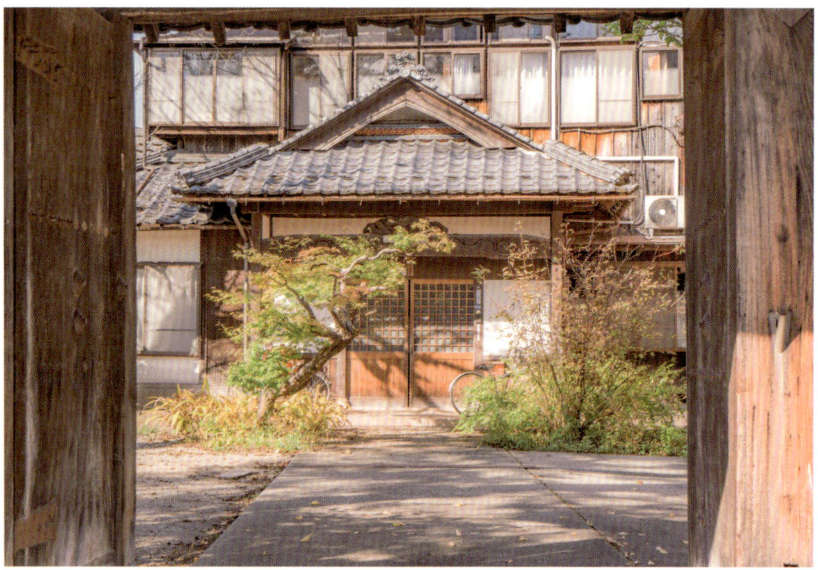

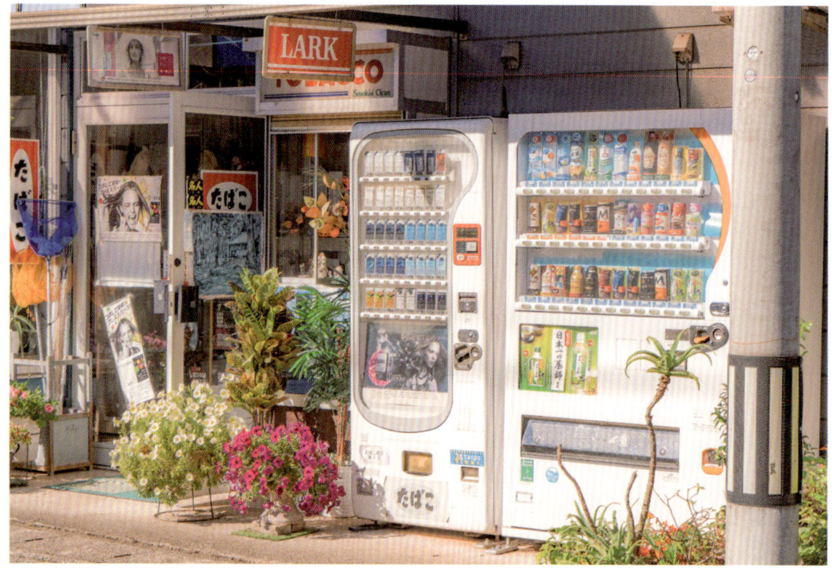
LARK
たばこ
たばこ

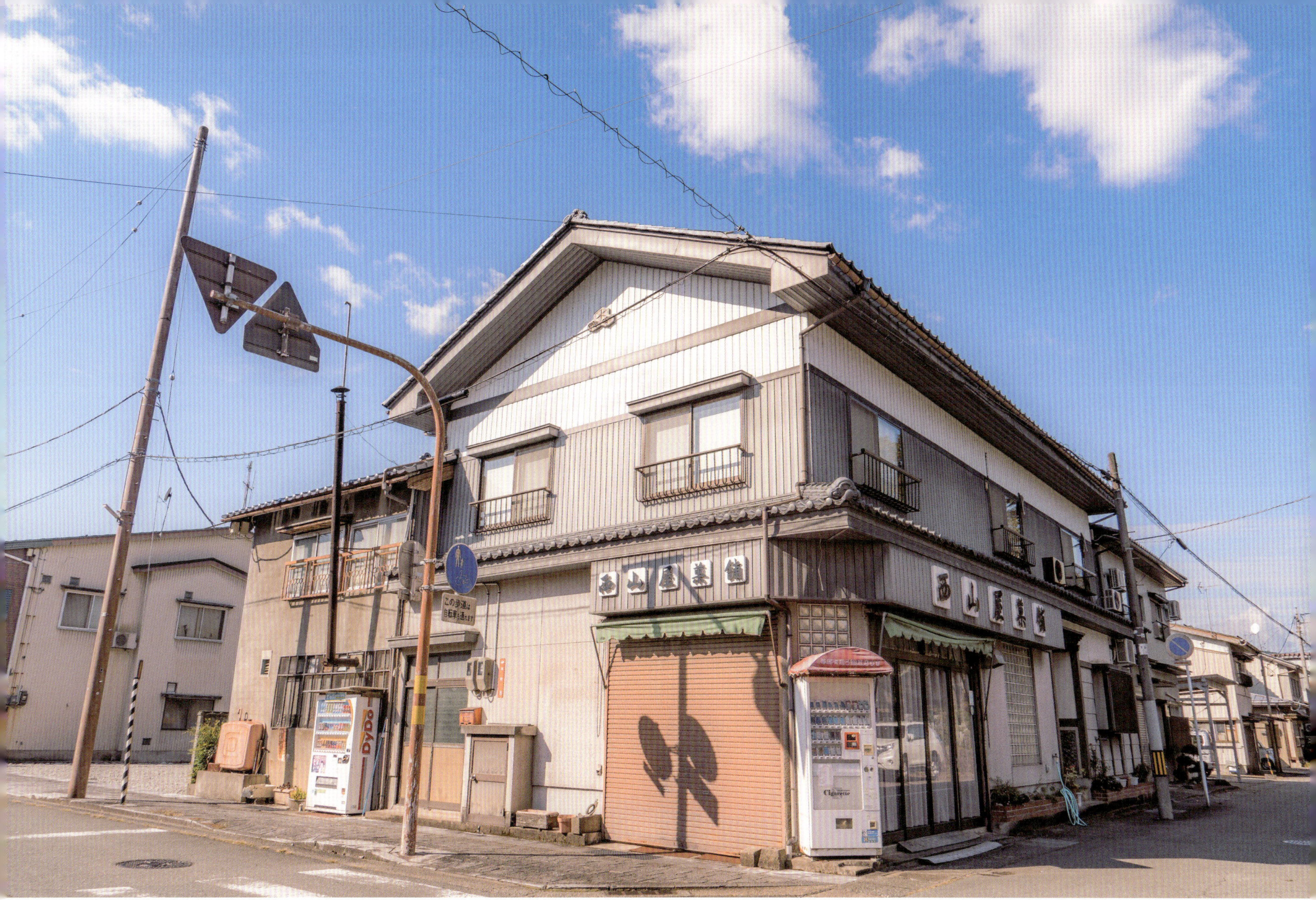
西山屋菓舗
この歩道は
自転車も通れます
DyDo
西山屋菓舗

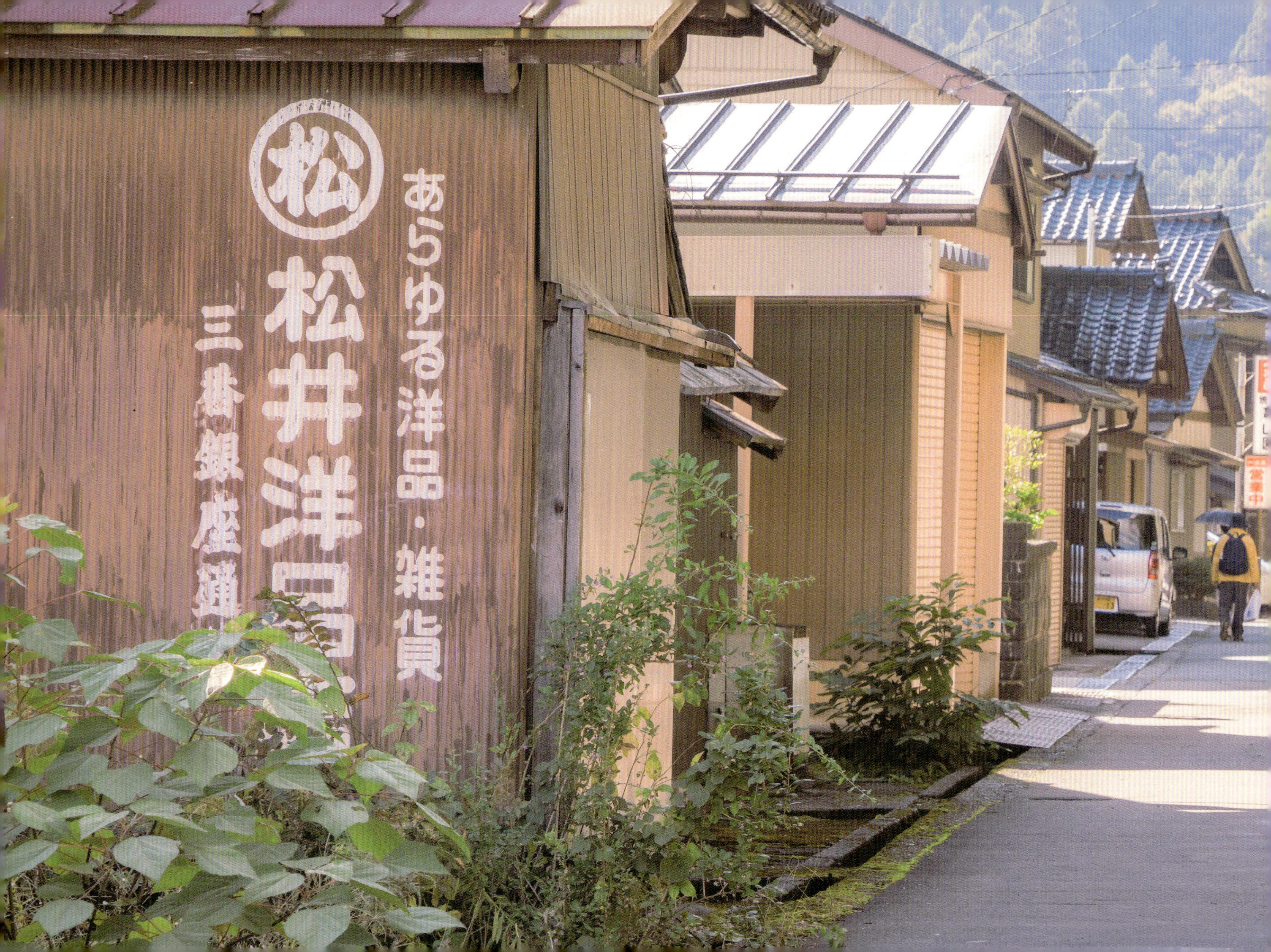
松
あらゆる洋品・雑貨
松井洋品
三番銀座通
営業中

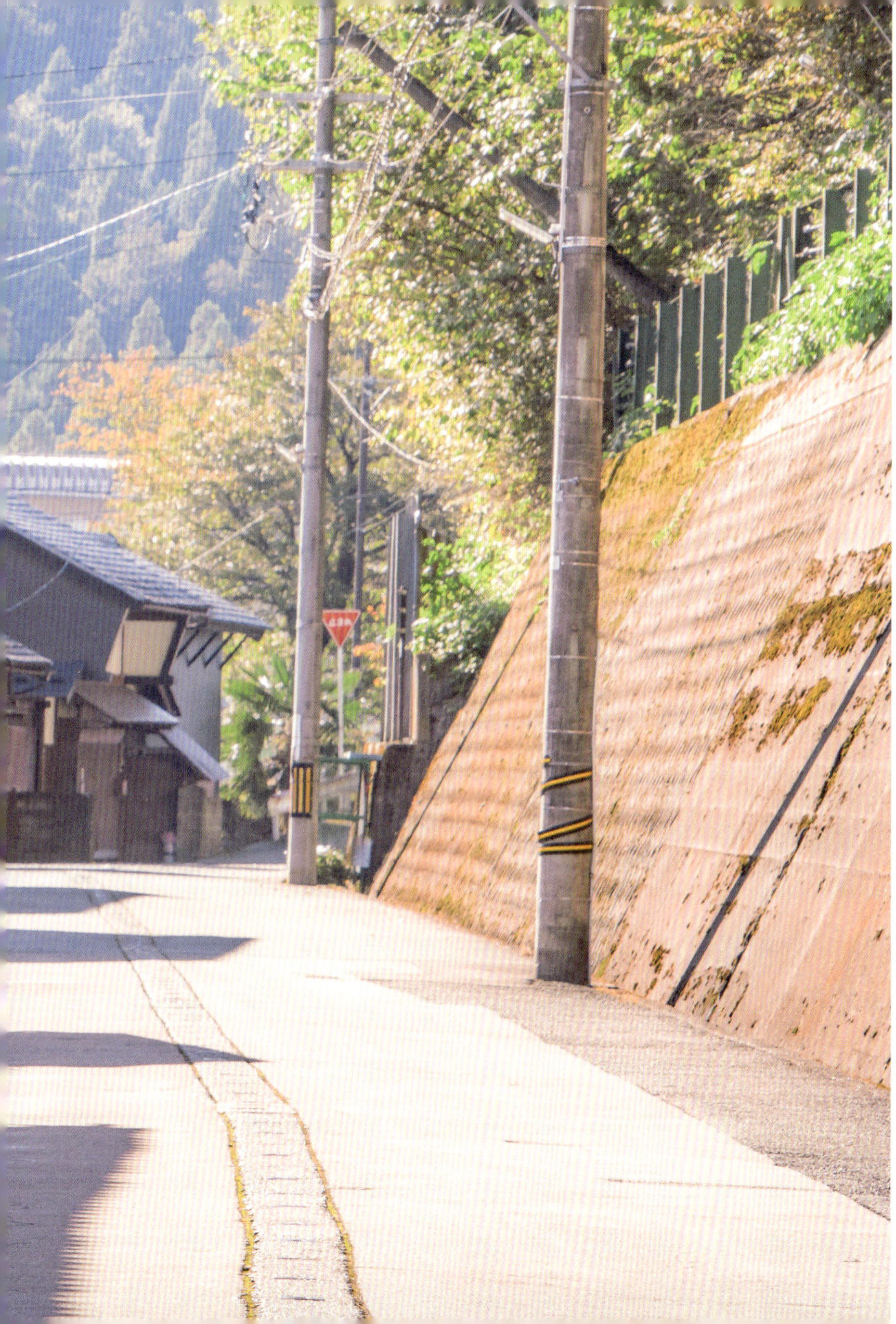

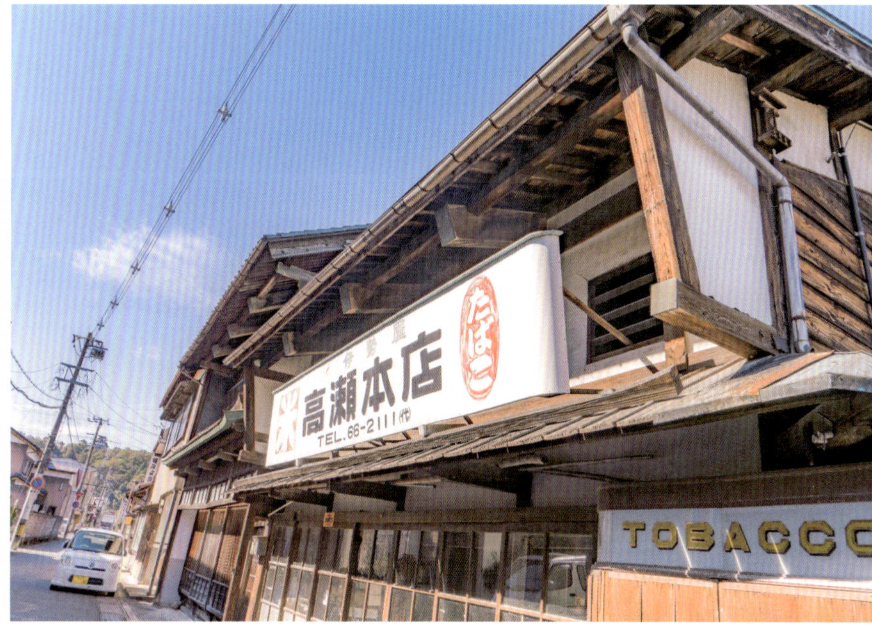
高瀬本店
TEL.66-2111(代)
たばこ
TOBACCO

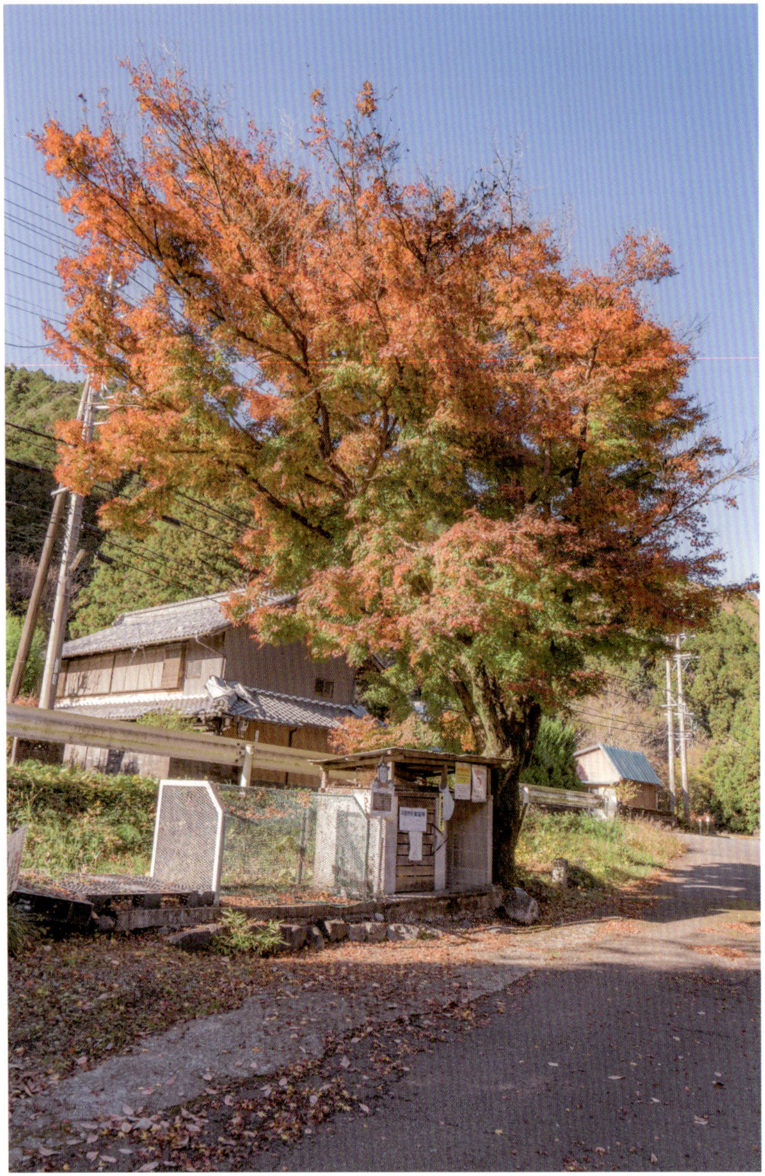

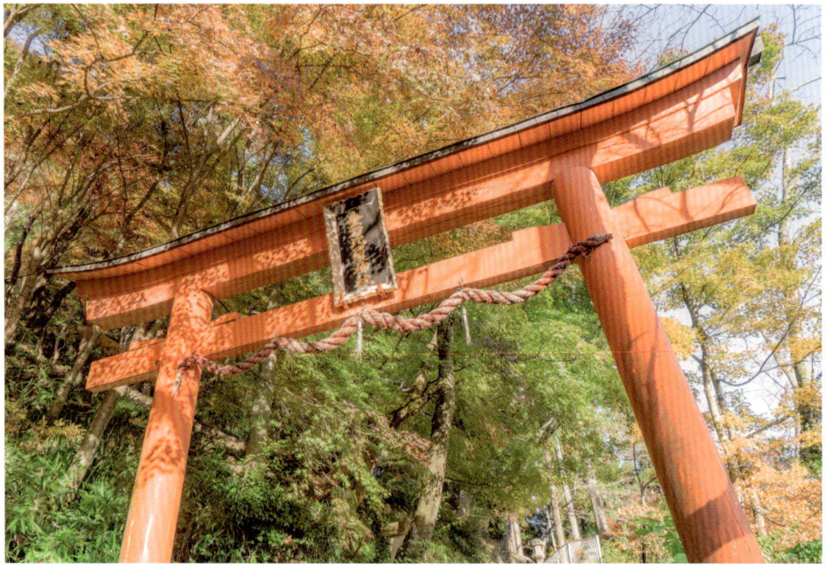

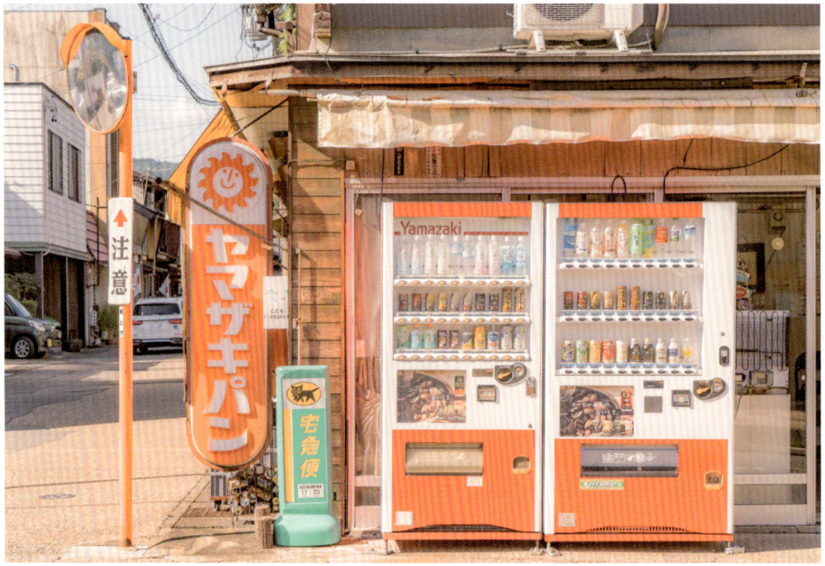
注意
ヤマザキパン
宅急便
Yamazaki

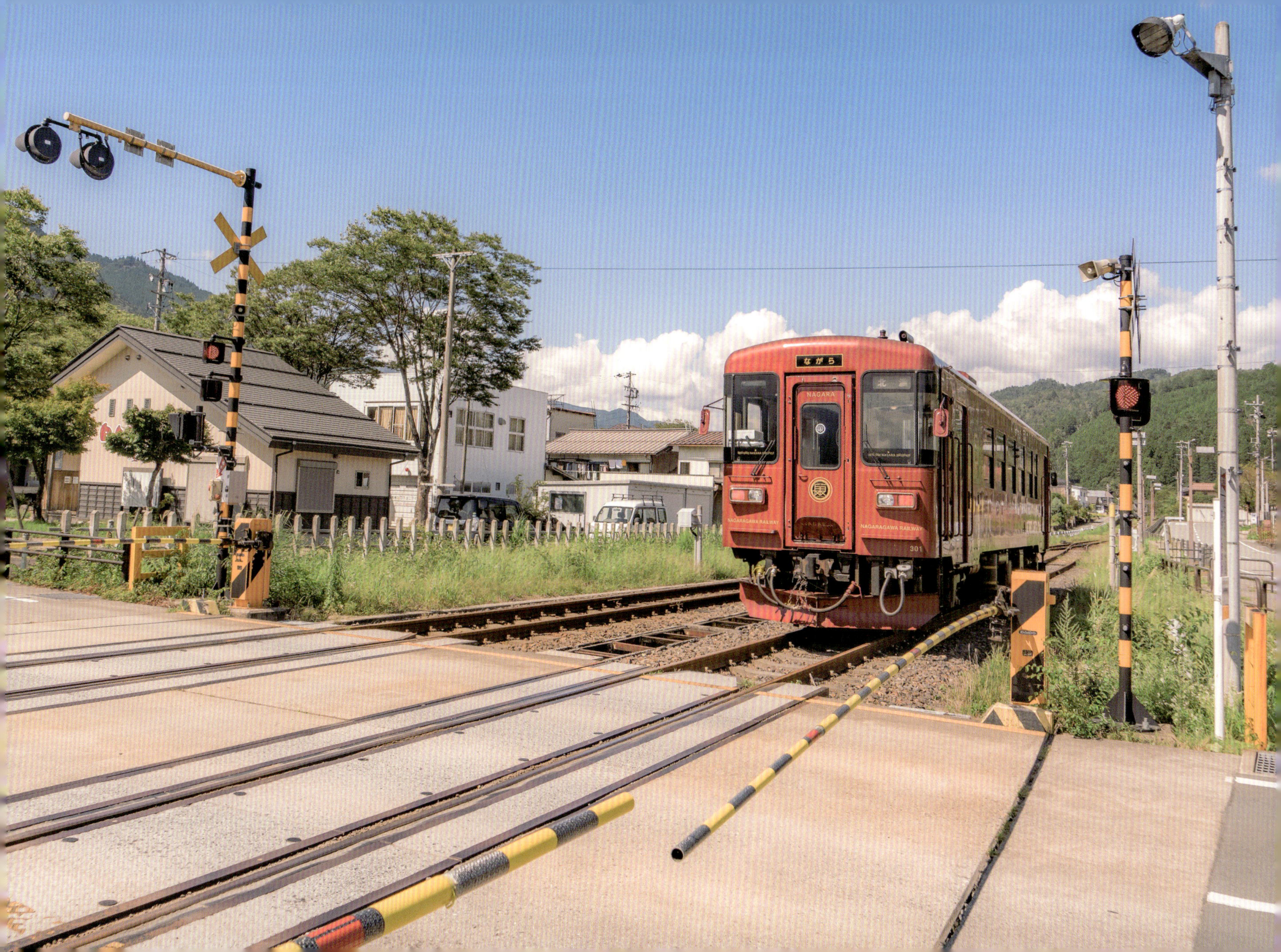
ながら
NAGARA
NAGARAGAWA RAILWAY
301

懐かしい気持ちになるのはなぜだろう。

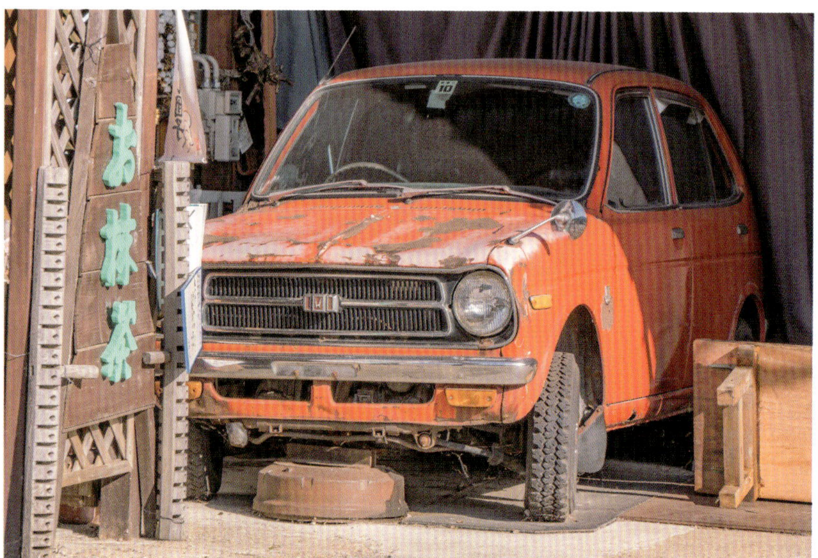

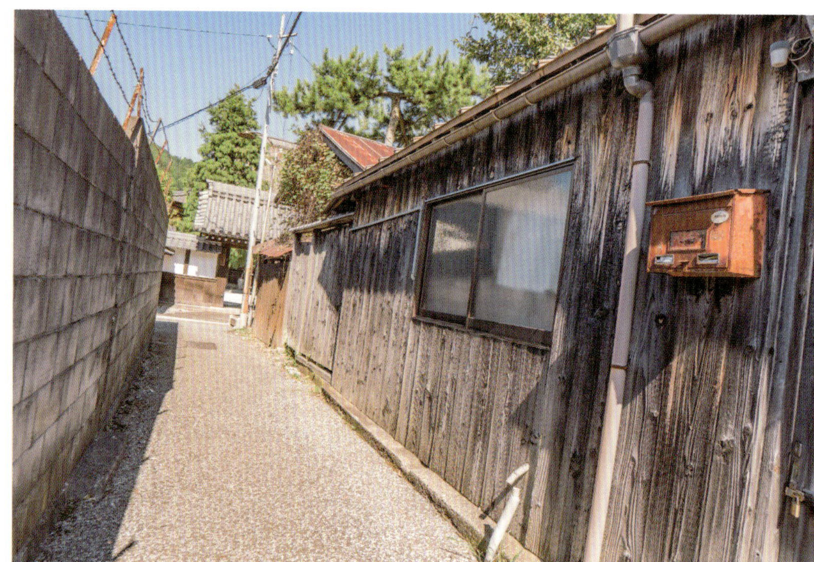

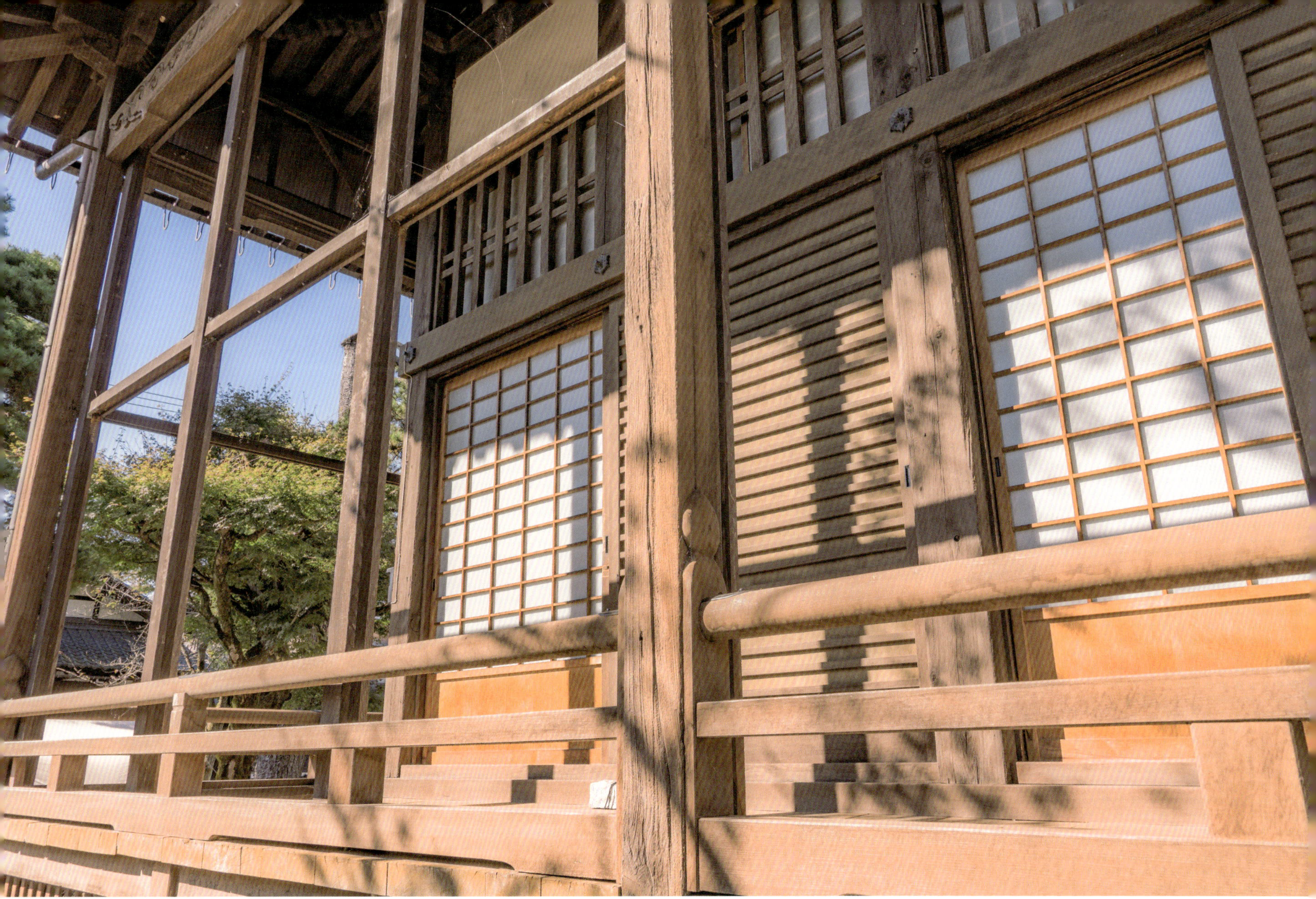

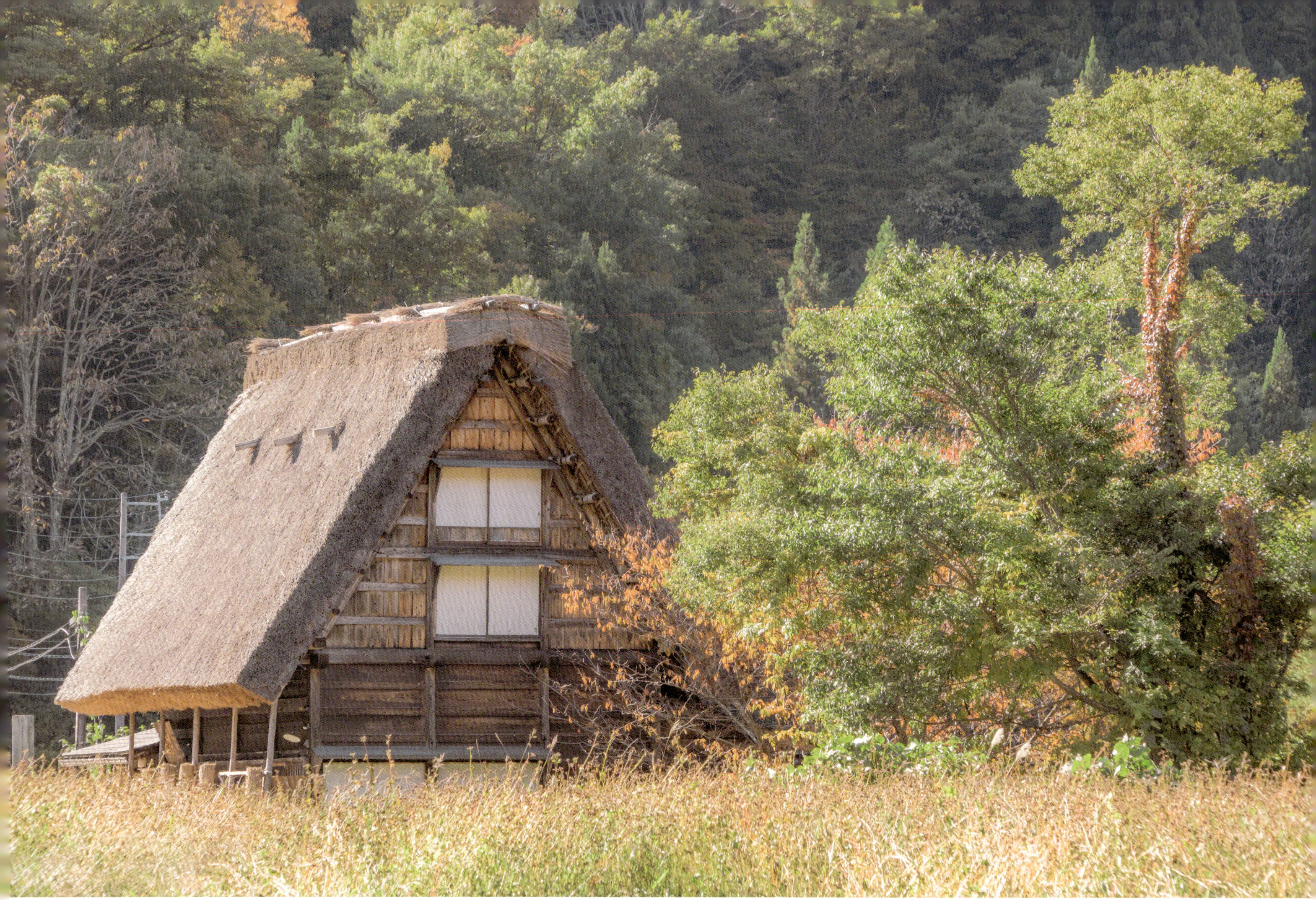

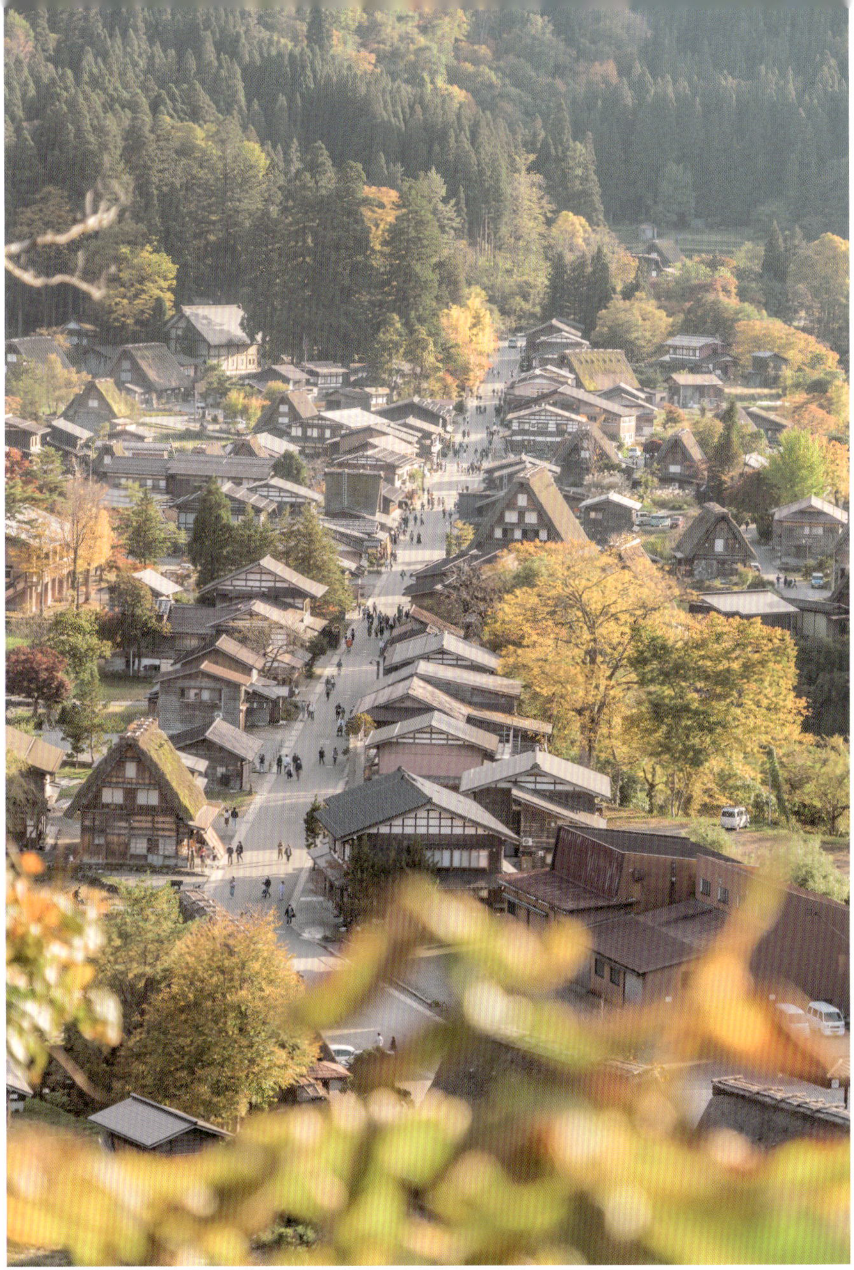

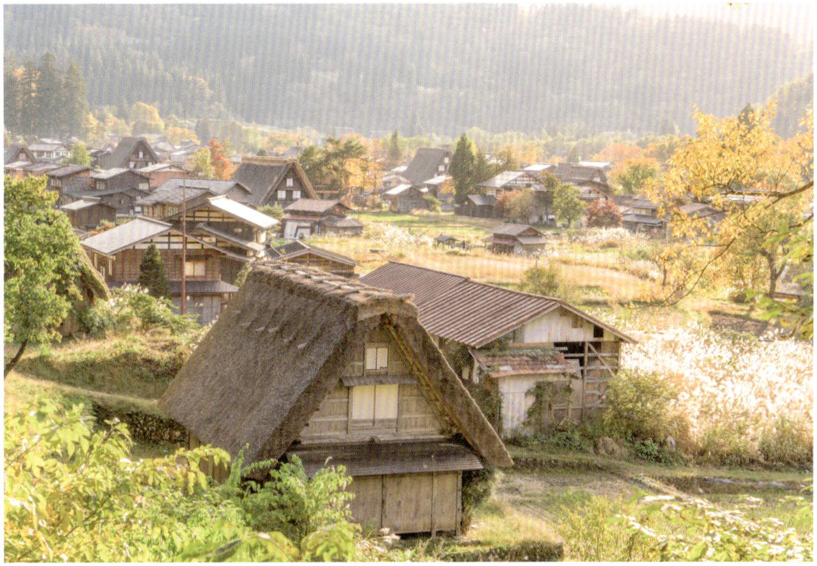

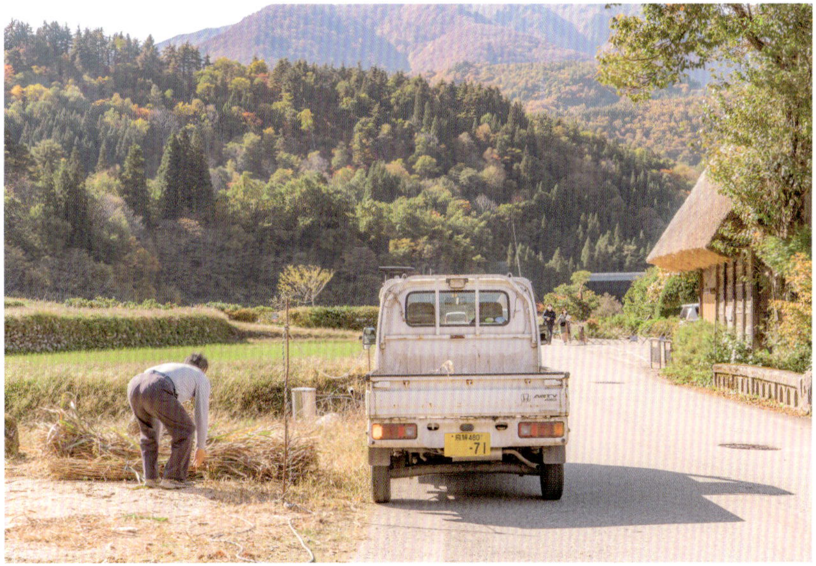

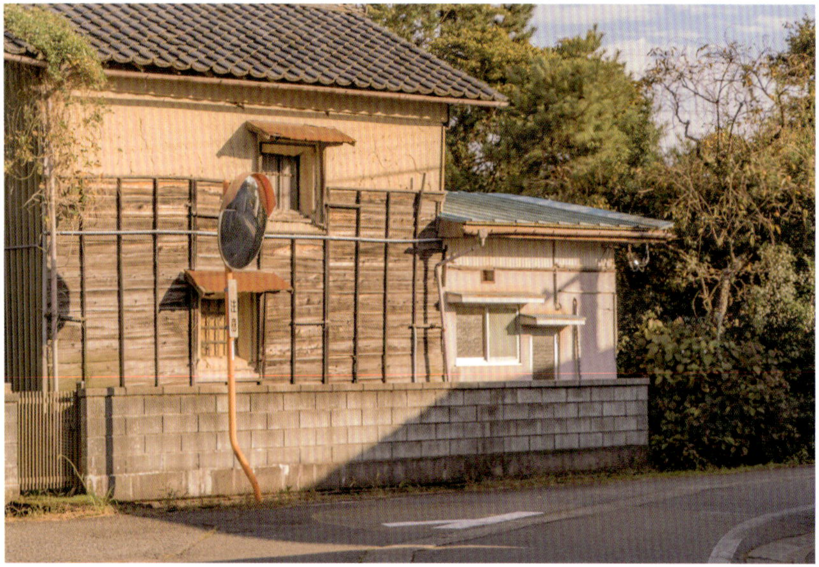
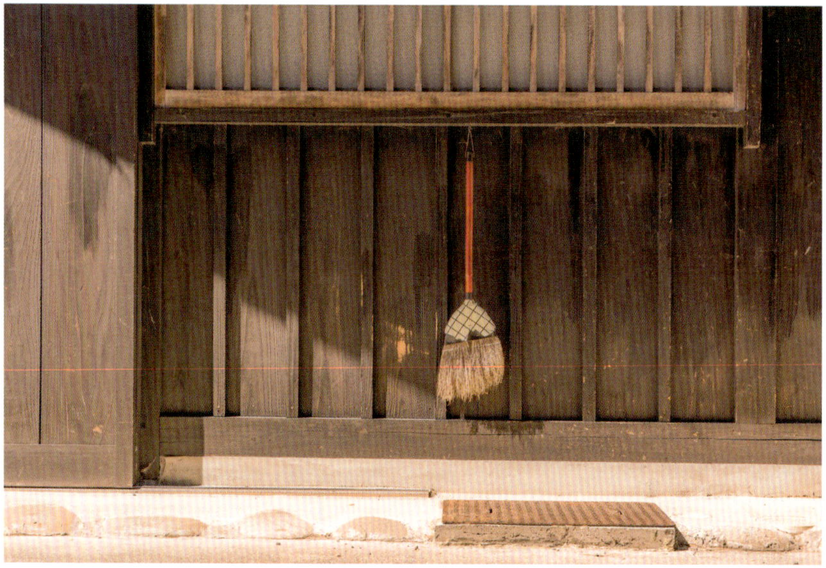
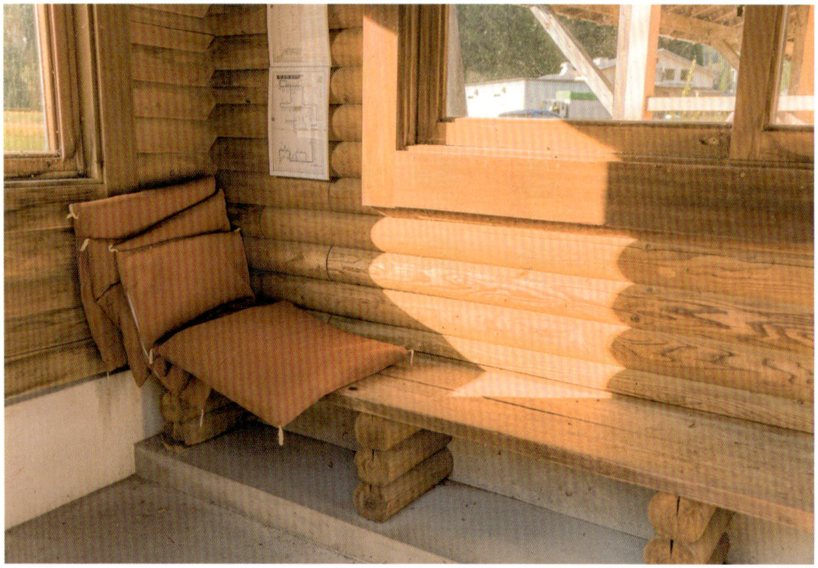
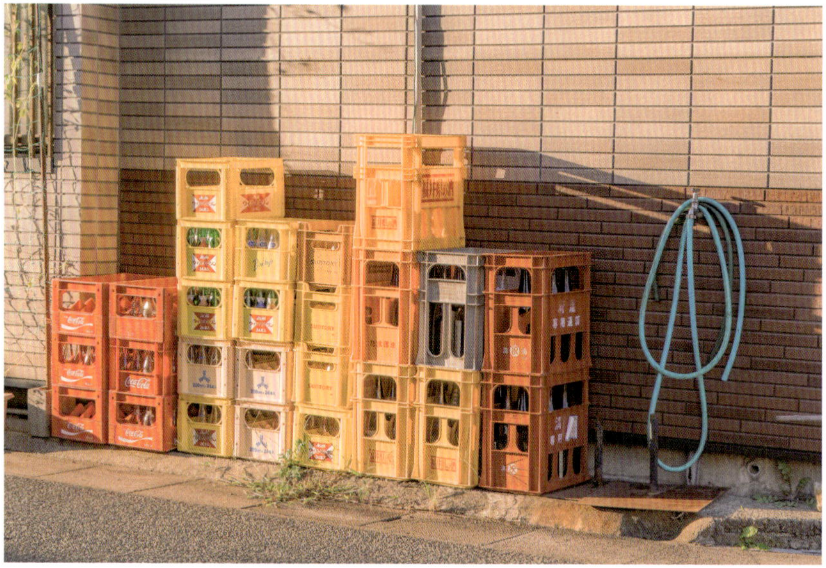

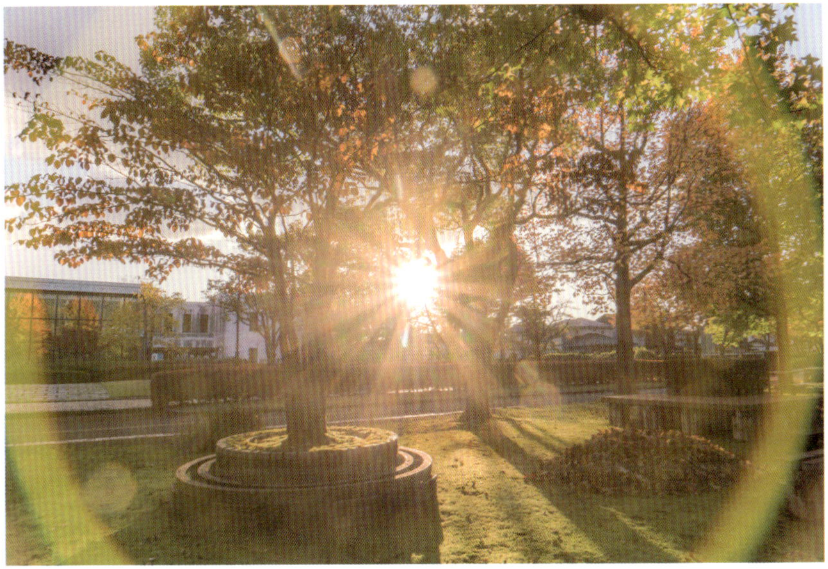

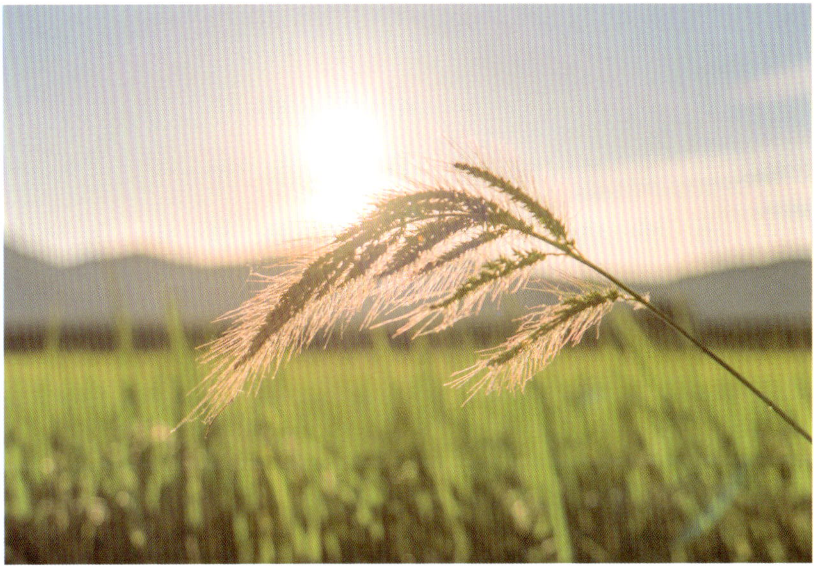

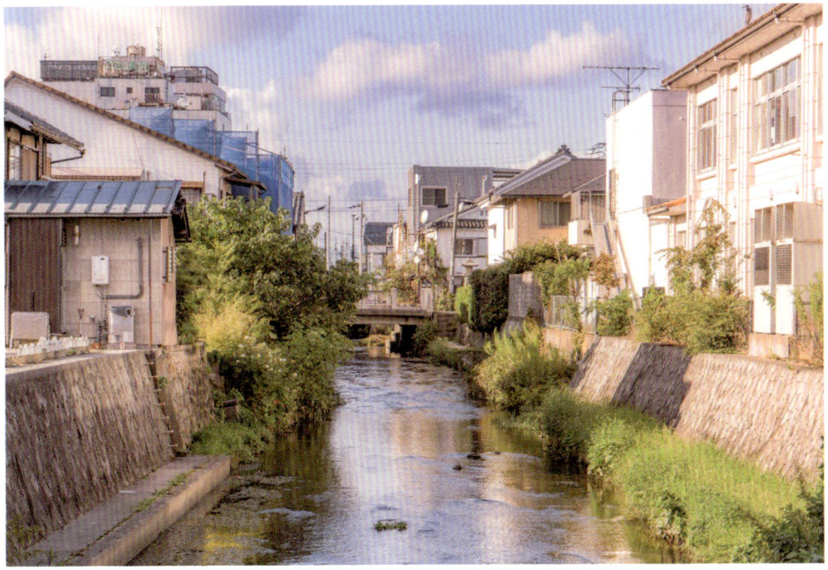

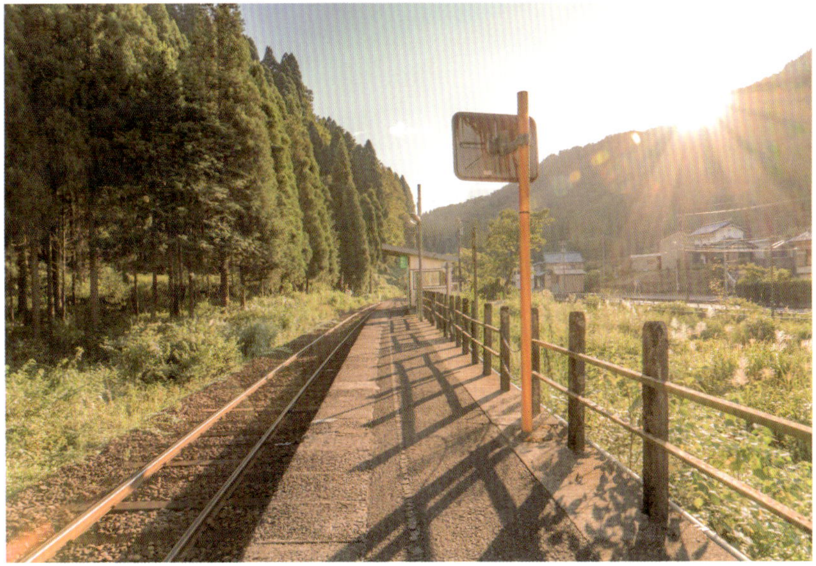

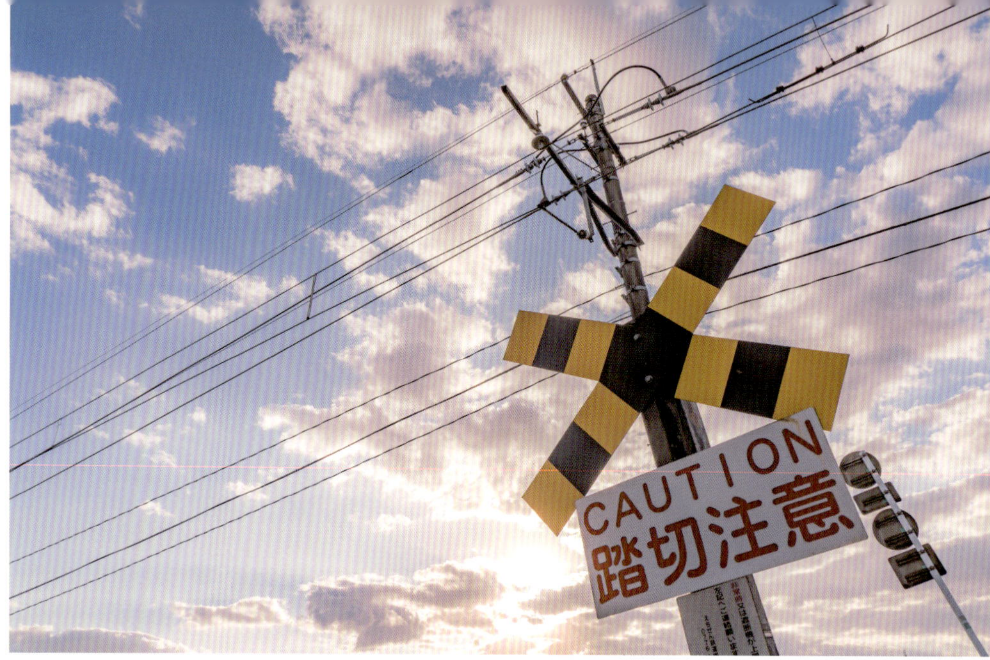
CAUTION
踏切注意

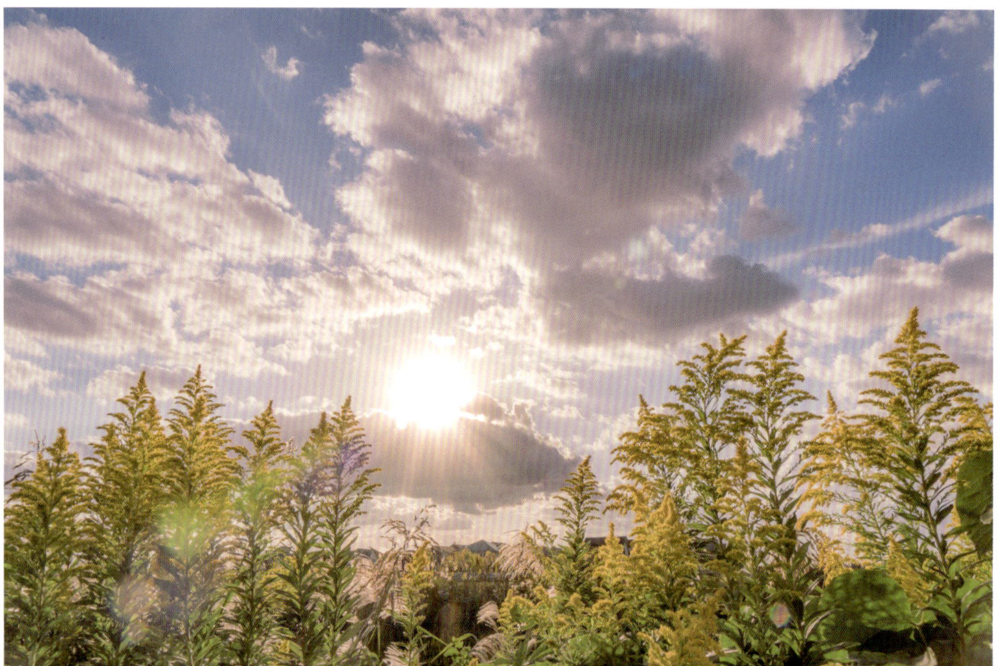

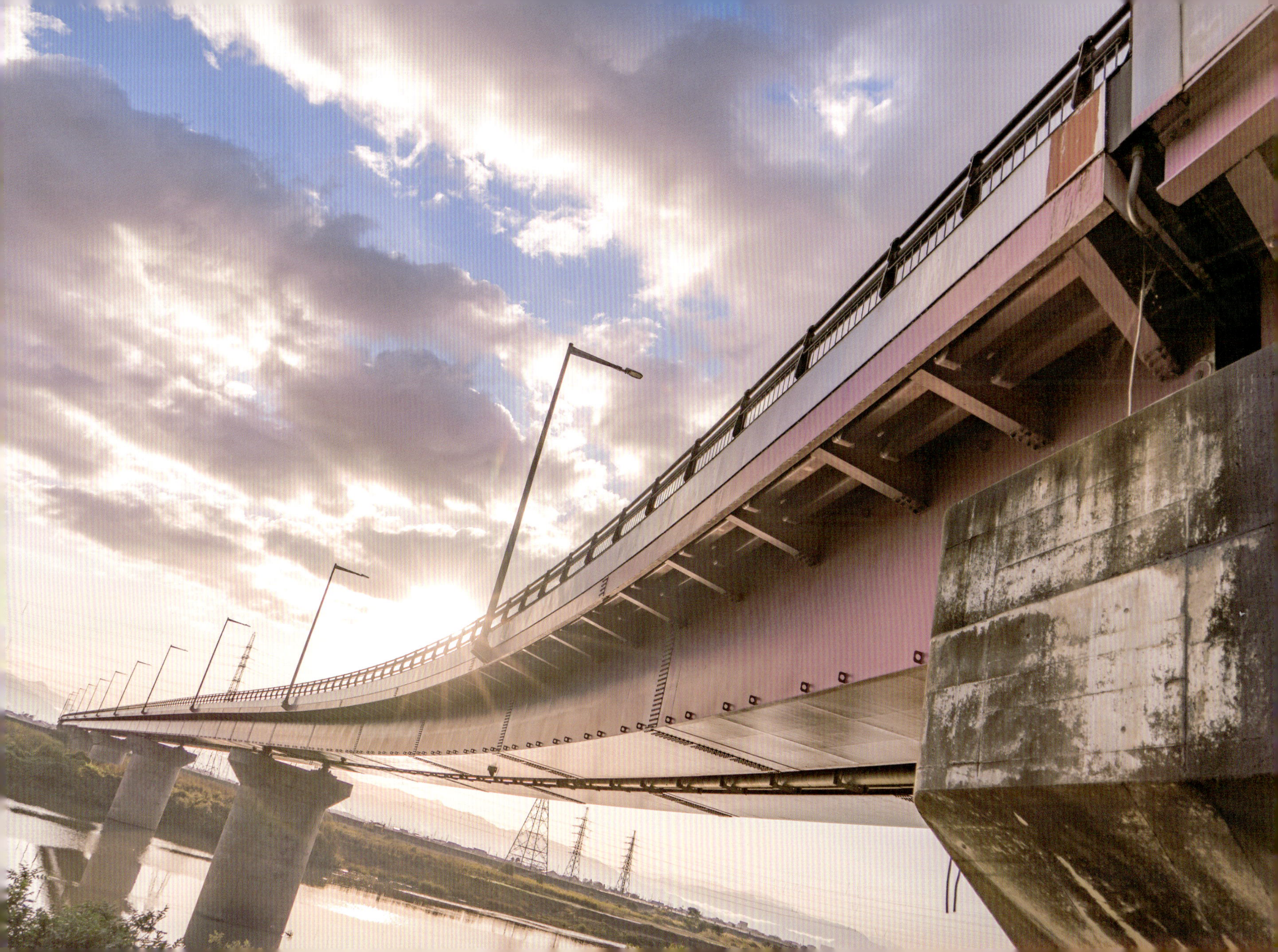

秋の夕暮れは、優しくてちょっぴり切ない。

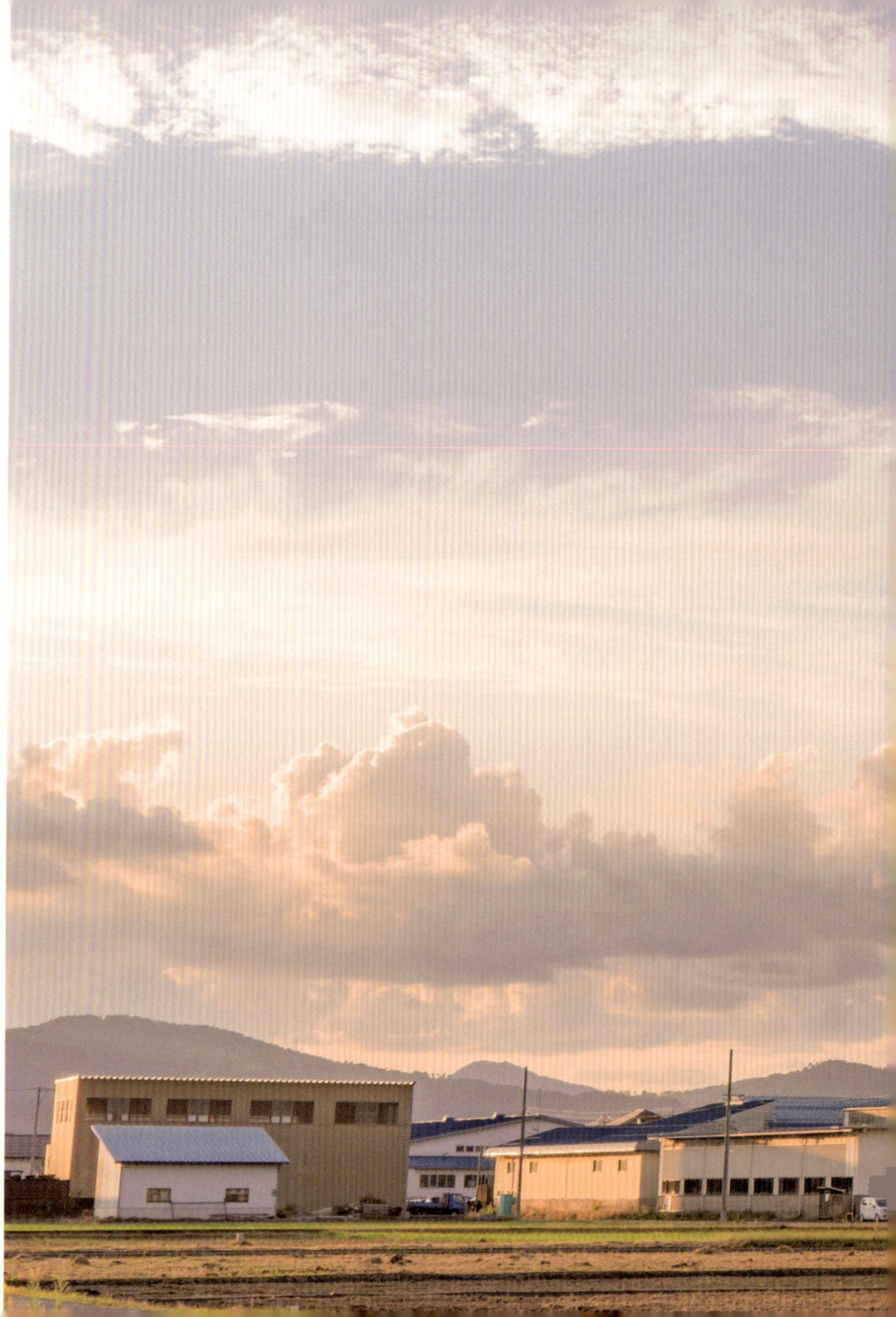

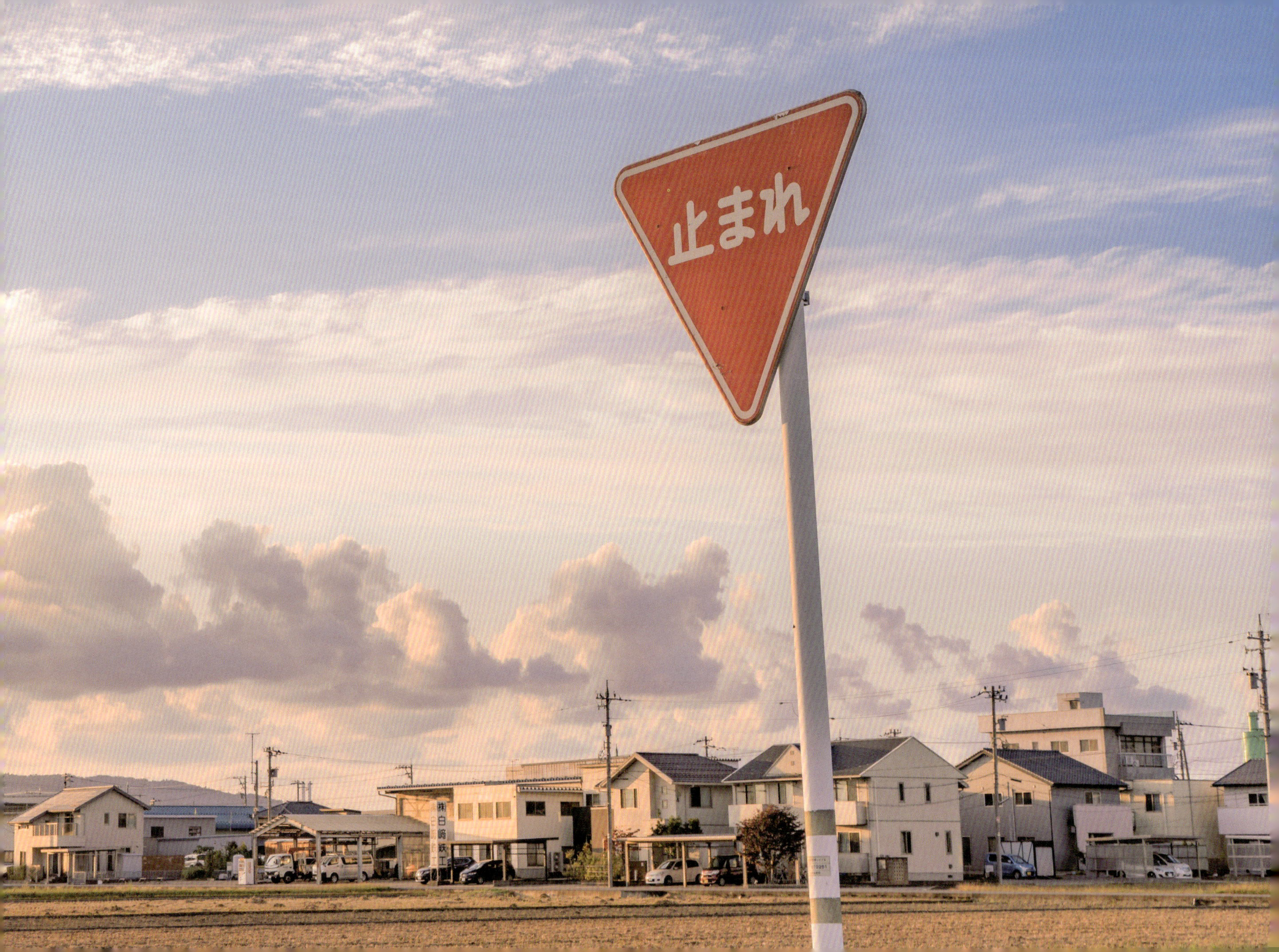
止まれ
㈱白崎鉄工

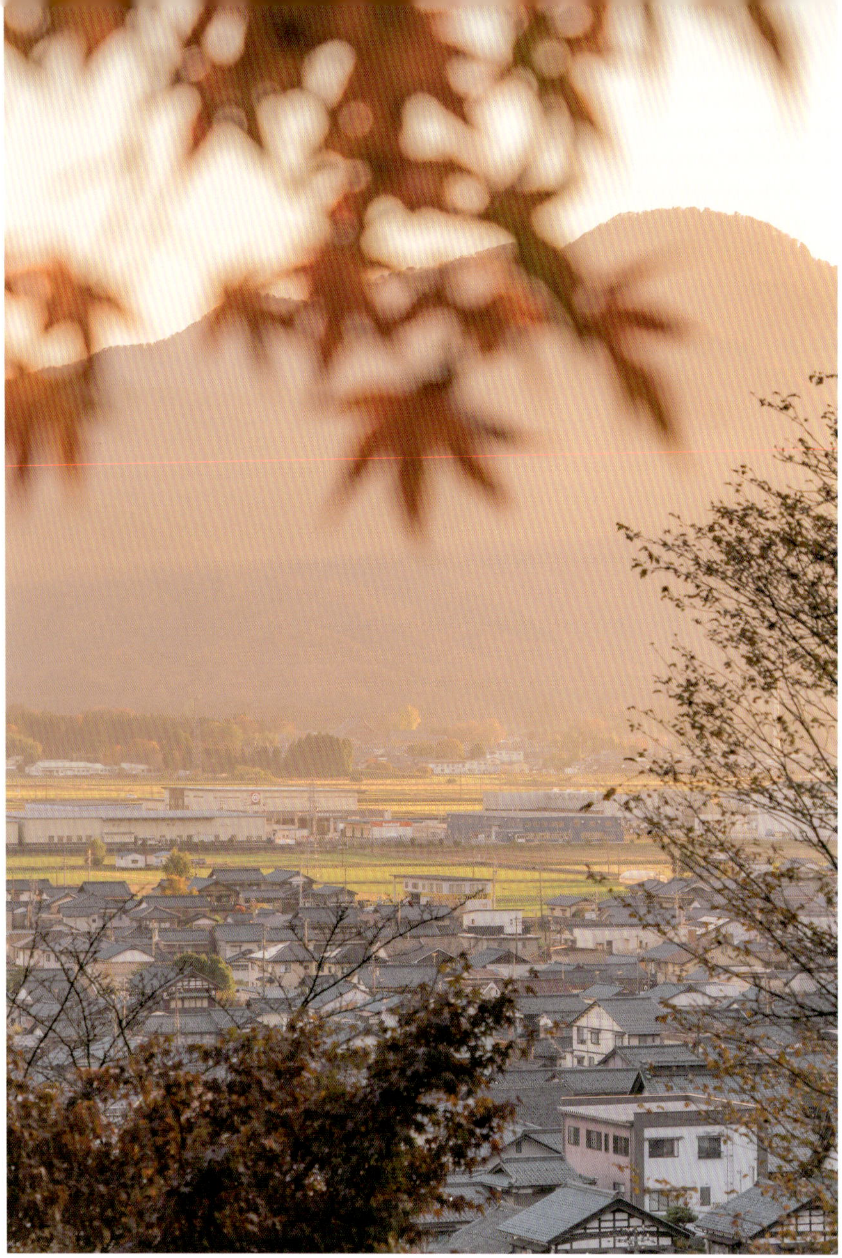

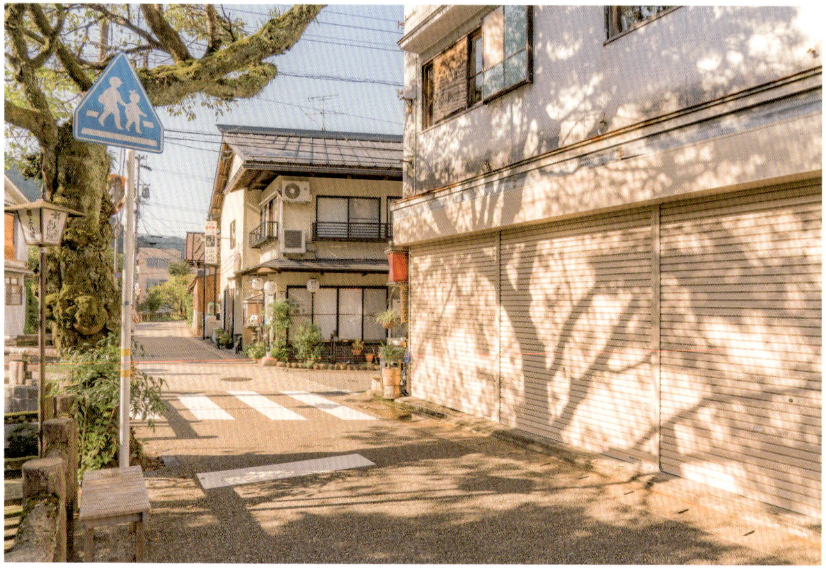

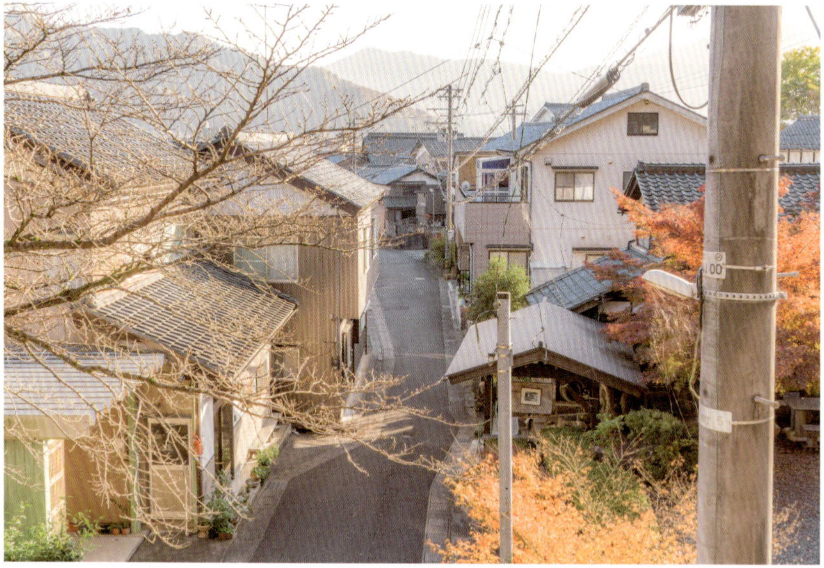

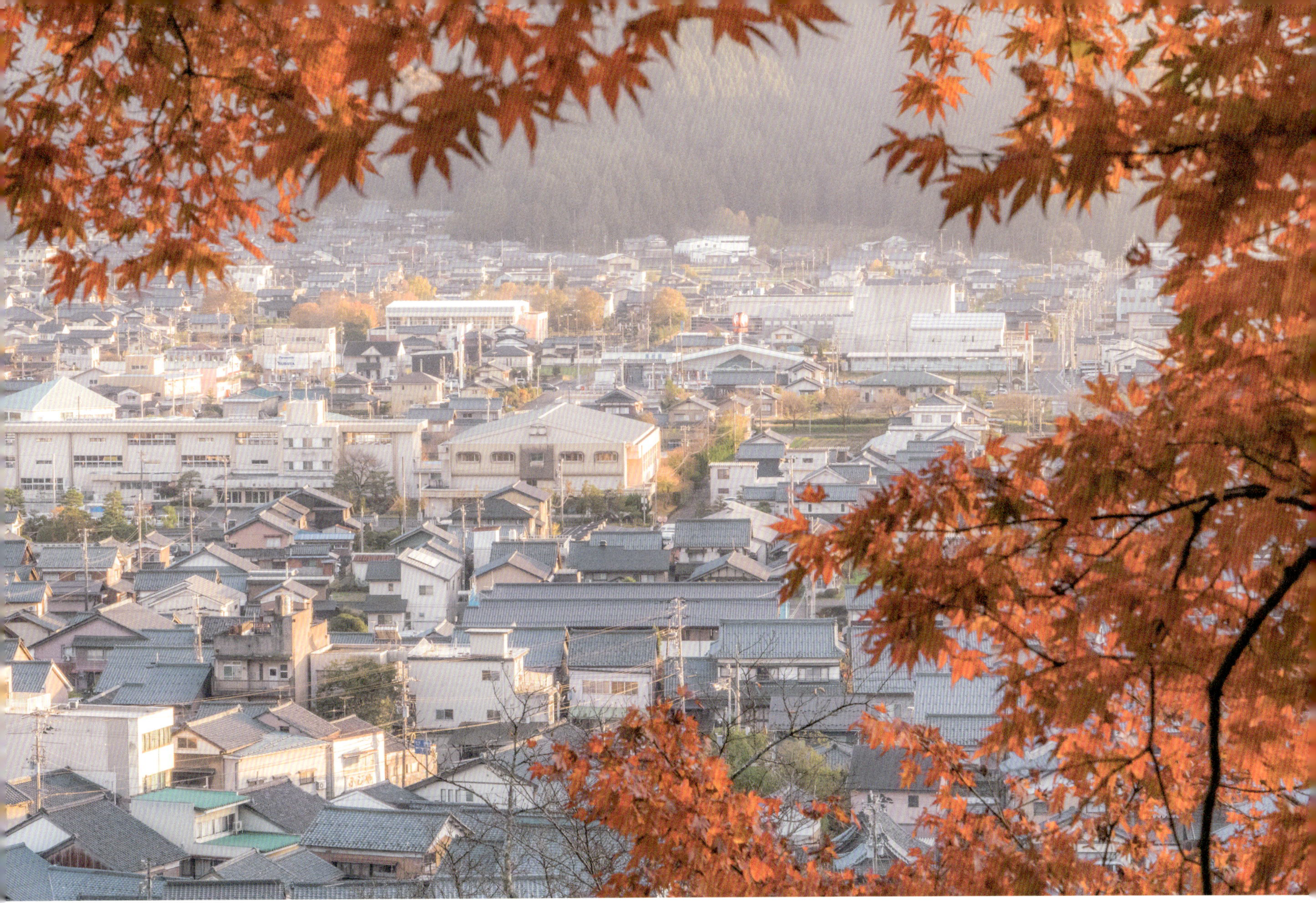

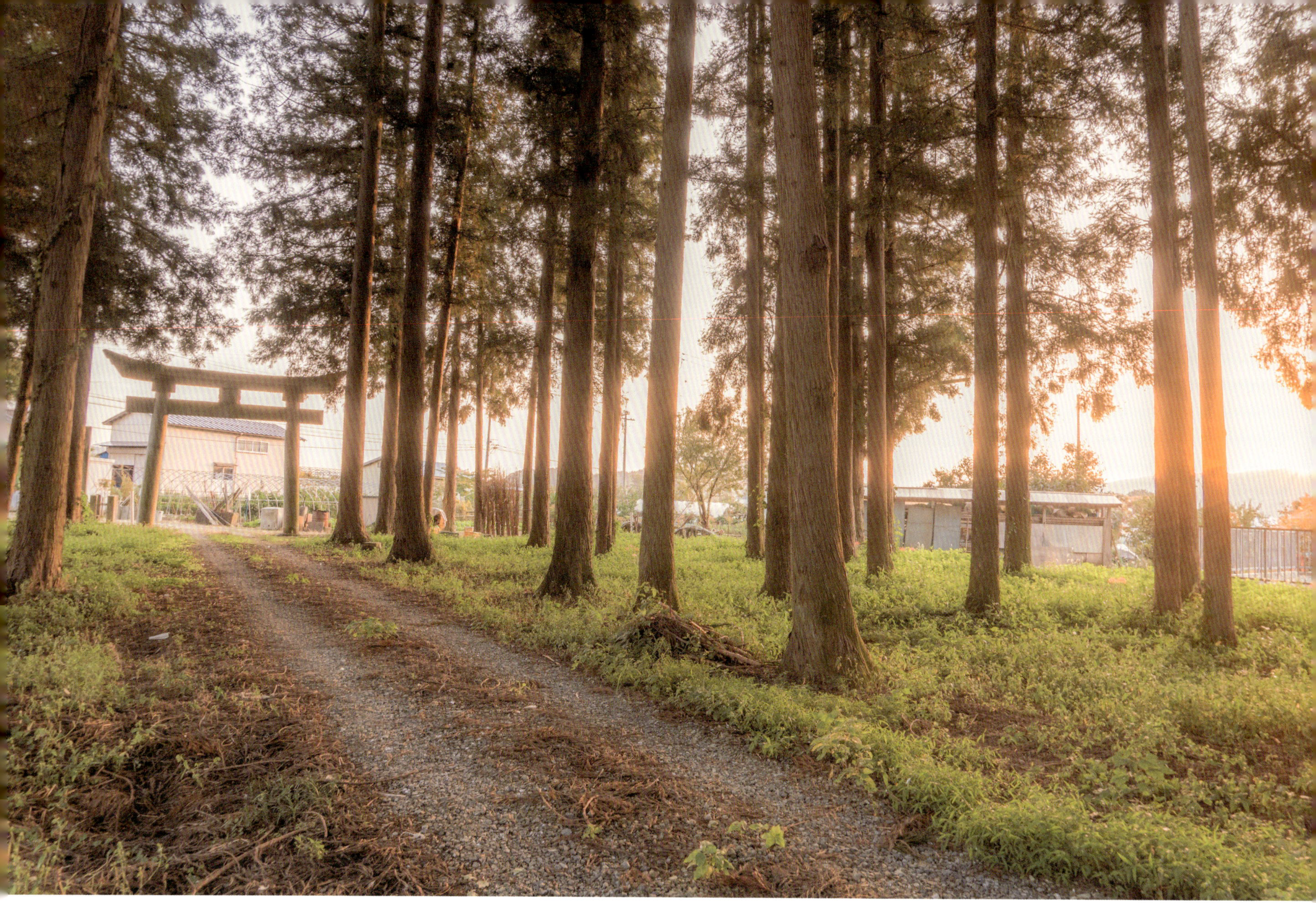

光に包まれていく。

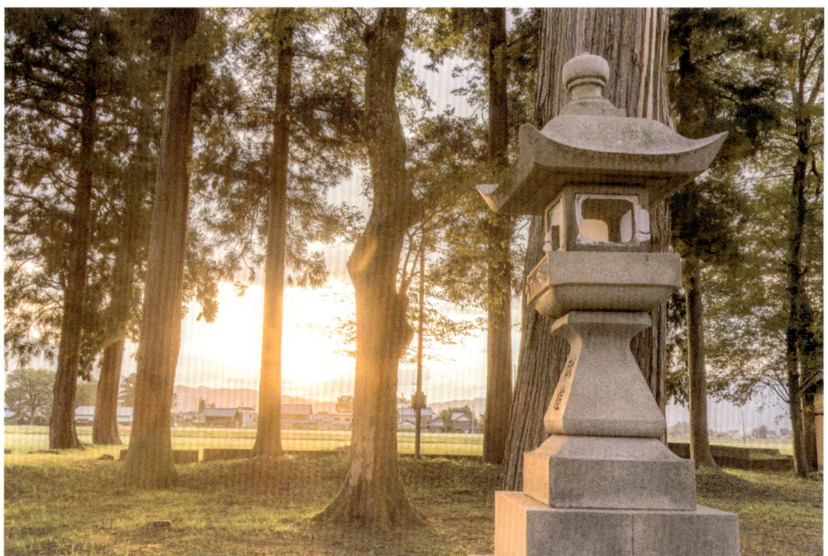

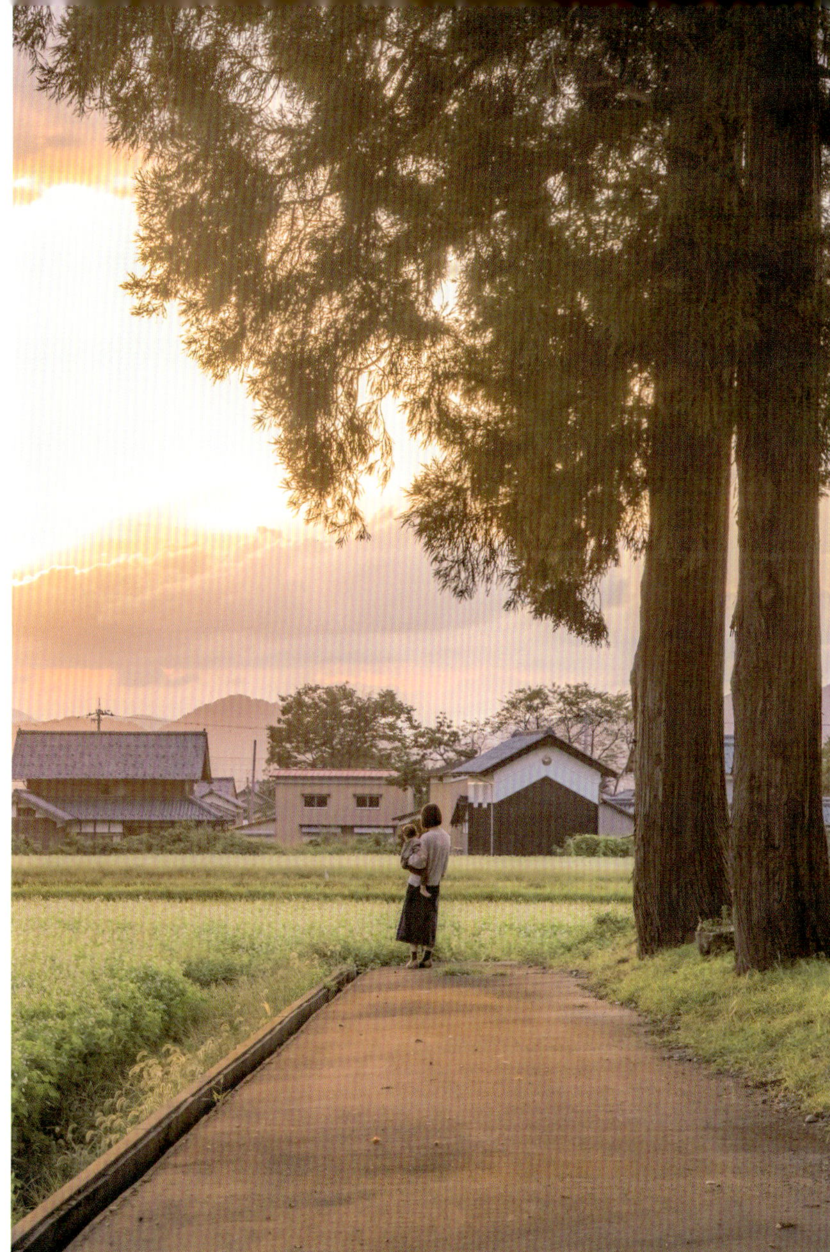

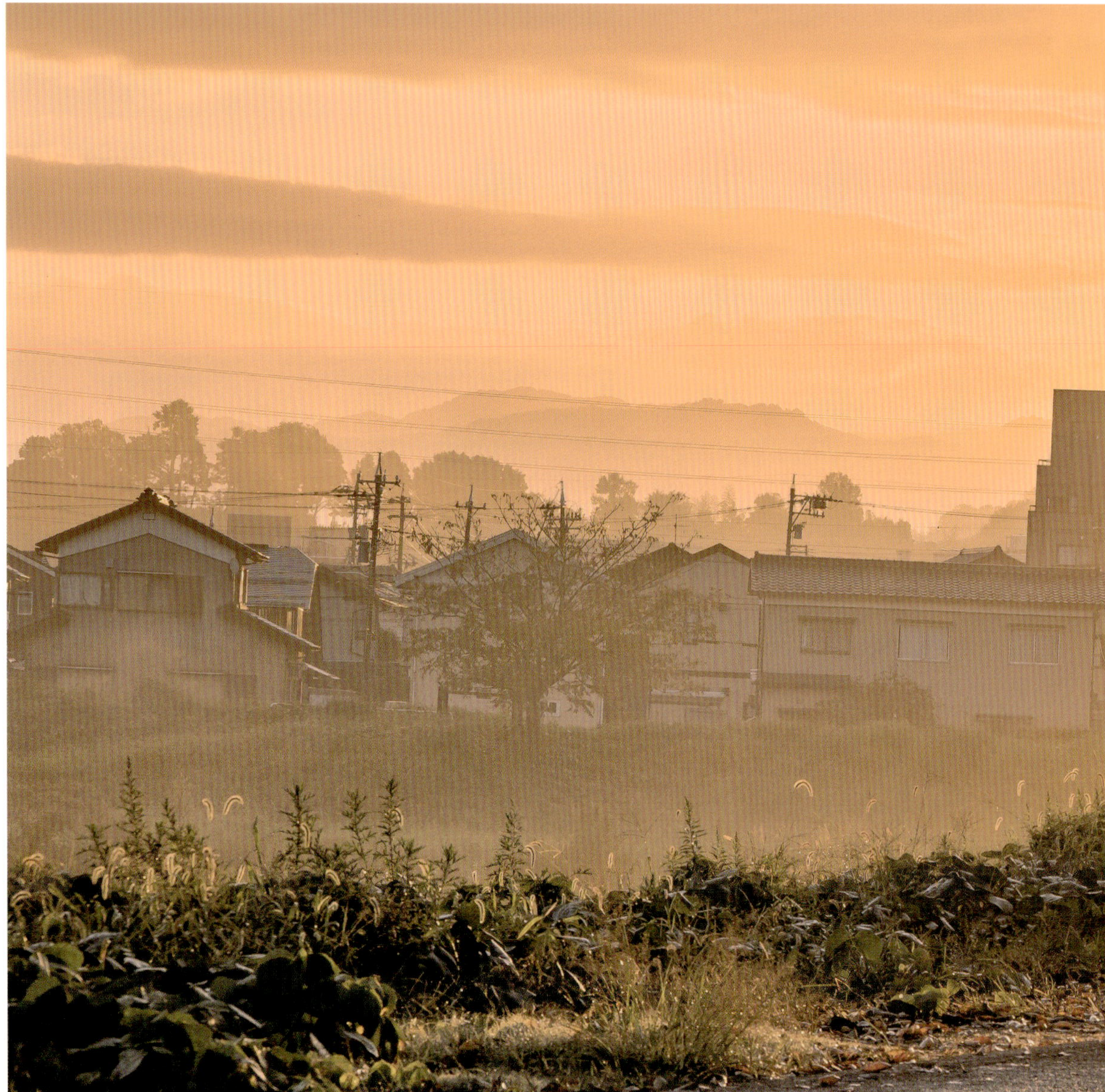

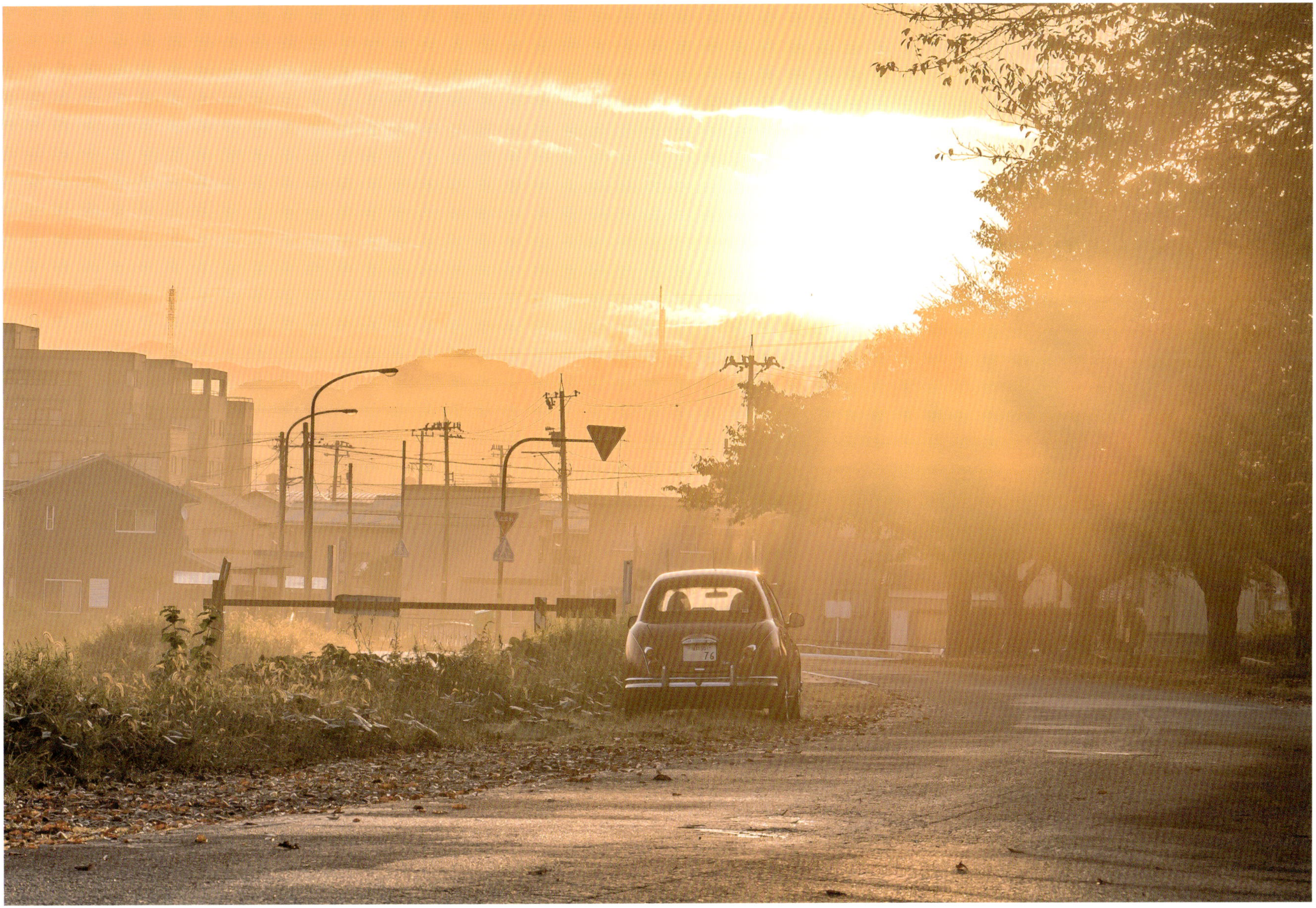

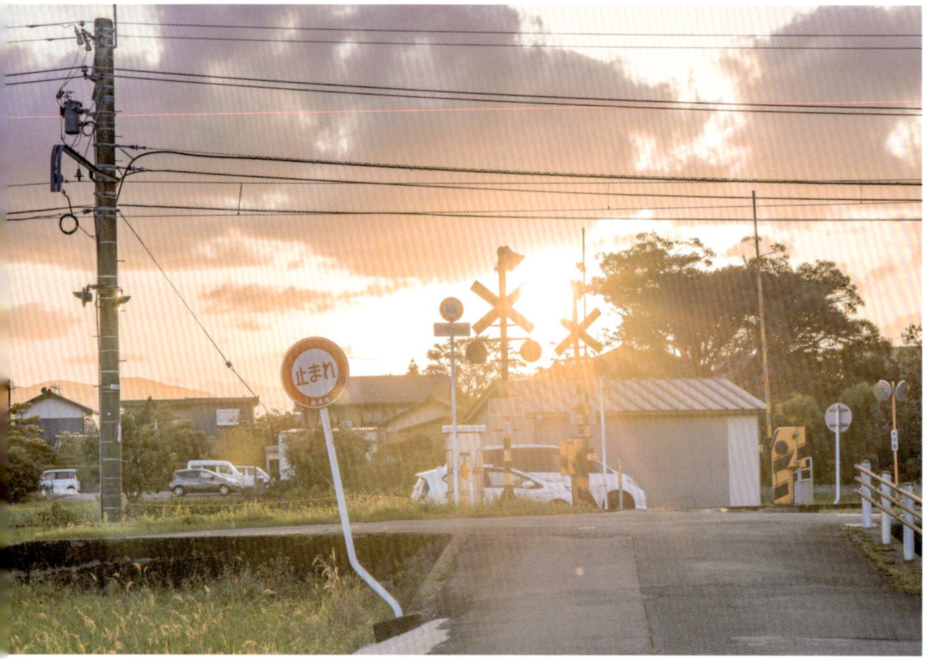

また今日が終わる。

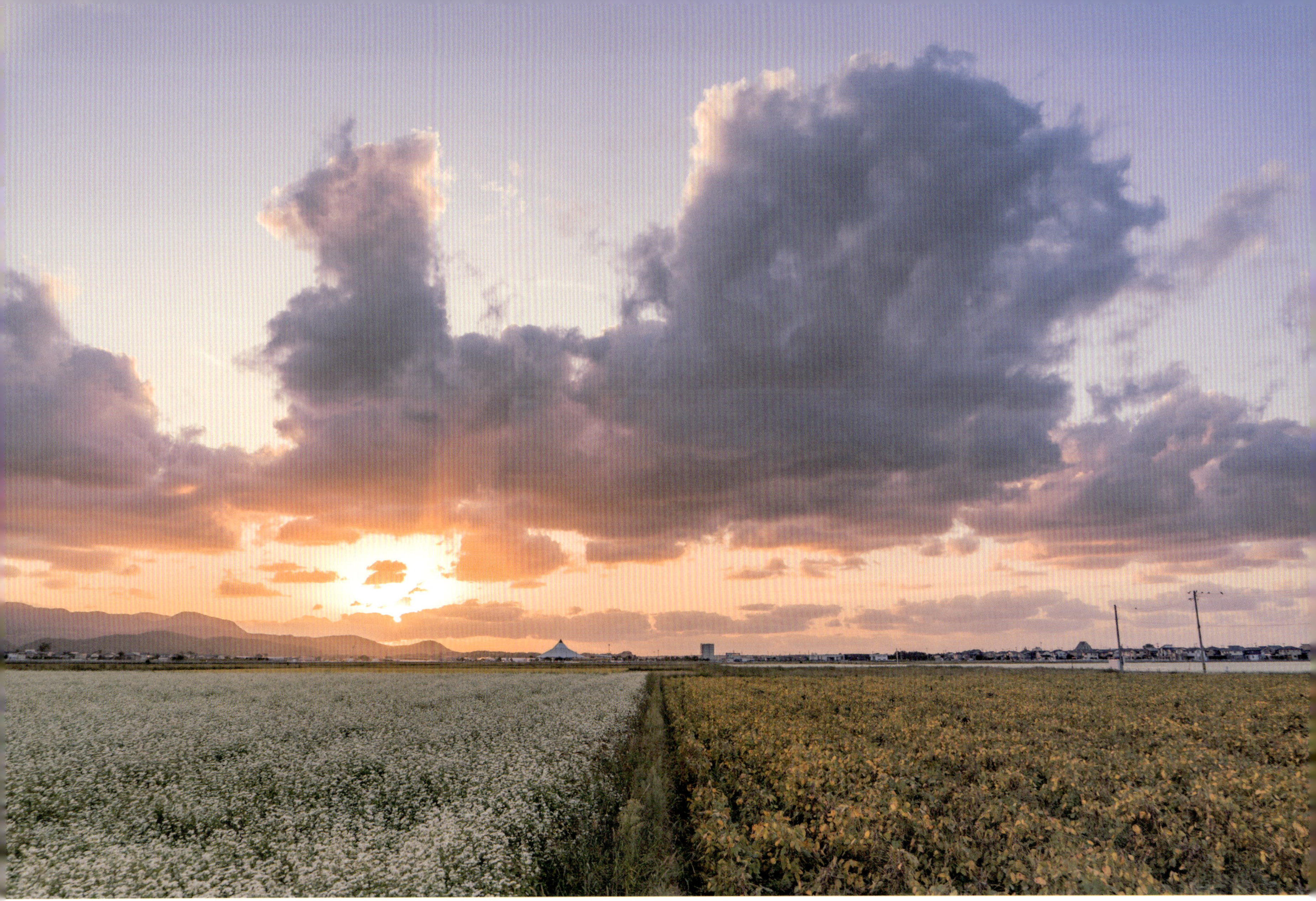

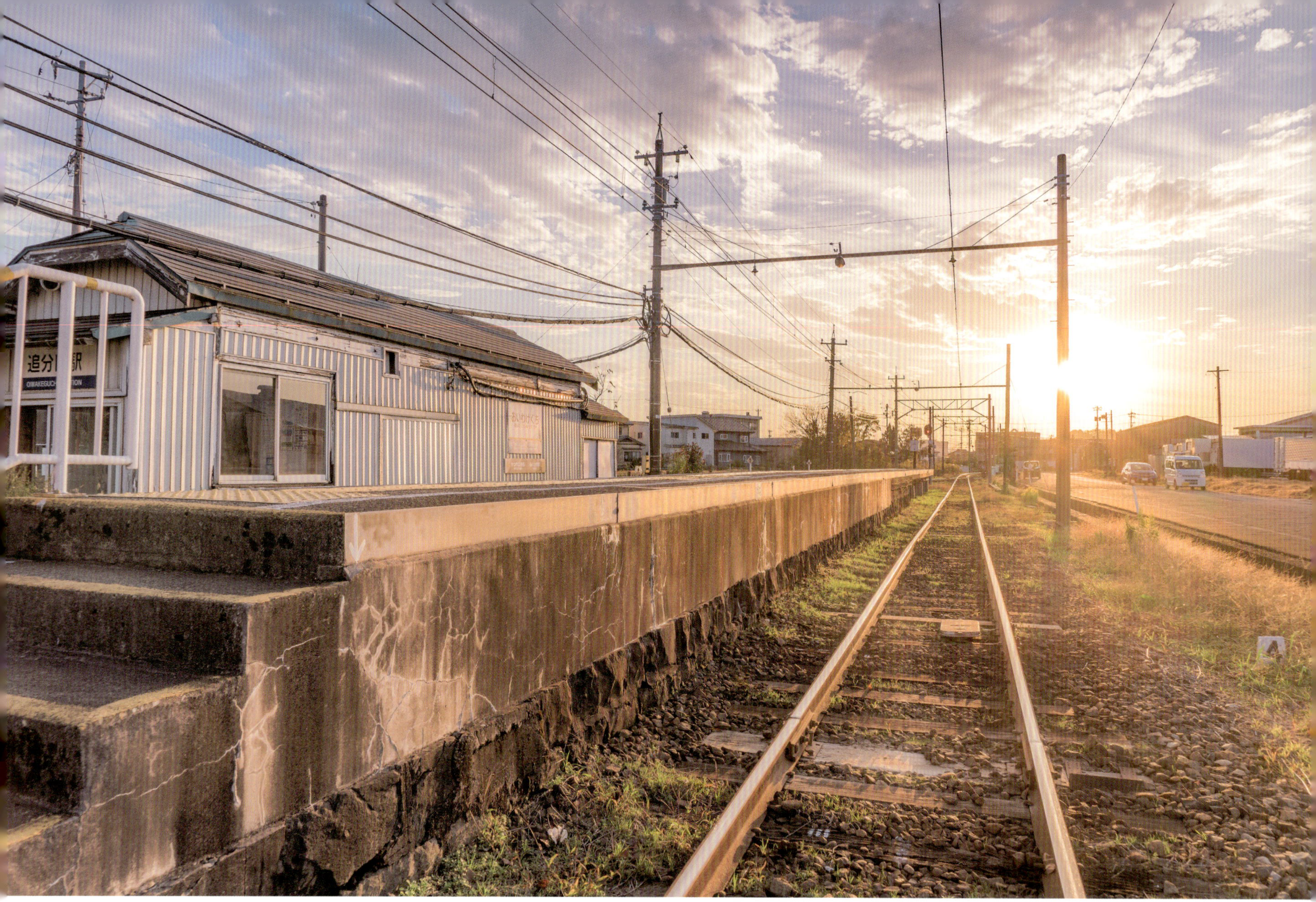

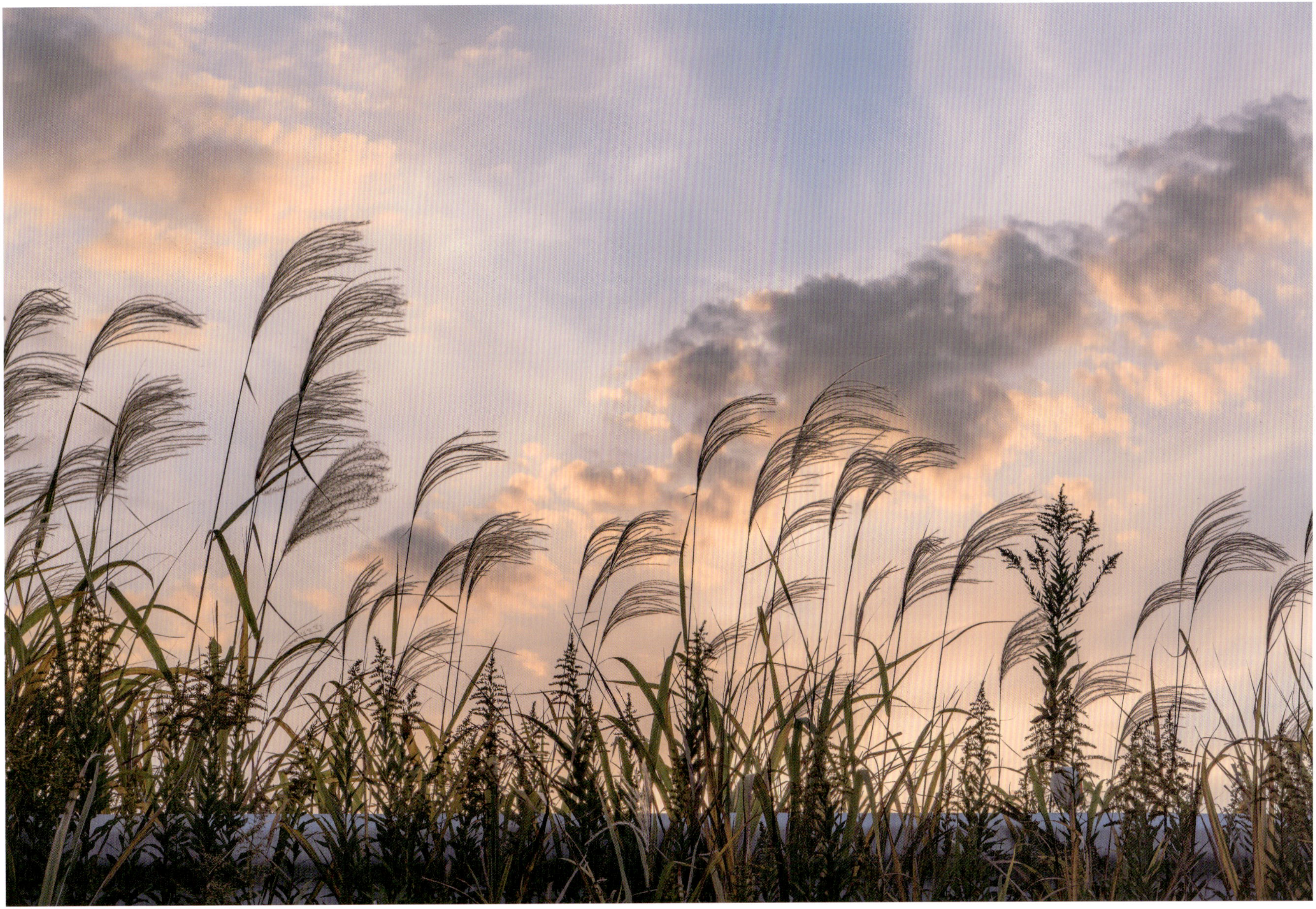

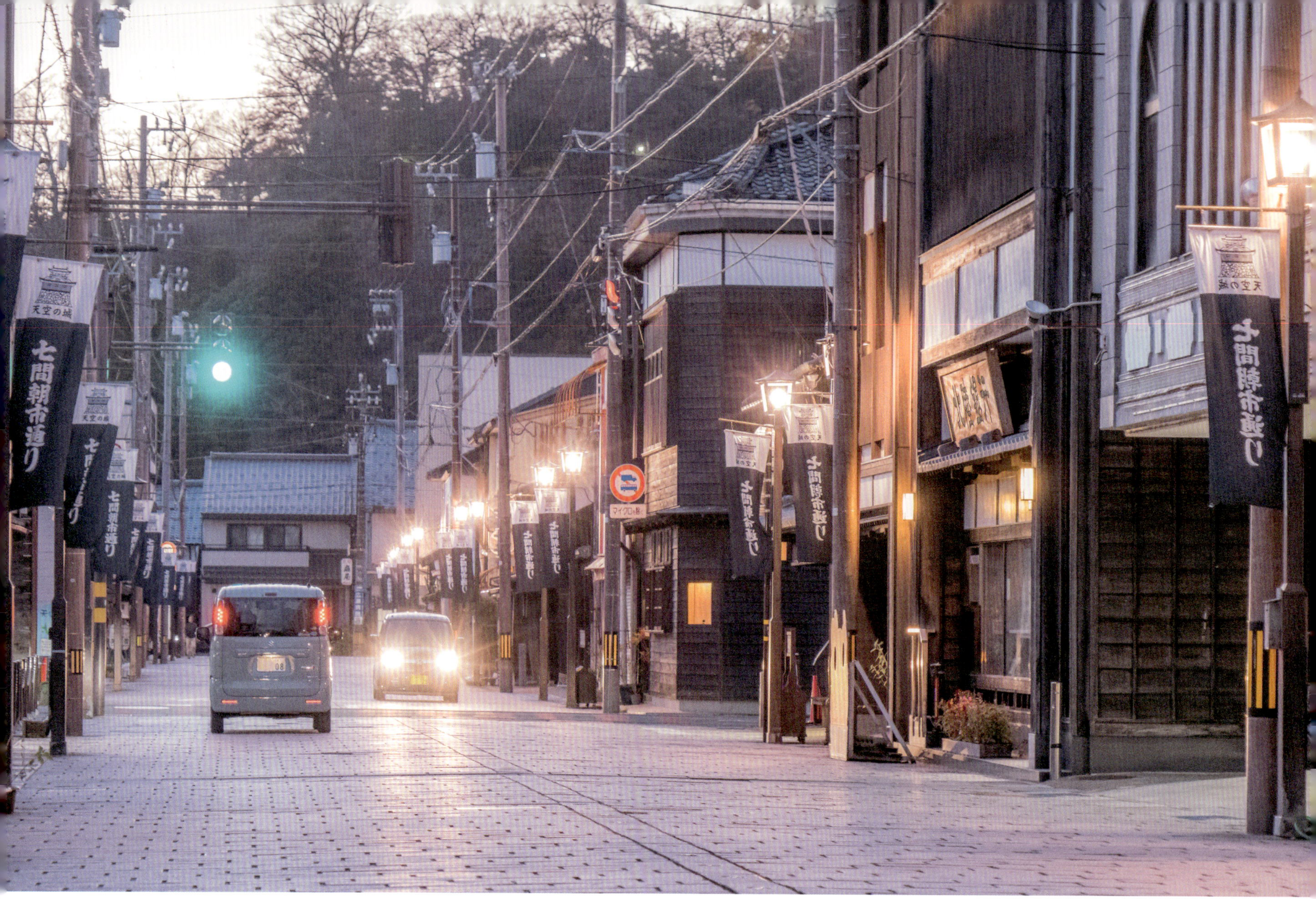
天空の城
七間朝市通り

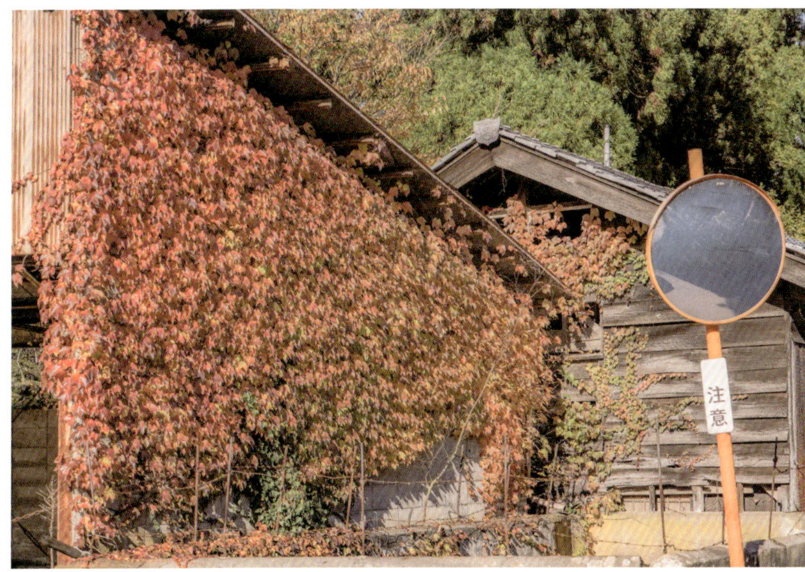
注意

Chapter 5　続く世界

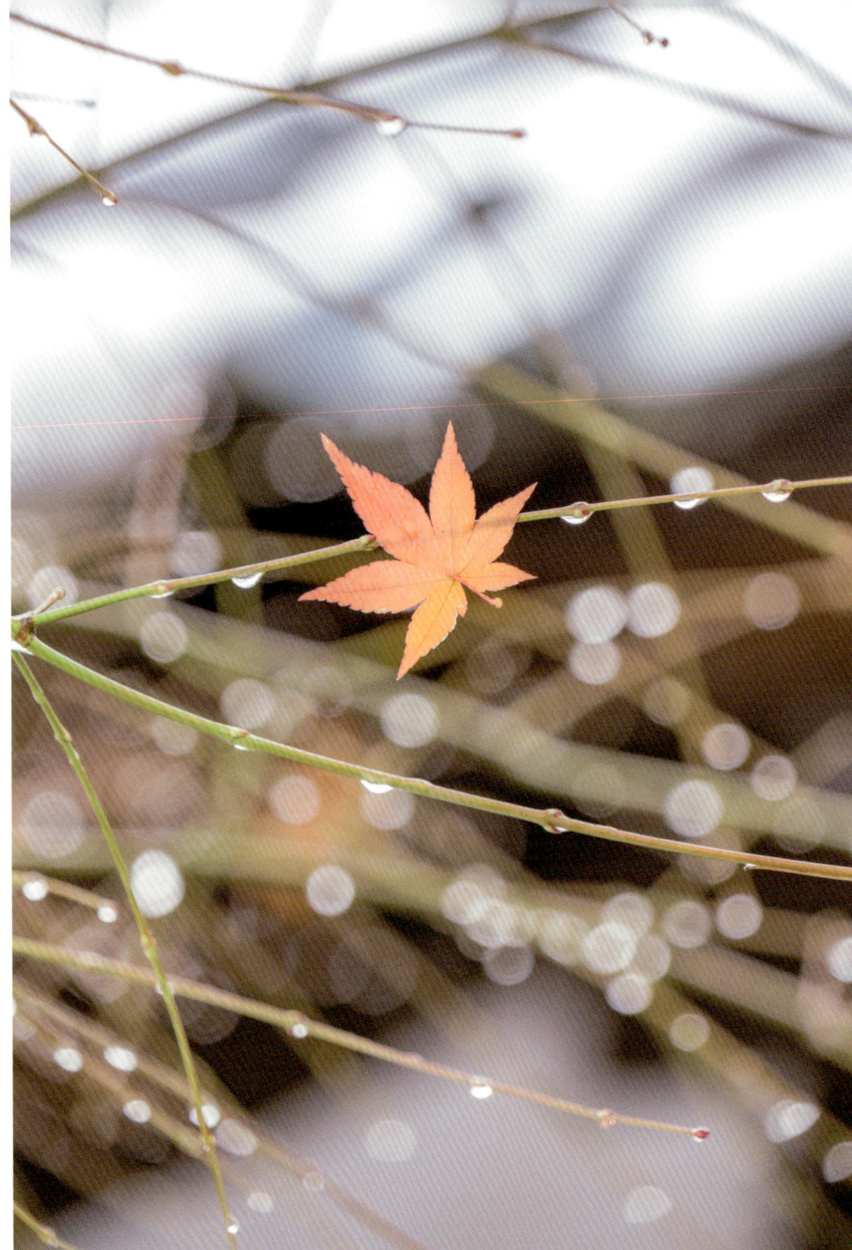

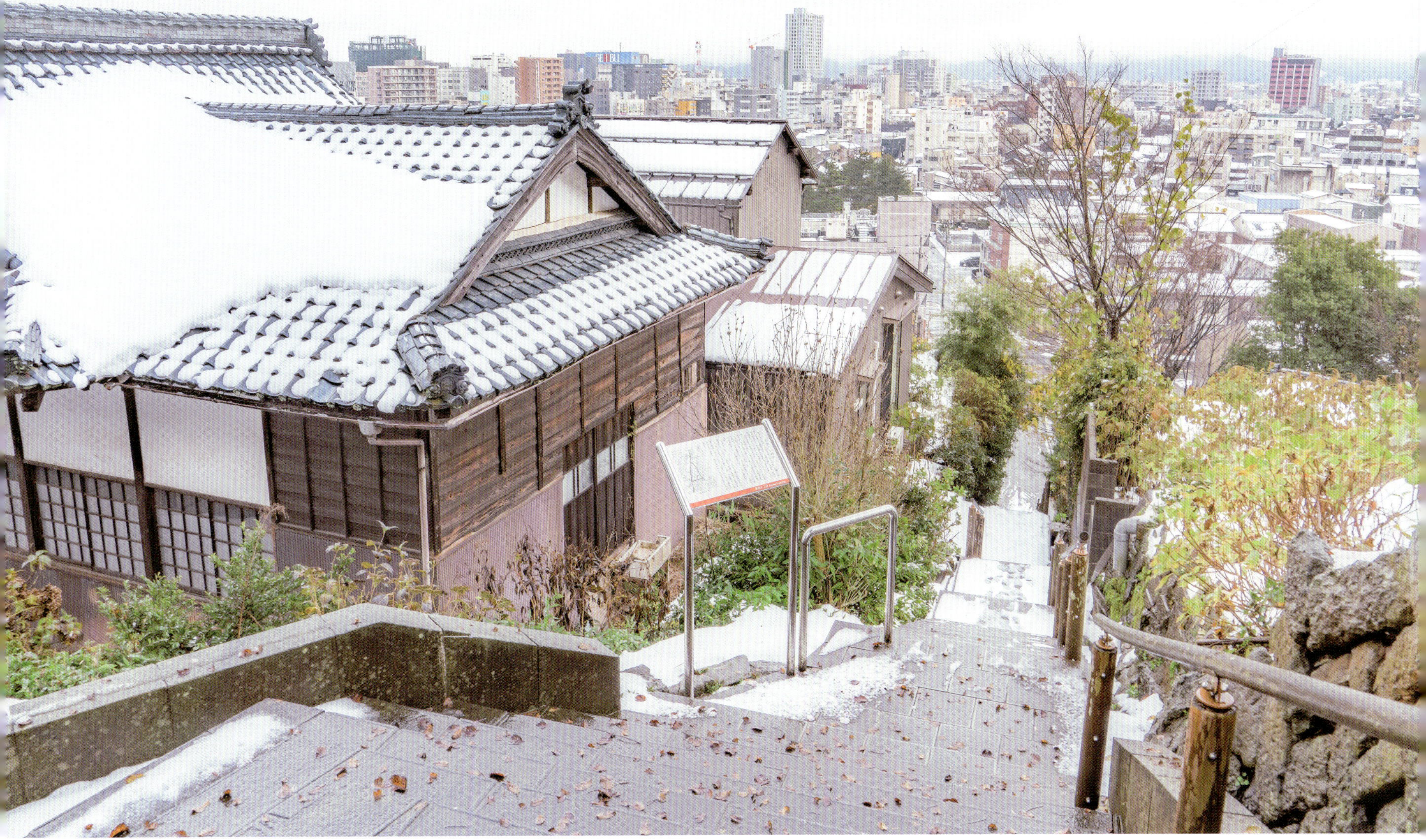

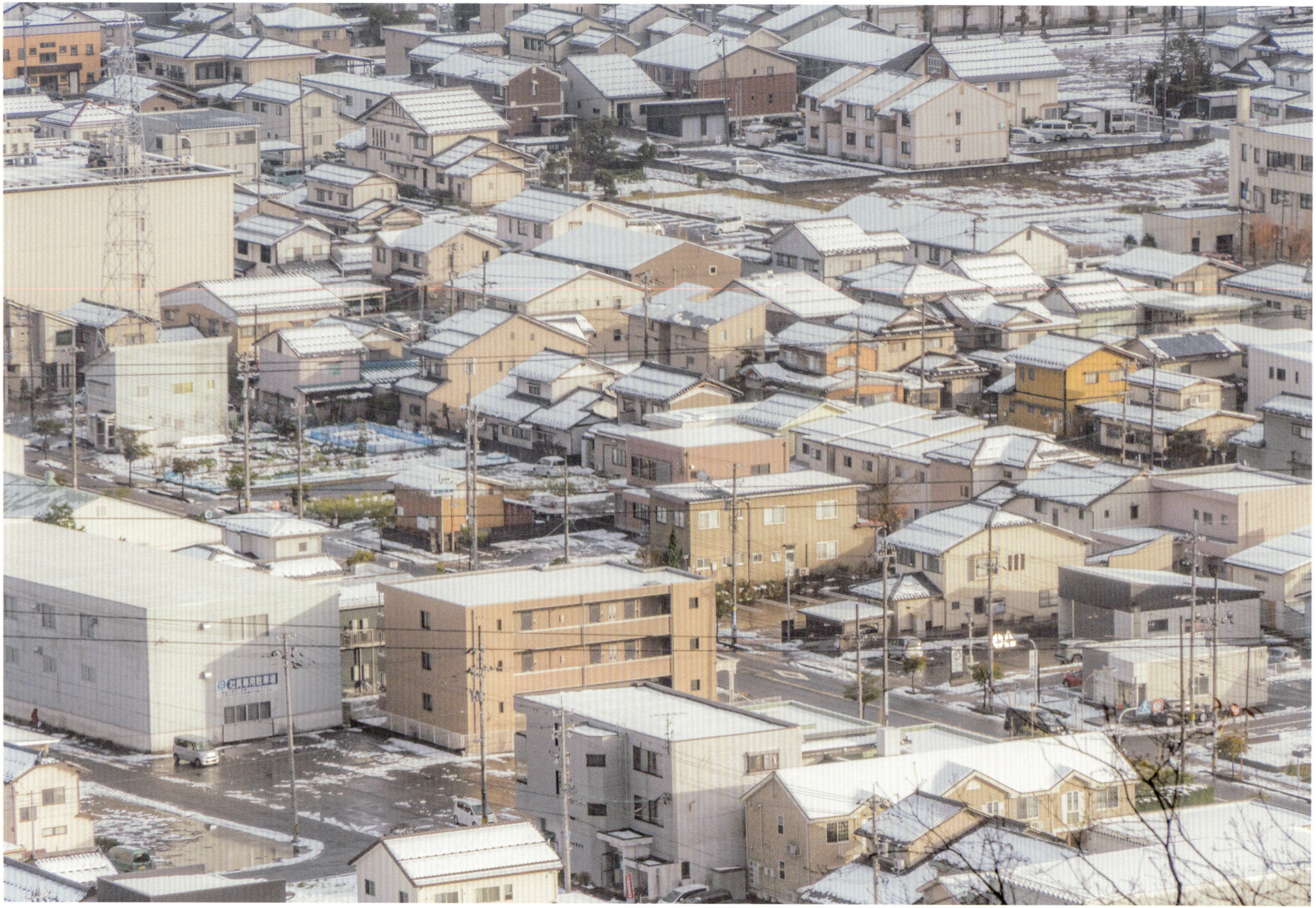

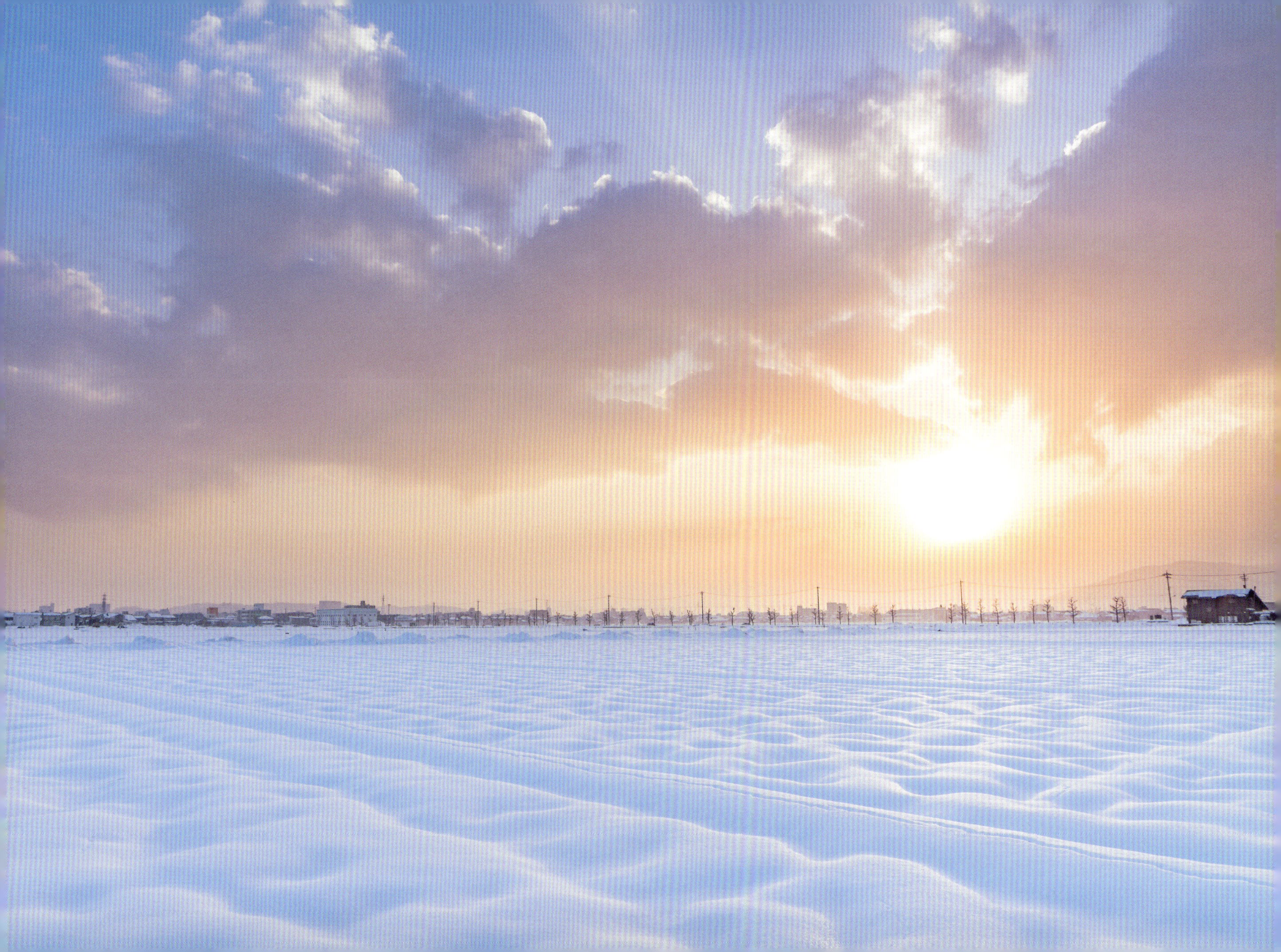

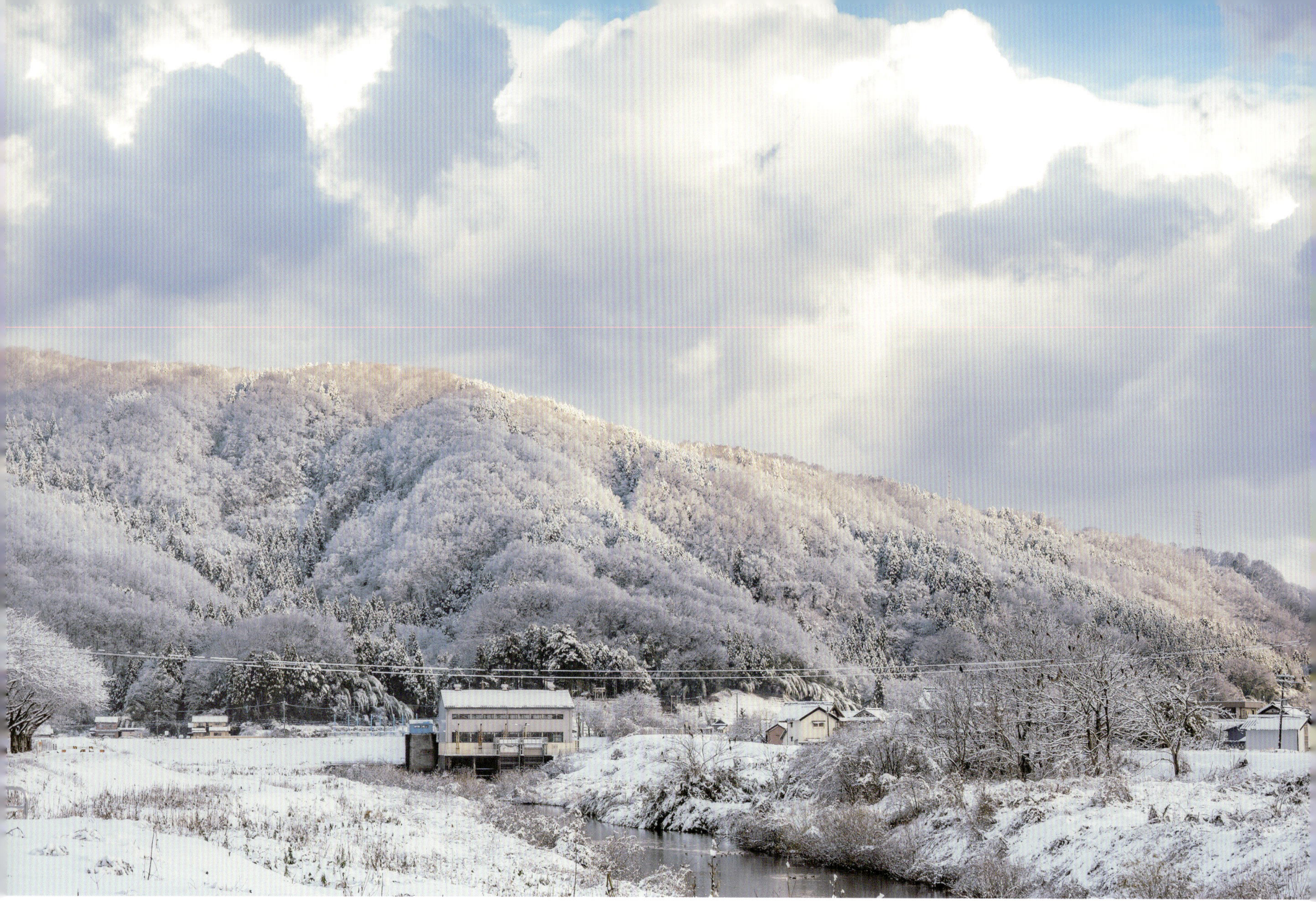

過ぎゆく季節。

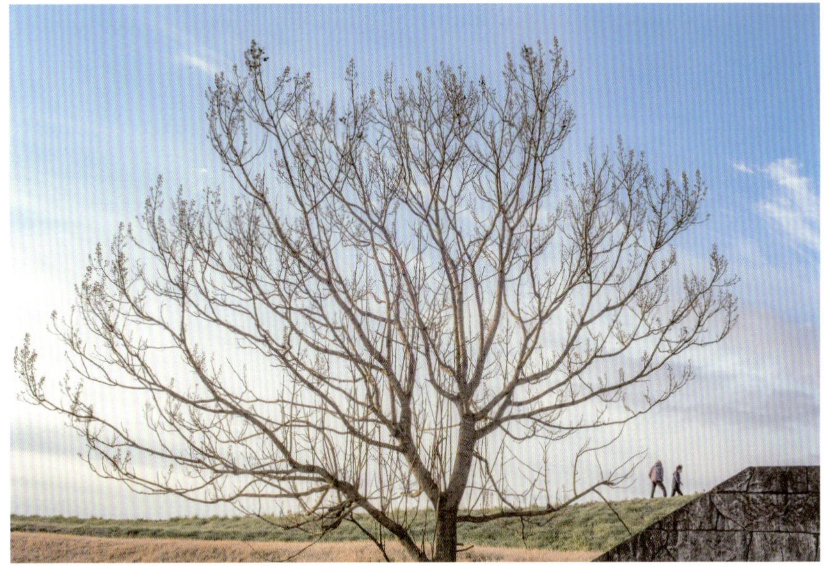

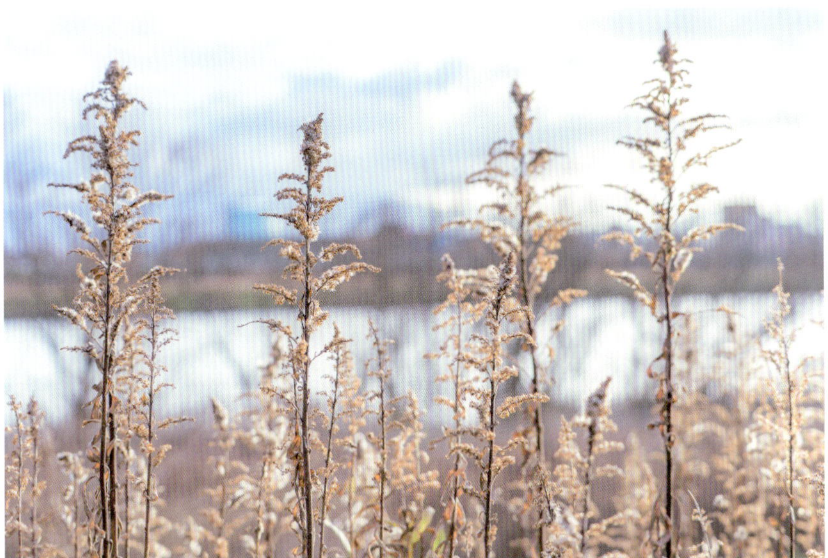

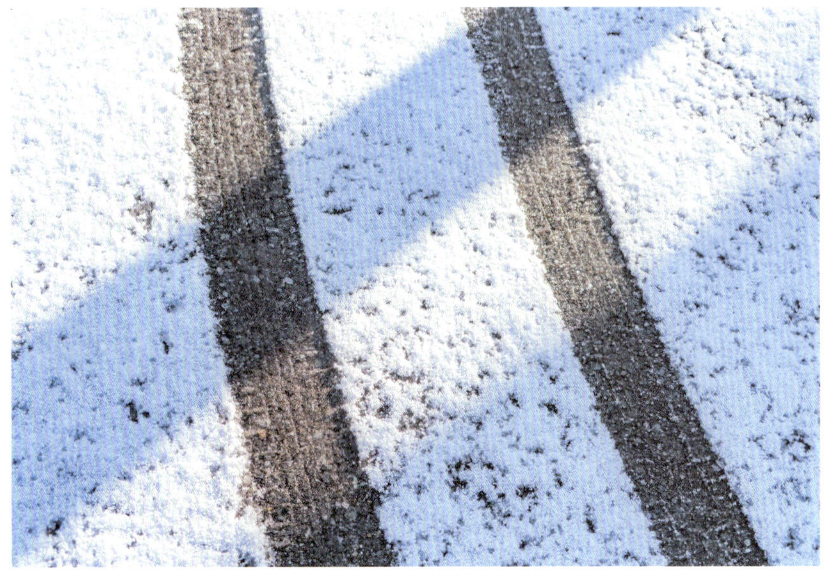

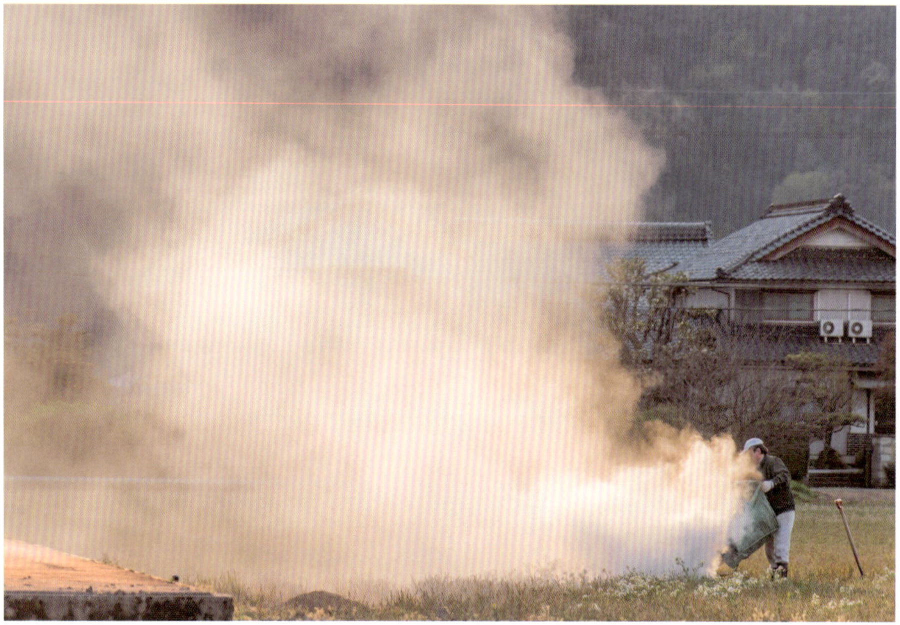

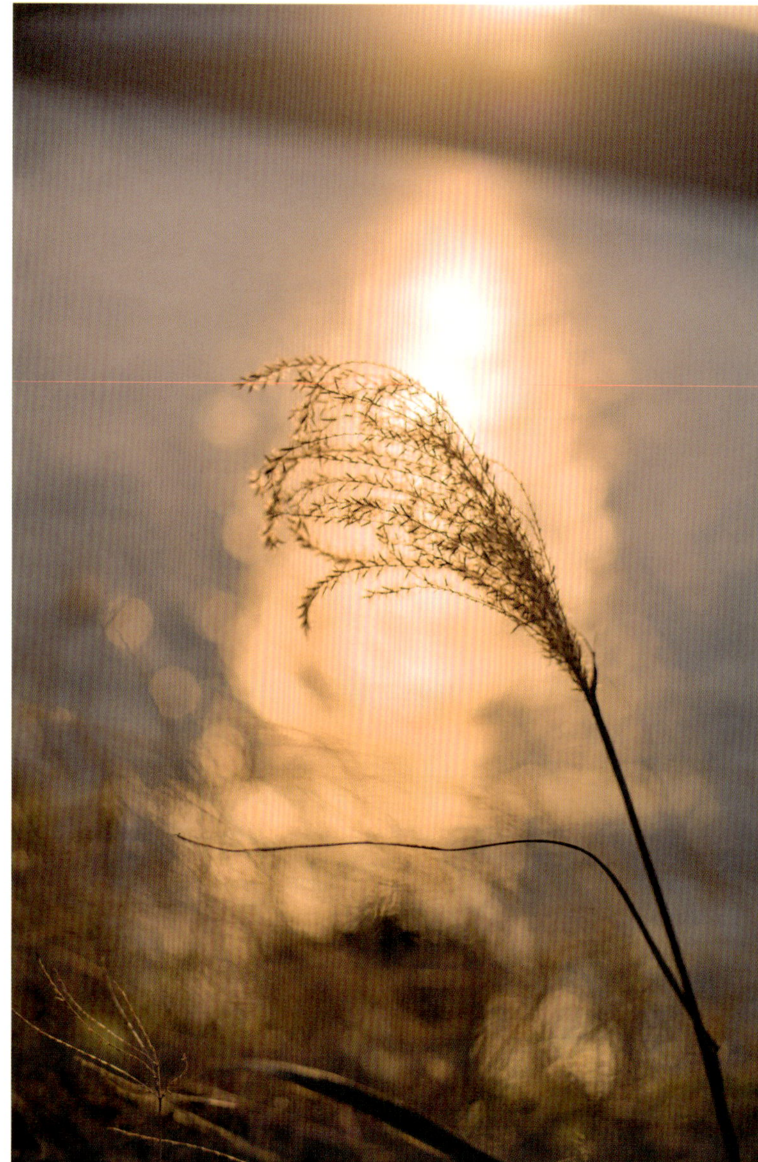

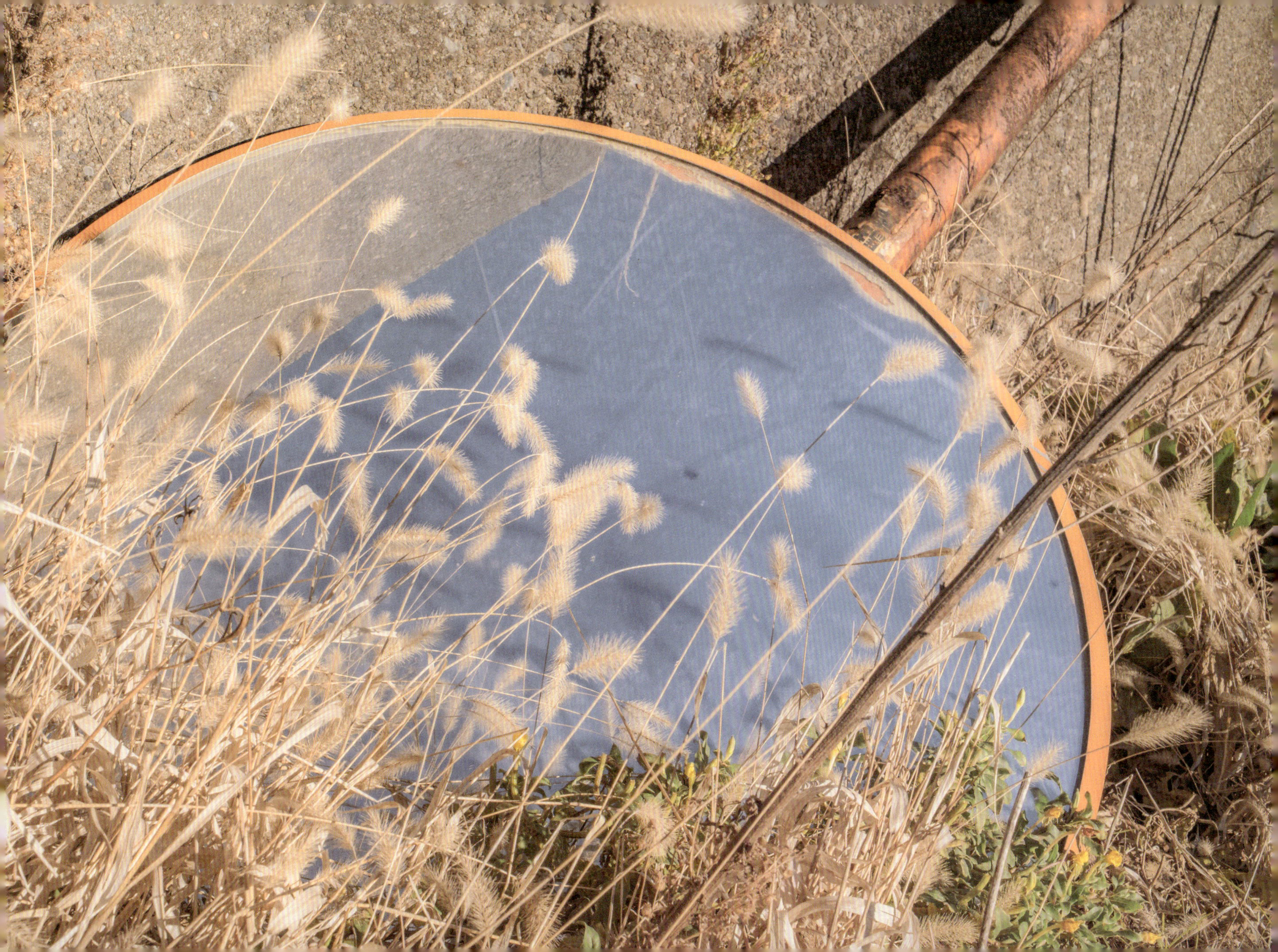

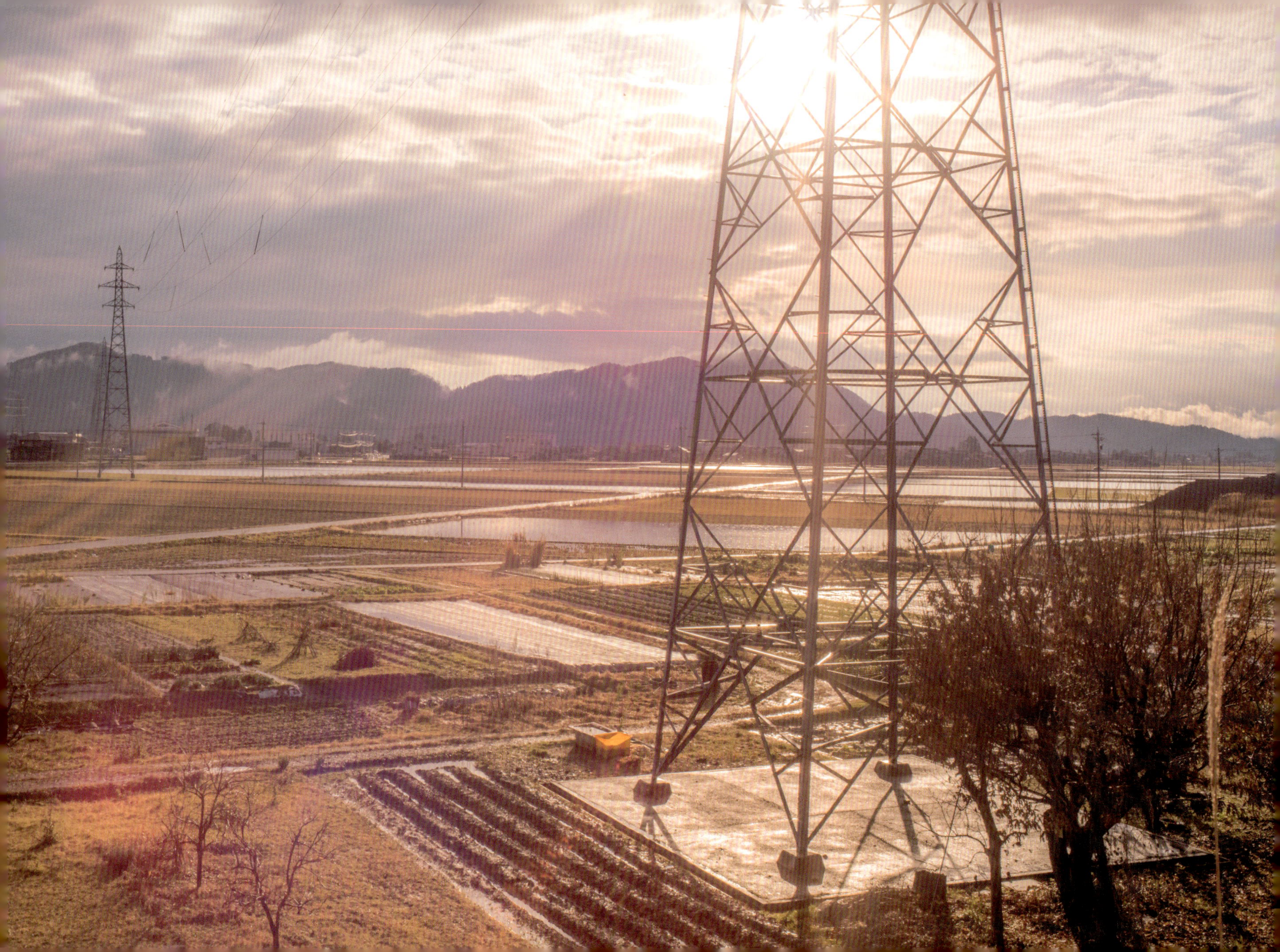

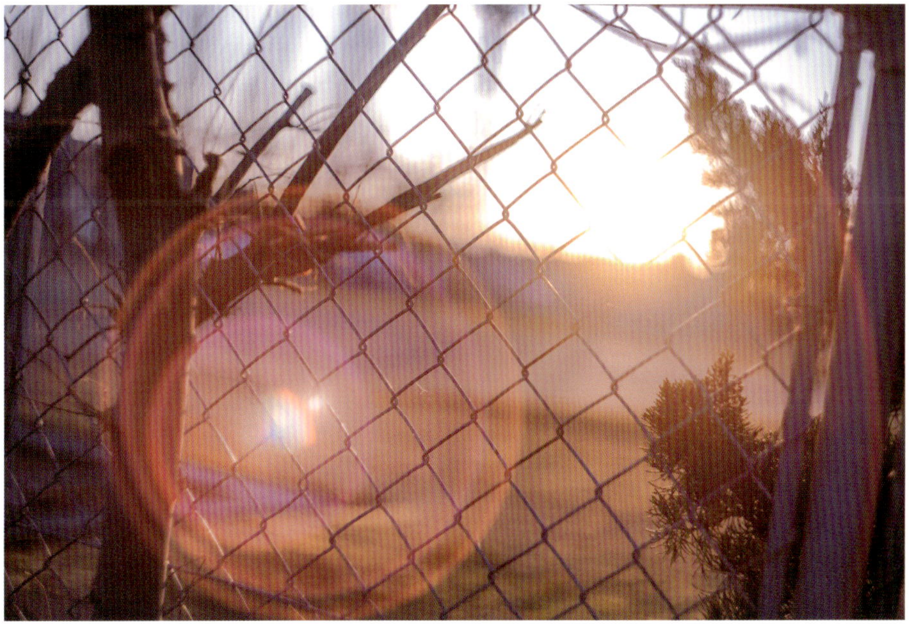

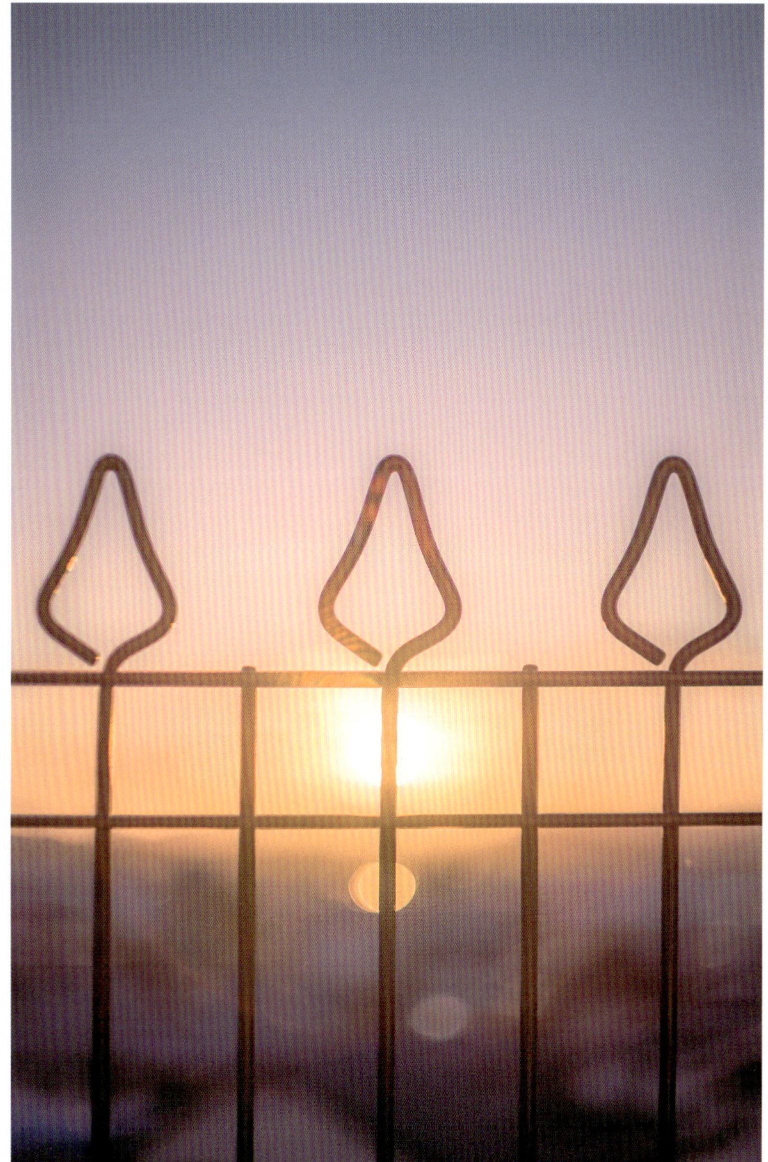

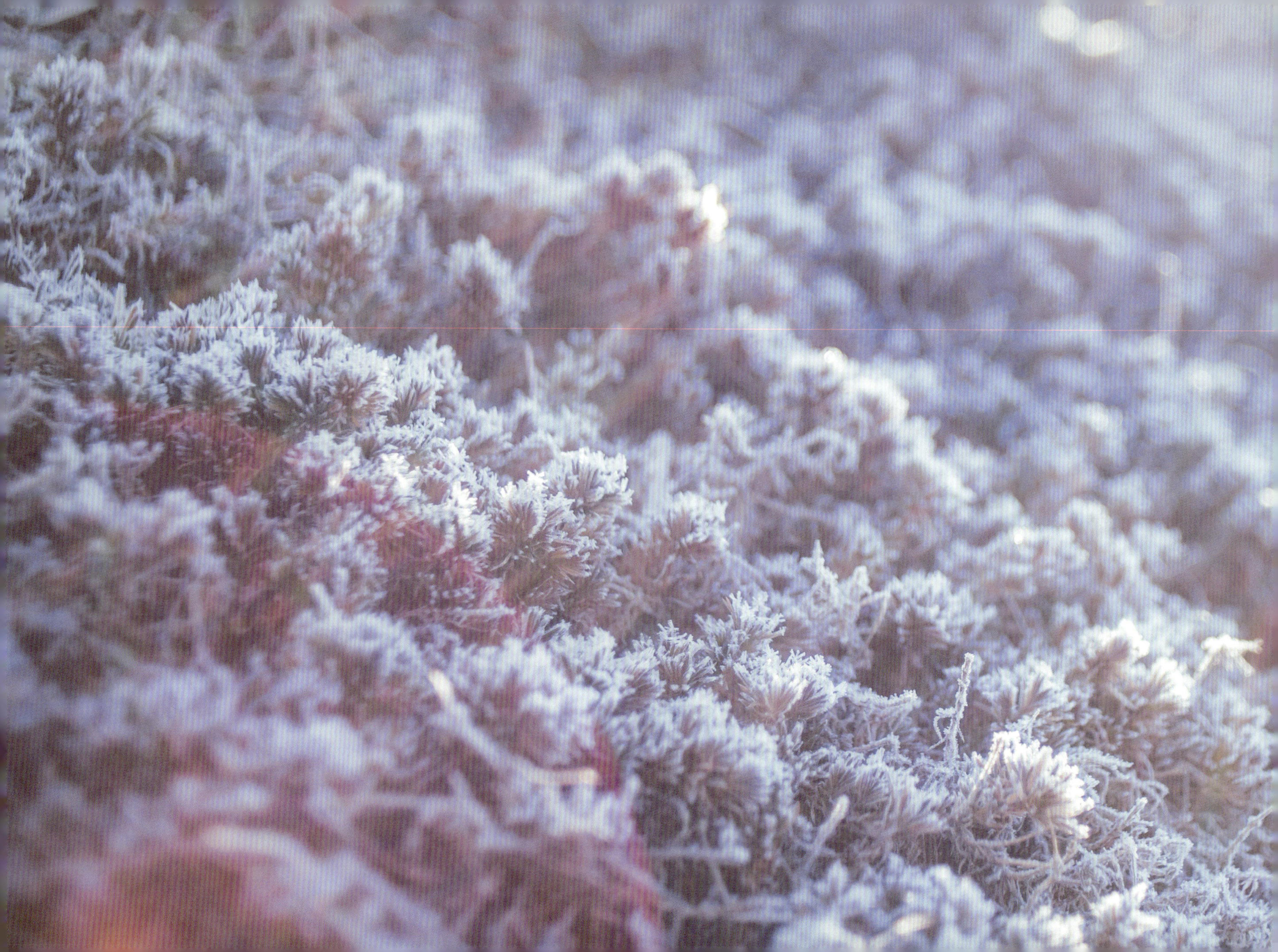

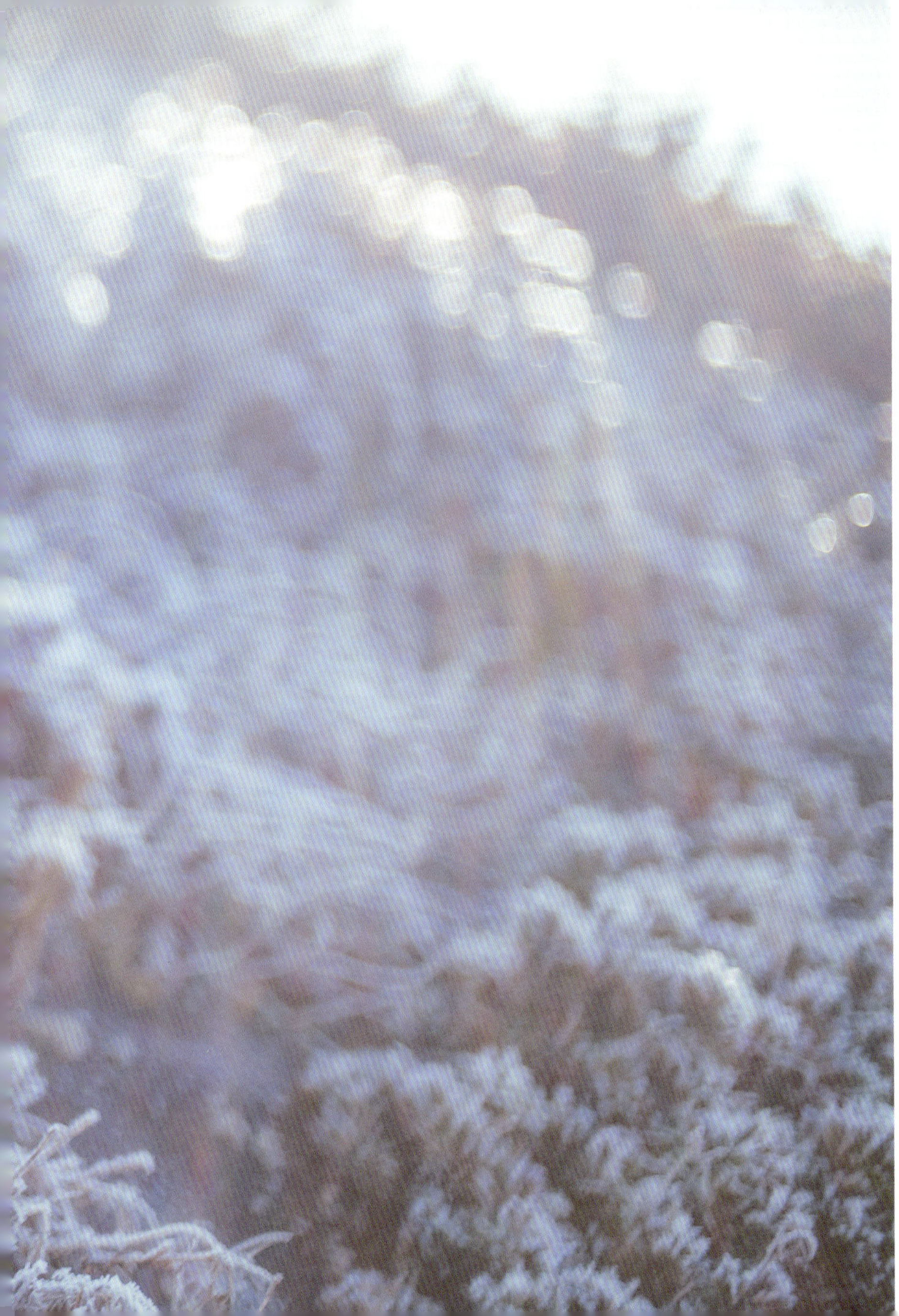

新たな物語はすでに始まっている。

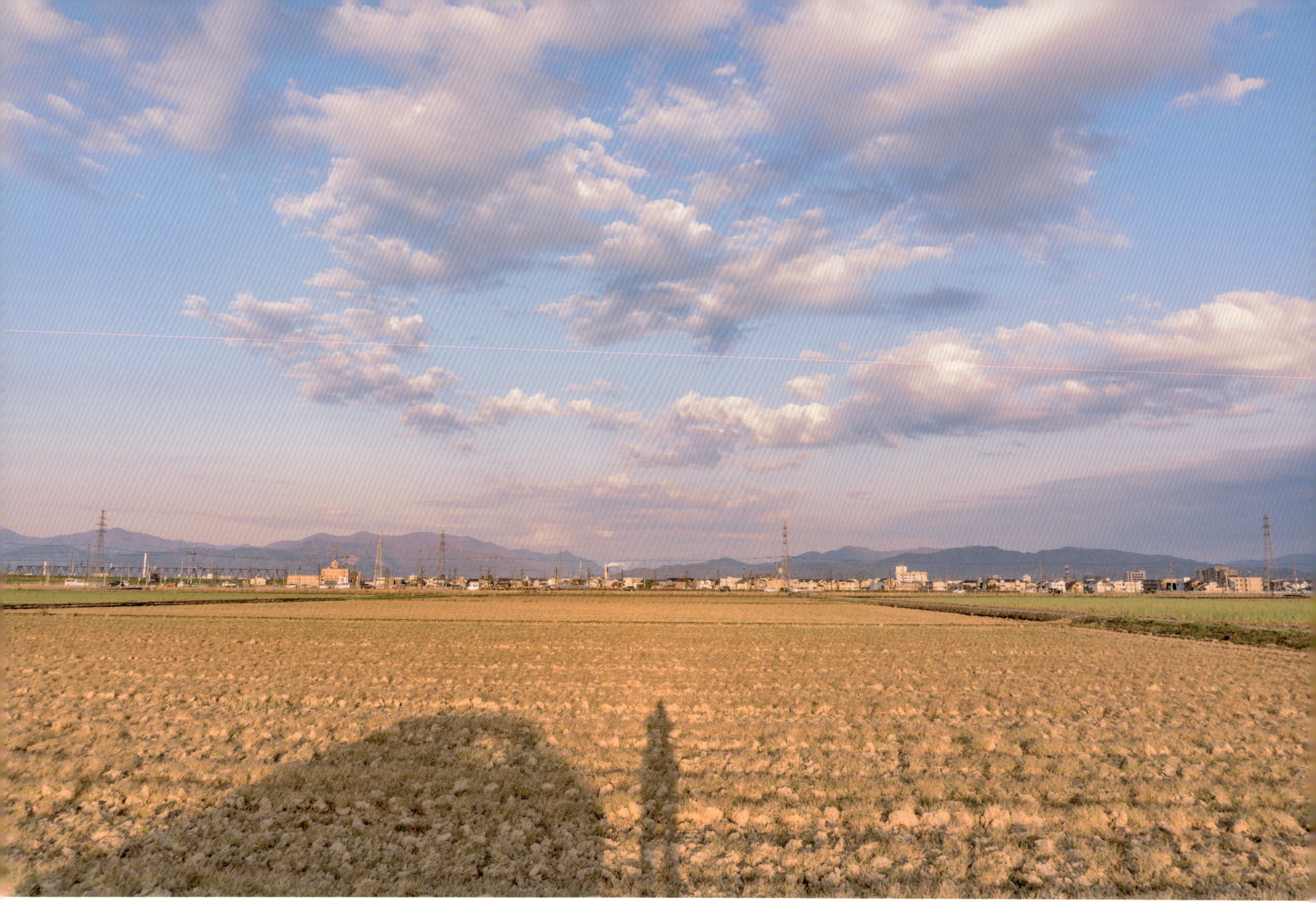

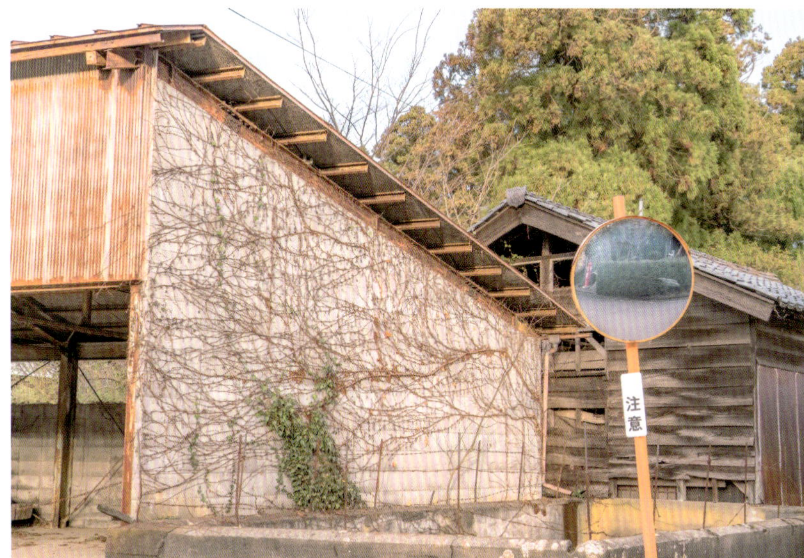
注意

Akine Coco Q&A50

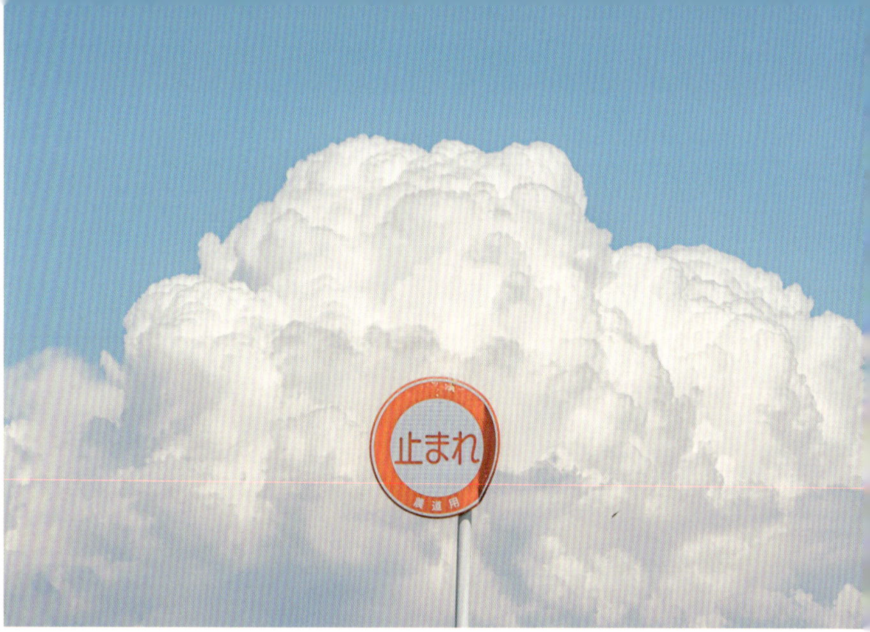

Q1 写真の活動を始めたきっかけは？

元々旅行に出かけるのが好きで、旅先でよくスマホ撮影をしていました。せっかくならと思いSONY α6000を購入したのが始まりです。今のように頻繁に撮影をするようになったのは2019年6月からです。写真を撮る知人が増えたことがきっかけだったと思います。

Q2 出身地は？

生まれも育ちも福井です。

Q3 普段はどこで撮影することが多いですか？

何気なく通りかかった田舎の集落とか、あてもなくドライブした先で撮影をすることが多いです。そういうなんでもない場所によさがあったりもするんですよね。

Q4 使用しているカメラを教えてください。

主にSONY α7R IIIというカメラを使用してアニメのワンシーンのような世界を撮っています。フィルムカメラはOLYMPUS OM-1を愛用しています。

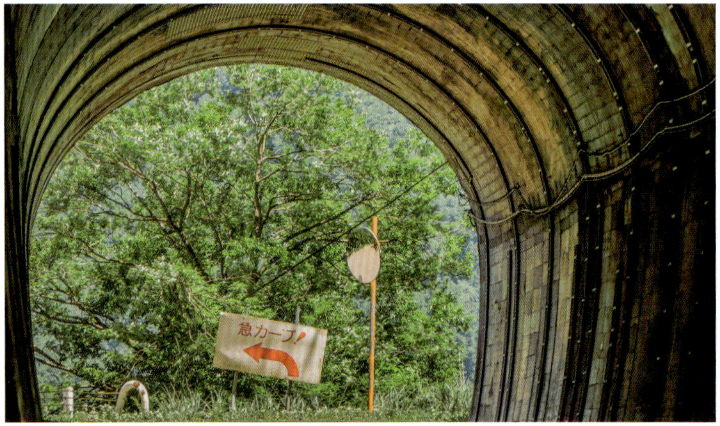

Q5 撮影のペースは？

主に休日に撮影をしています。
写真を撮ることを目的に出かけるケースが多いのですが、家族や知人と遊びに出かけた際にふと撮る写真のほうがよい写真が撮れる感覚があります。思い出が強いぶん愛着も増すのかもしれません。

Q6 撮影スタイルは？

普段はデジタル、フィルム両方を使いストリートスナップやポートレートなど様々な写真を撮っています。

Q7 カメラは持ち歩いていますか？

はい。好きだと思った瞬間は逃したくないので、出かける際はいつも持ち歩いています。

Q8 撮影のテーマは？

Twitterではアニメチックな世界、Instagramではミニマル写真を投稿しています。

Q9 SNSを始めた経緯は？

SNSを始めたのは知人がやっていたことがきっかけです。いい写真が撮れた時って誰かに見てもらいたくなりませんか？　それが家族や知人だったところから、SNSに広がりました。

Q10 SNSで手応えを得た瞬間を振り返ってください。

2020年6月に「アニメのワンシーンのように。」というタイトルで、Twitterに投稿した作品に40万を超える多くの「いいね」が付き、自分の作風を評価してもらえた気がしました。

Q11 どのようなフォロワーが多いですか?

日本人と外国の方で半々くらいではないかと感じています。国を越えて多くの方々に作品を見ていただけることは凄くうれしいことですし、ぜひこの本も様々な国へと届けられたらなと思っています。

Q12 印象に残っているコメントはありますか?

感動して涙が出てきた。というコメントをいただけたことが印象に残っています。見てくださる方の心に何か伝わってほしいと思い投稿しているので、そのようなコメントをいただけると本当にうれしいです。凄く励まされています。

Q13 アニメチックな写真を意識し始めたきっかけは?

とある帰り道、夕暮れが綺麗で撮影した写真がまるで新海誠監督のアニメのワンシーンのようでした。それがきっかけでアニメのワンシーンのような風景を追い求めるようになりました。実は、昔から寝る前にアニメを見る生活をしていて、アニメ好きな私にはがっつりハマりました。

Q14 最も印象に残っているアニメは?

一つ挙げるとするならば、「交響詩篇エウレカセブン」というアニメを選びます。主人公が様々な経験を経て成長していくボーイミーツガールの物語です。世界観が凄く好きで、私が空を好きになるきっかけにもなりました。

Q15 夏と聞いて真っ先に思い浮かぶ光景は?

定番ではありますが、青い空と大きな入道雲ですね!　毎年あの風景を見ると夏が来たって感じがします。夏が舞台のアニメでは決まって出てきますね。今後も大きな雲を背景にアニメのワンシーンのような世界を撮っていきたいです。

Q16 空の写真が多い理由は?

福井は開けた土地が多く高い建物がないので、空は広くいつでも様々な表情を楽しむことができます。なので空を撮影する機会が増えたのかもしれません。

Q17 写真に人を入れる時に意識することはありますか?

人に限らず車や鳥など、風景の一部として入れるのが好きなので、それを意識することが多いかもしれません。

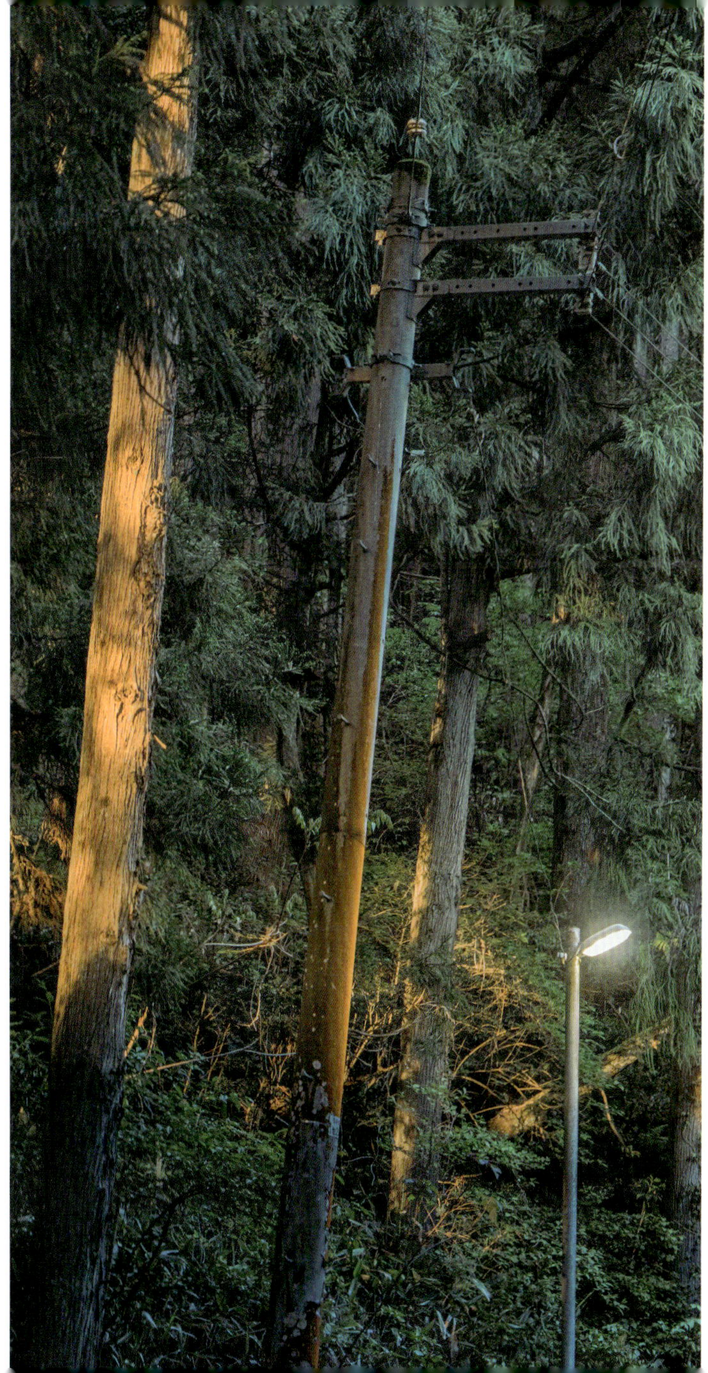

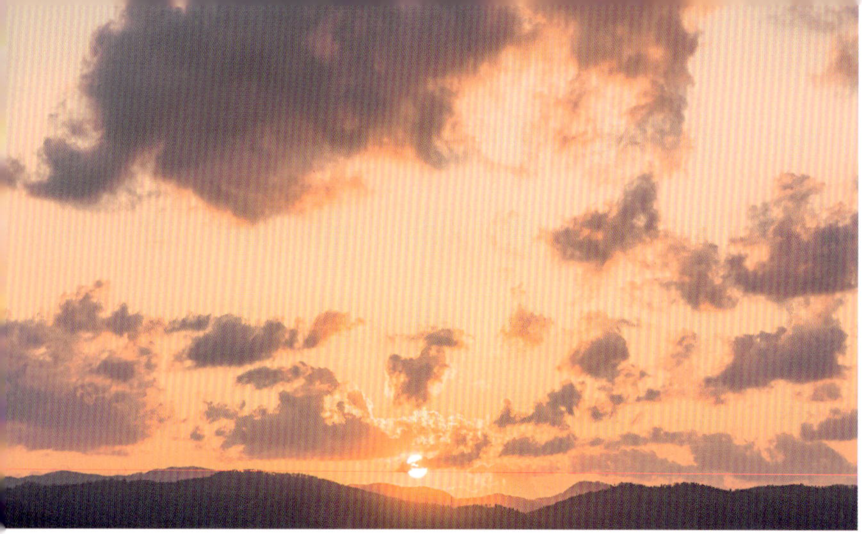

Q18 シャッターチャンスはどれぐらい待ちますか?

以前は待つことも多かったのですが、何気なく出合った場面にこそ、情緒が含まれているように感じたため、今はほぼ待たず偶然性を大切にしています。

Q19 青春と聞いて思い浮かぶものは?

初恋のことを思い浮かべます。
中学3年の時に初恋を経験したのですが、中学1年の時に告白されて断った人のことを好きになってしまったのを今も覚えています。好きになったタイミングでその人は私の友だちと付き合ってしまうという切ない恋を経験しました。

Q20 どんな子ども時代でしたか?

中学生になるまでは田舎の祖母の家を遊び場に育ちました。田んぼ道を走り回ったり、おみやさん（神社）でかくれんぼをしたりしてよく遊びました。でも、家で架空の物語を作って遊んだり、ゲームをしたりすることのほうが好きな子どもでした。

Q21 学生時代の鮮明な記憶はありますか?

大学時代が一番楽しくて記憶に残っています。軽音部に属していたのですが、勉強は二の次で朝から晩まで部室にこもって音楽に明け暮れていました。

Q22 冒険と聞いて思い浮かぶものは?

RPGを思い浮かべますね。子どもの頃は、FINAL FANTASYやDRAGON QUESTをはじめ様々なRPGをやりました。最近はプレイしても途中でやめてしまうことが多くて、歳をとったなぁ……なんて思ったりもしています。

Q23 夕暮れに写真を撮る魅力は?

夕暮れの空はすぐ変化してしまうからこそ、魅力を感じるのかもしれません。沈んでいく夕日を見た後は、映画を観終わった後の余韻にも似た感覚になります。情緒的な雰囲気が漂う夕暮れの街を今後も撮り続けていきたいです。

Q24 夜を撮る時に意識することはありますか?

夜は灯りを探すことが多いです。夜の灯りっていろんな色があるんですよね。それを見つけるのが楽しいです。

Q25 秋と聞いて真っ先に思い浮かぶ光景は?

夕暮れのコスモス畑を想像しました。花は普段あまり撮らないのですが、コスモスは好きで、カメラを持っていなかった時期を含め毎年撮りに行っています。私の中で夕暮れの切なさと秋の切なさは凄くマッチするのですが、そこにコスモスが入ることで最高の光景が生まれますね。

Q26 よい写真を撮るために一番大事なことは?

あくまで持論ではありますが、あまり教科書的になりすぎないことでしょうか。
深く考えすぎず、感じたままに撮影することが大事だと思っています。うまく言えませんが、着飾った自分ではなくありのままの自分を表現するような感覚です。今までの人生でインプットしてきたものが自然とそこに表れるというのが理想です。

Q27 撮影で苦労することはありますか?

あまり苦労を感じことはないかもしれません。あれこれ考えず自由に撮影が行えているからですかね。

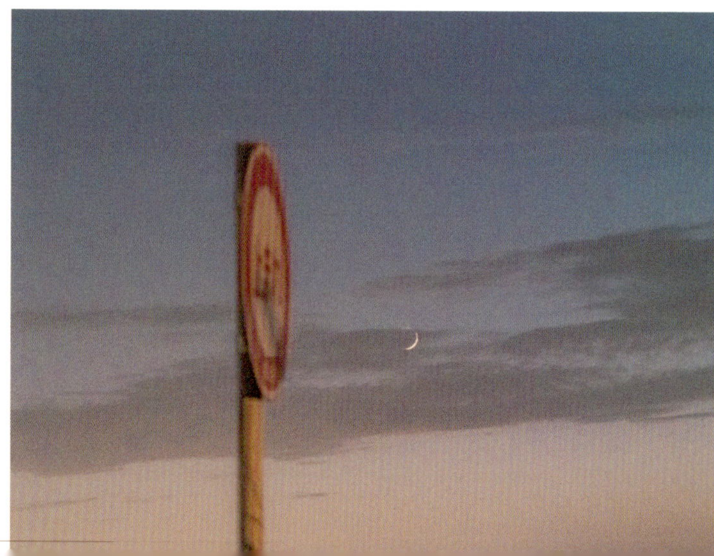

Q28 構図のこだわりを教えてください。

あまり深く考えず、感覚的に美しさを感じる角度で撮る……というのがこだわりなのかもしれません。

Q29 色味のこだわりを教えてください。

感じるがままに、自分の気持ちいいを形にしているので、特にこだわってはいないのかもしれません。ですが、季節によっての雰囲気は大切にしているかもしれません。

Q30 朝型ですか、夜型ですか？

元々学生の頃は夜型でした。朝方までアニメを見て、夕方まで寝てるなんてことはしょっちゅうありましたね。写真を撮るようになってからは早起きすることが増えました。趣味の力ってすごいなって思います。

Q31 福井の魅力とは？

福井は何もない場所だと感じています。2020年の都道府県の魅力度ランキングでは44位。影の薄い県です。
でも、「何もない」がある県だと思います。何もないからこそ、何気ない風景に魅力を感じることができたのだと思っています。

Q32 福井県以外でお気に入りの撮影場所は？

好きな場所はたくさんありますが、特に印象的に残っているのは淡路島です。福井のような平地ではなく高低差のある田舎の風景に凄く惹かれるものがありました。
福井近辺だと、滋賀県長浜市の町並みや、岐阜県白川村の田舎の風景は好きでよく遊びに行きます。

Q33 福井県以外に住みたいと思ったことはありますか？

就活時、とある会社の面接で、なぜ福井での就職を希望するのか？　と問われたことがありました。地元が好きであることを笑顔で語ったのですが、他県に住んだことないのに比較なんてできないでしょって一掃されたことが今でも忘れられません。確かに他の県での生活も経験してみたかったなって思っています。もちろんその面接は落ちました。

Q34 新型コロナ禍の影響はありましたか？

2019年は京都、大阪など都会へも頻繁に通っていましたが、2020年はほぼ地方中心、特に福井中心の撮影の年になりました。そのおかげもあり身近で新たな発見かあったり、改めて田舎のよさに気づくことができました。

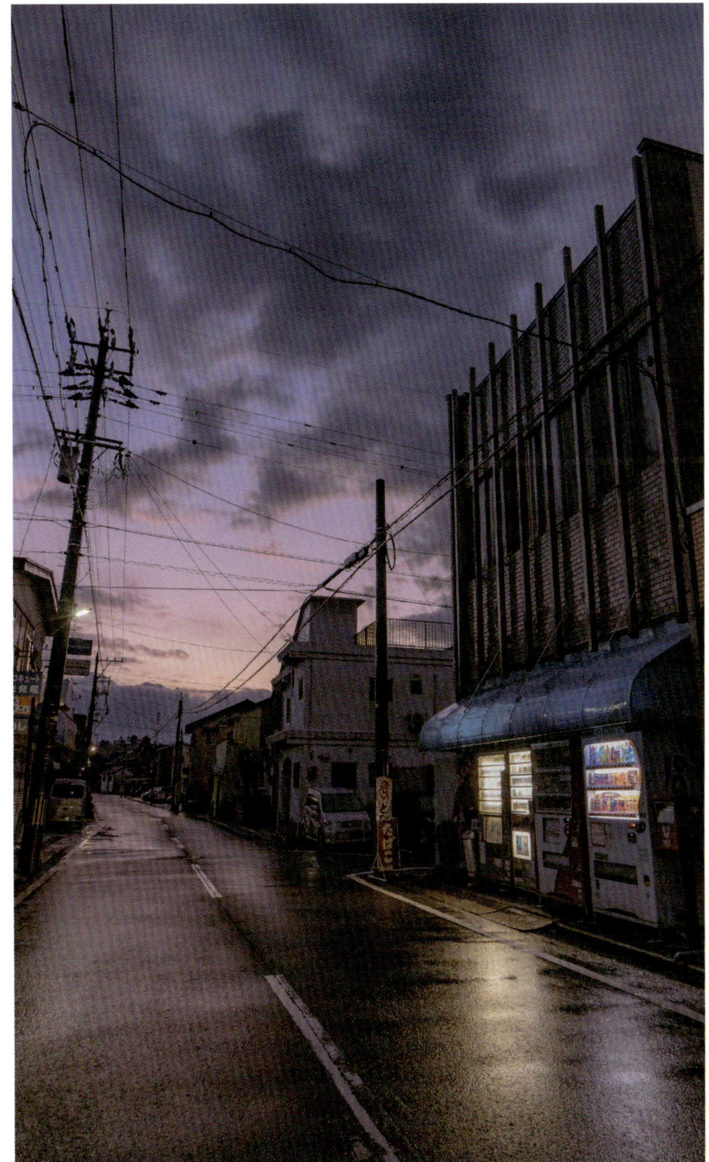

Q35 撮影時に起きた忘れられないエピソードはありますか?

ファインダーを覗きながら足で位置を調整していたら、川にはまってびしょ濡れになったことが忘れられませんね。幸いなことに溝くらいの川だったため、私もカメラも無事でしたが、周りに人がいたため恥ずかしい思いをしました。

Q36 写真を始めてよかったことは?

表現の幅が広がったこと。そして写真を通じて多くの方々と出会えたことです。いつも見てくださる方やあたたかいコメントをくださる方。感謝の気持ちでいっぱいです。改めて写真を始めて本当によかったと思います。

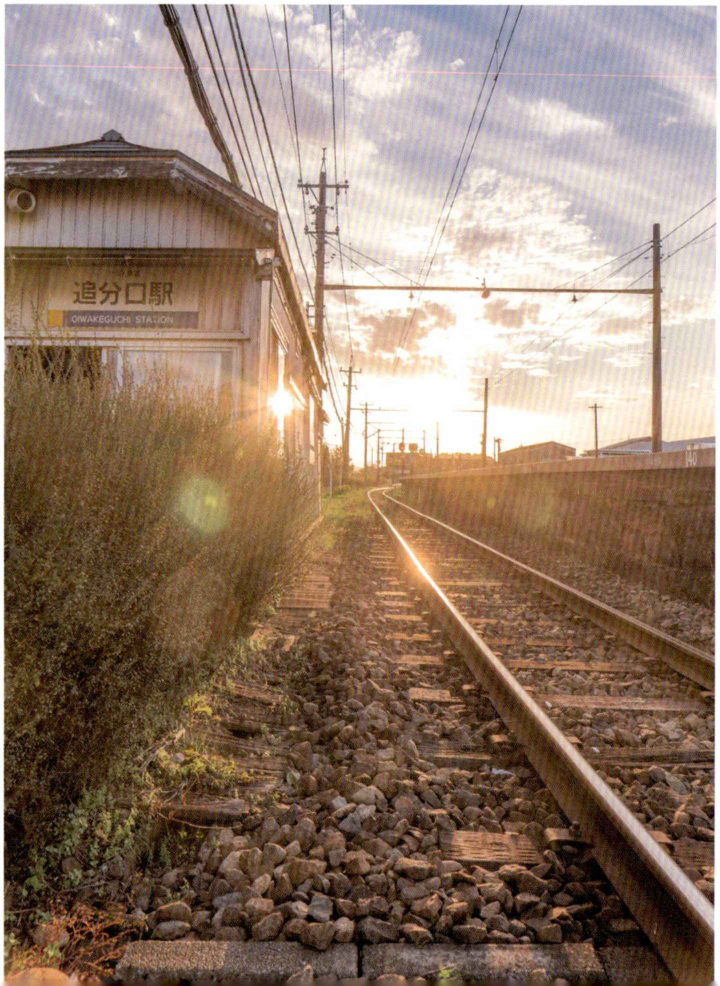

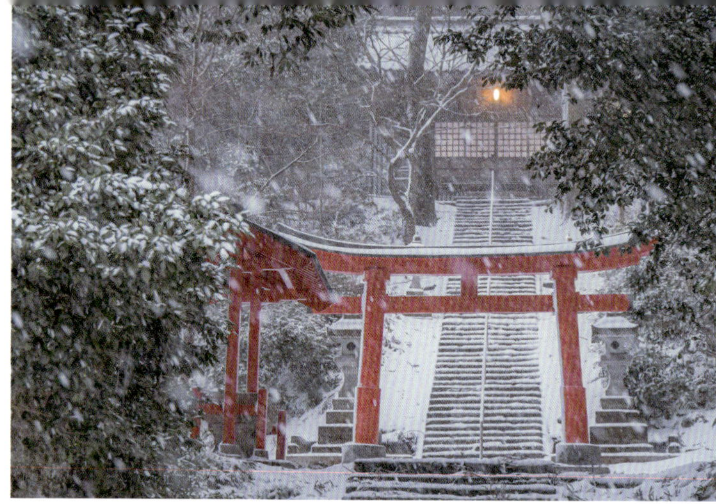

Q37 人と写真を撮りに行くことはありますか?

ポートレートを撮らせてもらったり、知人とスナップを撮りに出かけることはあります。コロナのことがあり、今はなるべく一人で撮りに出かけるようにしています。落ち着いたらもっといろんな方と撮りに出かけてみたいです。

Q38 写真仲間はどんな存在ですか?

写真で繋がっているけれど、写真以外のいろんな話ができる存在ですかね。みんなで集まって話をしていると全然関係のない話題で盛り上がったりします。そんな場所に居心地のよさを感じたりするんですよね。

Q39 写真以外に表現活動はしていますか?

作曲やバンド活動を行っています。昨年からコロナの影響で自粛していますが、後々また再開したいと思っています。音楽があったから今の自分がいるのだと感じています。

Q40 お気に入りの音楽は?

基本ジャンルに絞られることなくなんでも聴きます。
不思議と寒い時期はSpangle call Lilli line、暑い時期はザ・なつやすみバンドというアーティストの楽曲をよく聴きながらスナップを撮っていますね。

Q41 好きな写真家はいますか?

中野正貴さんです。『TOKYO NOBODY』という写真集を見て衝撃を受けました。
人ひとり写っていない東京の異様な雰囲気と、これを撮ろうと思った発想力は本当に凄いです。
一枚一枚の写真を撮るためにどれだけの時間を費やしたのだろうと考えると凄く感動しますね。

Q42 観る側として惹かれる写真の傾向は?

写真に惹かれるというよりも、写真を撮っている人に対して興味を抱くことが多いかもしれません。独自の世界観がある方や、表現にまとまりがある方など、安定感のようなものを感じる写真家さんに惹かれます。

Q43 好きな言葉は?

相田みつをさんの「夢はでっかく根は深く」という言葉です。
小学4年の時に実習に来た優しい先生が最終日に残してくれた言葉で、その後自分の座右の銘となりました。
何歳になっても夢は大きく持ち、その夢に向かってしっかり根を張っていきたいですね。

Q44 日常の中で癒しを感じる瞬間は?

おいしいご飯を食べる時に癒やしを感じます。
最近体重が落ちなくなってきたので危機感を覚えています。太らないように気を使っていますが……食欲は強敵です。

Q45 自分の性格を分析してください。

好奇心旺盛です。なんでも気になるとすぐに調べます。気がつくと細かいところまで調べてしまっています。
一度スイッチが入ると熱く語ってしまいます。そして後で喋りすぎたことに後悔します。割と繊細な人間なので、ちょっとしたことで傷ついて落ち込みます。でもだいたいは寝れば元に戻ります。

Q46 行ってみたい国はありますか?

スウェーデンですね。
三角屋根の建物が並んでいるのを直接見てみたいです。実は海外に一度も行ったことがないので凄く興味があります。写真仲間を集めて行ってみたいなって思っています。

Q47 何でも撮れるとしたら何を撮りたいですか?

月に行って写真を撮ってみたいですね。小さい頃から宇宙への憧れがあって、解明されていない世界だからこそワクワク感があります。死ぬまでに宇宙旅行が可能になることを期待しています。

Q48 Chapter5「続く世界」という言葉に込めた思いは?

表現することに終わりはないと思っています。
人生で一番の絶頂期がいつか聞かれた時に、いつでも今だと答えられるように明日の自分は今日の自分を超えていきたいですね。そうやってどこまでも続いていくのだと思っています。
私は今後どのように変化していくのか、自分でもワクワクしています。

Q49 これから叶えたい夢はありますか?

漠然としていますが、写真の枠に縛られずに自分の想像を形にすることです。これまで音楽、写真を経験してきて、今後また別の何かに興味を持つことがあるかもしれません。そのすべてを活かして自分だけの表現を突き詰めていきたいと思います。

Q50 Akineさんにとって写真とは?

外側を写して内側を映すものだと思います。
作品に込めた私の想いが、見てくださる方の心に何か伝わるとうれしいです。今後も写真を撮り続けていく中で、情緒的な部分を大切にしていきたいです。

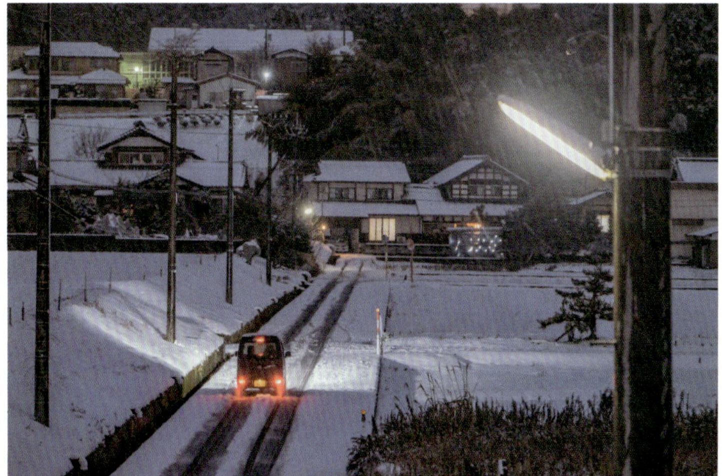

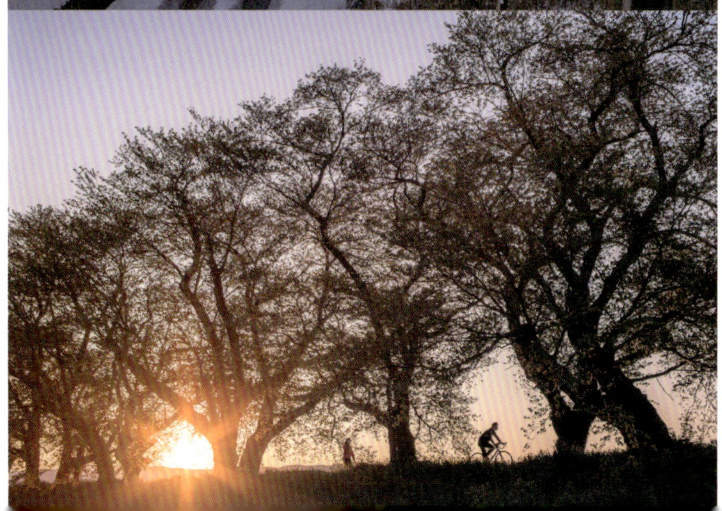

To be continued.

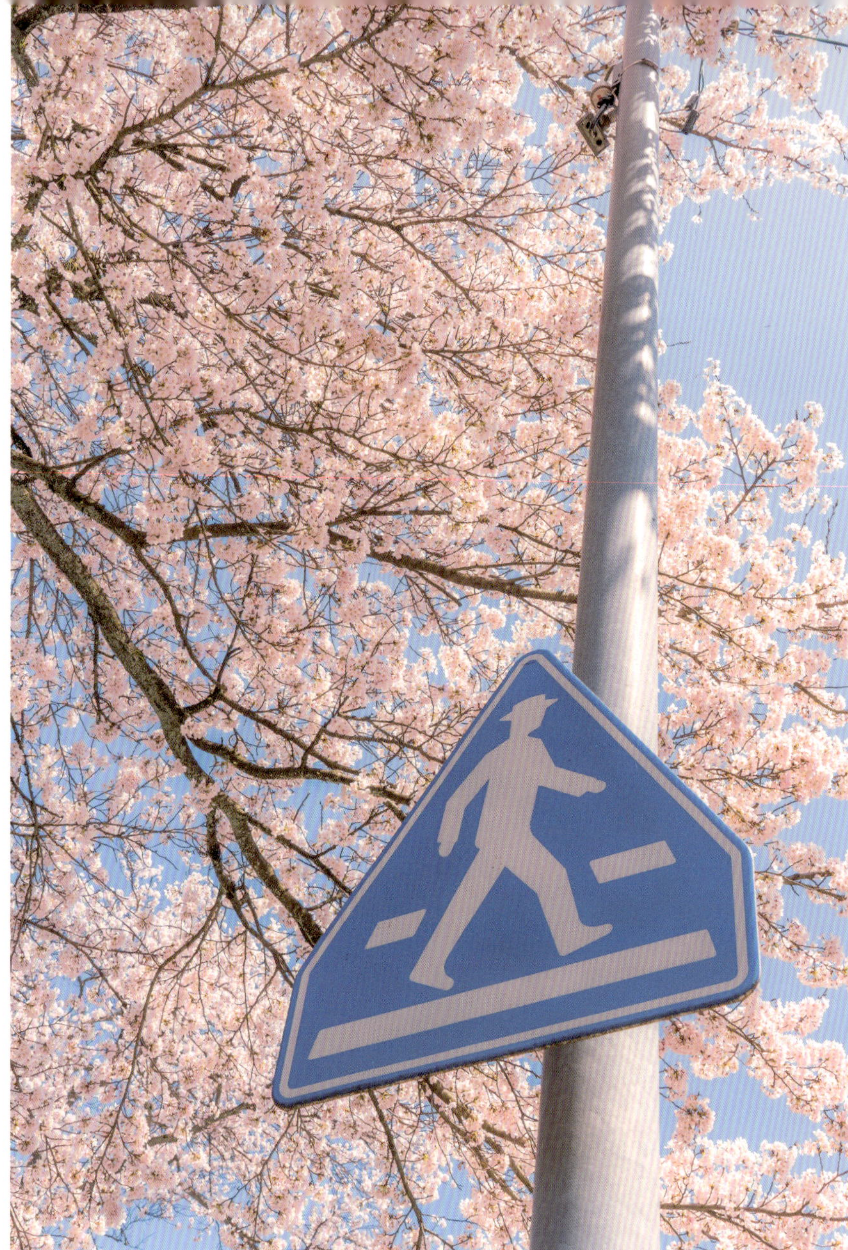

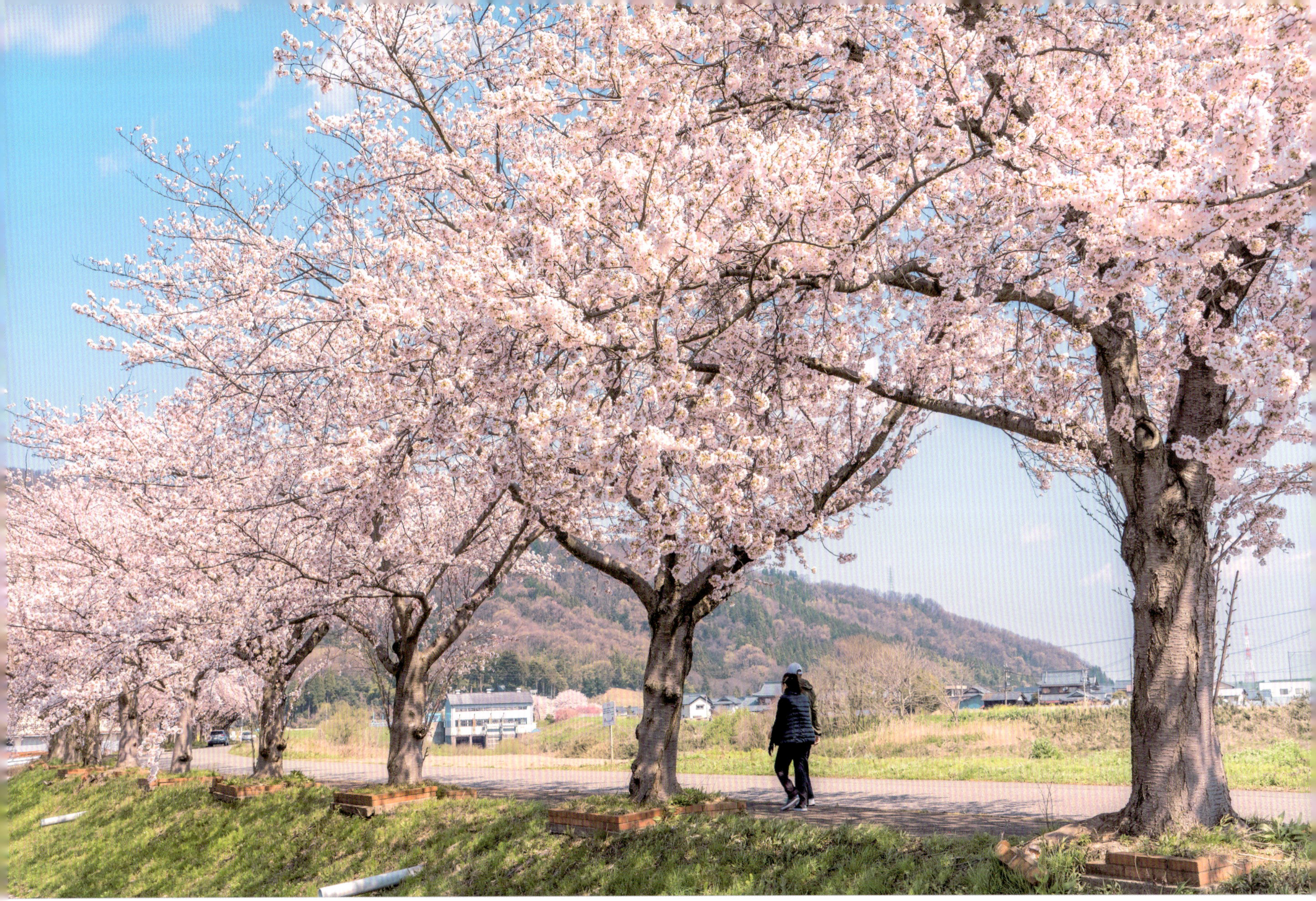

アニメのワンシーンのように。

2021年２月25日　初版第1刷発行
2025年９月20日　　　第7刷発行

著者　Akine Coco

発行者　相澤草多
発行所　芸術新聞社
〒101-0052
東京都千代田区神田小川町2-3-12 神田小川町ビル
TEL 03-5280-9081(販売課)
FAX 03-5280-9088

印刷・製本　シナノ印刷
デザイン　美柑和俊＋滝澤彩佳(MIKAN-DESIGN)

ISBN 978-4-87586-599-5 C0071

Akine Coco Photography Collection “like a scene from an Anime”

Geijutsu Shinbunsha Inc.
Kanda Ogawamachi Building, 2-3-12 Kanda Ogawamachi,
Chiyoda-ku, Tokyo 101-0052, Japan
URL http://www.gei-shin.co.jp

Printing and binding　Shinano Printing
Design　Kazutoshi Mikan + Ayaka Takizawa (MIKAN-DESIGN)

ISBN978-4-87586-752-4 (Outside Japan)